미국 인공지능국가안보위원회
The National Security Commission on Artificial Intelligence

인공지능국가안보위원회NSCAI는 2019회계년도 국방수권법 제1051조에 의해 의회 산하에 설치되었고, 책임자로 에릭 슈미트 전 구글 CEO(초대 의장)와 밥 워크 전 국방부 부장관이 임명되었다. 이 법에 따라 NSCAI는 국가경쟁력, 기술 우위의 수단, 기초와 첨단 연구 및 인재 확충, 윤리 문제, 데이터 표준 수립과 AI를 총체적으로 연구 검토해 백악관과 의회에 자문하고 있다.

NSCAI에 참여한 위원 15명은 의회와 행정부에 의해 지명된 각 계 저명 실무 전문가들로 구성되었다. NSCAI는 2019년부터 두 차례 중간 보고서를, 최종 보고서를 2021년 3월 백악관과 의회에 제출해 미국을 AI 시스템으로 혁신하도록 길잡이 역할을 수행하고 있다. 특히 NSCAI는 초국가적인 인공지능 연구개발 기구를 구축해 전세계 미국의 동맹국들과 인공지능 기술 공유를 촉구하면, 전체적인 로드맵을 이번 보고서에 명시해 놓았다.

백악관 AI 리포트

THE WHITE HOUSE AI REPORT

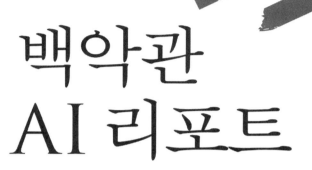

백악관
AI 리포트
THE WHITE HOUSE AI REPORT

미국의 인공지능 전략과 G2 중국의 AI 집념,
누가 승리할까

미국 인공지능국가안보위원회(NSCAI) 지음
정승욱 편역

쇼팽의
서재

NATIONAL
SECURITY
COMMISSION
ON ARTIFICIAL
INTELLIGENCE

COMMISSION MEMBERS

Eric Schmidt
Chair

Robert Work
Vice Chair

Safra Catz

Eric Horvitz

Steve Chien

Andrew Jassy

Mignon Clyburn

Gilman Louie

Chris Darby

William Mark

Kenneth Ford

Jason Matheny

José-Marie Griffiths

Katharina McFarland

Andrew Moore

바야흐로 인류는 인공지능 시대에 접어들고 있습니다. 4차 산업혁명을 이끌어나갈 인공지능의 잠재력은 상상 이상의 유일무이한 능력을 발휘할 것입니다. 인공지능은 인간복지를 크게 개선할 수 있다는 인류 보편적인 행복을 가져다 줄 것입니다. 한편으로 인간보다 훨씬 뛰어난 연산 능력 또는, 지능을 가진 기계의 개발은 어쩌면 인간에게 독특한 리스크를 초래할 수도 있습니다. 1946년 알버트 아인슈타인은 "원자의 분출된 힘이 인간의 사고방식을 제외하고 모든 것을 변화시켰다. 따라서 우리는 전후후무한 재앙을 향해 표류하고 있다"고 경고한 바 있습니다. 아인슈타인의 통찰에 반응하여 2차 세계대전을 종식시키는 폭탄을 제조하고 사용한 기술자들과 전략가들은 제3차 세계대전을 저지할 방법을 찾는데 힘을 합쳤습니다. 인공지능 역시 똑같은 말이 나올 수 있습니다. 인공지능에 의해 인간은 예측할 수 없는 변혁에 두려워하고 있는 것도 사실입니다. 앞으로 인공지능이 가져다주는 기술문명적 혜택 못지않게 제기되는 난제에 대처하는 데에도 많은 노력을 쏟아야합니다. 이런 면에서 미국 인공지능국가안보위원회 전문가들이 펴낸 이 보고서는 국가와 기업 개인들에게 나침반이 될 것입니다. 번역서의 발간을 거듭 축하하면서 일독을 권합니다.

주일본대한민국특명전권대사 강창일

코로나19 세계적 대유행의 '팬데믹' 시절이자, 제4차 산업혁명 시대입니다. 중추적 역할을 할 인공지능AI과 양자컴퓨터는 10나노 이상 고성능 반도체로 구성됩니다. 이같은 고수준의 반도체를 확보하지 못하면, 첨단 기술국가로의 도약은 불가능합니다. 미국이 중국의 반도체 야심이 담긴 '중국제조 2025'를 저지하려는 이유이기도 합니다. 최근 '백악관 반도체 회의'에서 보듯 미국은 첨단 반도체를 생산하는 삼성전자와 대만 TSMC를 압박해 자국에 고난도 반도체 생산공장을 지으려 하고 있습니다. 이 책은 이같은 미국 중국을 비롯한 세계 각국의 경제, 사회, 국가안보 분야의 동향과 미래 예측을 담고 있습니다. 우리는 미 인공지능국가안보위원회NSCAI가 미국 대통령에게 전한 '불편한 경고'의 메시지를 통해 우리 사회를 반추하며, 격변과 위기의 미래에 대처하는 해법과 지혜를 찾을 수 있을 것입니다. 중견 언론인의 시각에서 쉬운 문체로 매끄럽게 번역하고 가급적 단문으로 작성해 읽기도 쉽습니다. 내일을 준비해 미래사회의 주역이 되려는 독자들께 필독을 권합니다.

경기도 대변인 김홍국

4차 산업혁명을 이끌어갈 인공지능AI 시대가 열리고 있다. 대한민국은 물론이고, 전세계 과학자 및 비즈니스의 리더, 정부 책임자들은 조용하면서도 발빠르게 AI 시대를 준비하고 있다. 특히 중국은 AI 선도자로 자처하고 있고, 미국은 중국을 저지하려 하고 있다.

향후 100년 간 미국에게 고개를 쳐들지 말라는 덩샤오핑의 '유언'에도 불구하고 중국은 미국에 패권의 도전장을 내밀었다. 급기야 미국은 첨단 반도체의 중국 유입을 차단하고 나섰다. 지금은 미국이 깨어나면서 첨단 반도체의 중국 유입을 가로막고 있다. 중국지도부는 당황하고 있지만 이미 돌이킬 수 없는 형세가 되고 있다.

사실상 미국 덕분에 글로벌 공급망SUPPLY CHAIN에 편입되어 G2로 덩치를 키운 중국이 패권을 다투자고 덤벼들고 있다. 그간 미국은 중국의 본모습, 실체를 몰랐다고 해야할 것이다. 클린턴 행정부는 중국을 2001년 WTO에 편입시키면서 한국, 대만, 싱가포르는 아니더라도 최소한 느슨한 형태의 민주국가로 발전할 것으로 기대했다. 이것은 착각이었고, 희망사항이었다. 결론부터 얘기하면, 과거 미국 행정부는 중국공산당의 속내를 꿰뚫지 못했다. 공산당이 지배하는 중국의 패권적 야망을 제대로 간파한 학자는 하버드대 케네디스쿨 그레이엄 엘리슨 교수였다. 그는 대중국 매파를 이끌고 있다. 매파 학자들의 조언대로 2018년 트럼프 정부는 대중국 압박에 착수했고, 바이든 정부는 훨씬 구체적이며 세련되게 중국 조이기에 돌입했다. 화웨이, ZTE의 제제에 이어 반도체의 중국 유입 차단은 그런 맥락이다. 특히 인공지능AI 분야는 미국과 거의 실력을 견줄 만한 수준에 이르렀다. 중국이 자랑하는 AI 관련 첨단 기술은 대부분 미국 유학을 가장한 인민해방군 요원이나 당간부들이 베끼거나 훔쳐온 것들로, 이를 미국은 뒤늦게 알아차린 것이다.

최근 자동차용 반도체 부족 사태로 미국 자동차 메이커들의 직접 손해액만 대략 25억 달러였다. 이런 사태가 국가안보 문제로 번질 수 있다고 미국은 판단하고 있다. 현재 미국 기업이 구입하는 첨단 주문형반도체의 90%는 대만에서 들여온다. 대만은 바닷길로 불과 110마일 거리의 중국 본토와 마주하고 있다. 미국이 긴장하는 이유이다. 중국공산당의 패권적 야망에 인공지능은 필수 도구가 되고 있는 현실을 미국은 이제 깨달아가고 있다.

급기야 백악관과 미의회는 2019년 인공지능국가안보위원회NSCAI를 설치하는 특별법을 만들었다. 미국의 AI 분야 최고 실력자들로 구성된 NSCAI는 2021년 3월 750여 쪽의 보고서를 조 바이든 대통령과 의회에 제출했다. 앞으로 백악관과 의회는 이 보고서를 길잡이 삼아 미국을 혁신할 것이다. 보고서는 AI와 더불어 연관 산업으로 바이오, 양자컴퓨팅, 5G와 첨단 네트워킹, 자동화와 로보틱스, 적층제조기술, 에너지 시스템 등을 명시하고, 향후 행동지침과 발전 방향을 제시해놓았다. 보고서에 포함된 AI 관련 아이디어와 예측은 전세계 각국 정부와 기업인들, AI를 연구하는 이들에게 참고서가 될 것이다. 보고서는 PART ONE, TWO 총 18개 챕터와 행동지침, 부록 등으로 구성되었다.

이 책은 두 차례 중간보고서에 이은 최종보고서Final Report National Security Commission on Artificial Intelligence를 번역, 편집한 것이다. 보고서에서 중복되는 부분이나 전문적인 군사 분야는 번역하지 않았다.

국내 독자들을 위해 직역보다는 의역을 택했다. 이 번역서는 총 5개 장과 부록 2개로 구성되었다. 부록I에 그레이엄 엘리슨 케네디스쿨 교수의 기고를, 부록II에 편역자의 글을 실었다. 부록 I, II는 백악관 AI리포트에 대한 이해를 돕기 위한 것이다. 아무쪼록 향후 AI가 펼칠 미래를 내다보고, 새로운 시각을 갖추는데 독자 여러분들에게 도움이 될 것으로 기대한다.

한국외국어대학교 대학원 연구실에서
편역자 정승욱

미국 국민에게 전하는 메시지

Letter from the Chair and Vice Chair

미국인들은 인공지능AI 혁명이 우리의 경제, 국가안보, 복지에 얼마나 큰 영향을 미칠지 아직 고심하지 않고 있습니다. AI 기술의 힘과 한계에 대해 많이 배워야 합니다. 지금 우리는 미국에 이익을 주는 한편으로, AI의 악의적 사용을 막기 위해 역량을 총결집해야 합니다. AI 혁신을 가속화하는 큰 결정을 내려야 합니다. 미국 지도자들은 헨리 키신저Henry Kissinger가 말한대로, 국가운영에 고전적인 딜레마에 직면하고 있습니다. 키신저는 "행동 범위가 가장 클 때, 행동의 기초인 지식은 항상 최소한이었다. 지식이 가장 풍부할 때 행동의 폭은 종종 사라졌다"고 했습니다. 행동이 필요할 때 잠자코 있어서는 안된다는 의미입니다. 아직 행동할 시간은 남아 있지만, 미국인이 행동할 의사는 아직 보이지 않습니다.

15명의 AI 기술자, 국가안보 전문가, 기업 간부 및 학계 지도자로 구성된 초당적 기관인 인공지능국가안보위원회NSCAI는 대통령께 불편한 메시지를 전합니다.

미국은 AI 시대를 주도하거나 경쟁할 준비가 되어 있지 않습니다. 이것은 우리가 직면한 매우 고통스런 현실입니다. 이러한 현실은 포괄적이고 전면적인 행동을 요구하고 있습니다. 본 최종보고서는 AI 전략입니다. AI의 악의적 사용을 저지하고, 국가안보를 위해 책임감 있게 AI 기술을 사용하며, 미국의 번영, 안보, 복지를 위해 보다 광범위한 기술 대결에서 승리하기 위한 것입니다. 미국 정부는 홀로 이것을 할 수 없습니다. 산업, 학계, 시민사회의 헌신적인 동반자를 필요로 합니다. 그리고 미국은 곧 펼쳐질 AI 시대에 보다 안전하고 자유로운 세상을 만들기 위해 전통의 오랜 동맹국들과 새로운 파트너 국가를 찾아야 합니다.

AI 기술은 매우 고무적인 기술입니다. 인류를 이롭게 하는 가장 강력한 도구입니다. 과학자들은 이미 AI를 활용하여 생물학과 의학에서 천체물리학까지 모든 분야에서 놀라운 진전을 이루고 있습니다. 이러한 진전은 결코 과학박람회장의 전시물이 아닙니다. 실제 과학자들은 삶을 개선하고 자연 세계의 신비를 풀고 있습니다. AI는 '게임 체인저'가 될 것입니다. 결코 진부하지 않은 미지의 발견이 될 것입니다.

AI 시스템은 권력 추구에도 사용될 것입니다. 우리는 AI라는 도구가 미래 갈등에서 최우선 도구가 될 것을 걱정하고 있습니다. AI는 단지 초강대국의 손아귀나 공상과학의 영역에 머물지 않을 것입니다. AI는 민-군 이중 용도이면서 오픈 소스이며 빠르게 확산할 것입니다. 미국의 적들은 이미 AI 기반 기술을 악용해 거짓된 정보로 공격하며, 이를 통해 민주주의에 분열의 씨를 뿌리고 있습니다. 적대국들과 범죄자, 테러리스트 집단은 이미 AI 기술로 사이버 공격을 감행하고 있습니다. AI 소프트웨어와 상용 드론을 범죄적으로 결합하여 '스마트 무기'를 만들고 있습니다. 미국의 군사적 경쟁자들은 미국의 수십 년에 걸친 기술 우위를 제압하기 위해 AI 개념과 플랫폼을 통합하고 있다는 것은 이제 비밀이 아닙니다. AI의 유비쿼터스 기능과 새로운 전쟁 패러다임을 개발하지 않는다면, 적대국의 AI 위협으로부터 미국을 방어할 수 없습니다. 국가안보 관련 부서 및 각급 기관의 남녀 구성원들은 자신과 미국을 보호하고, 동맹국 및 파트너 나라들의 이익을 보호하기 위해 세계 최고의 기술을 습득해야 합니다.

흥미진진한 실험과 몇 가지 AI 프로그램이 미국 각계에서 진행되고 있지만, 미국정부는 'AI 준비'와는 동떨어져 있습니다. 본 위원회에 참여한 첨단 기업 CEO들은 정부의 느려터진 행동에 실망하고 있습니다. 충분히 할 수 있는데도 행동하지 않습니다. 정부 각 분야에서 AI 통합은 어려워지고, 특히 국가안보 분야는 몇 가지 심각한 문제점을 드러냈습니다. 우선 펜타곤과 연방정부가 먼저 나서야 합니다. 먼저 각 분야 헌신적인 리더들이 AI 기반의 인프라를 구축하고, 아이디어와 실험을 새로운 개념과 운용에 접목해야 합니다.

2025년까지 정부와 민간 정보공동체는 'AI 기반'의 인프라를 반드시 구축해야 합니다.

미국은 AI 경쟁을 수용해야 합니다. 경쟁은 이미 데이터, 컴퓨팅 능력, 그리고 인간능력에 대한 탐구심을 불어넣고 있습니다. 인간능력은 AI 혁신을 할 수 있는 드문 재능입니다. AI는 앞으로 수많은 인접 기술을 발전시키면서 수많은 분야에서 활용될 것입니다. 이를 통해 AI는 또다른 중요한 영역으로 진화할 것입니다. AI는 모든 분야 혁신을 가속화할 것입니다. AI 기술은 백신의 발견이나 달 탐사선처럼 인류에게 이익을 가져다줄 것이며, 우리의 파트너들과 함께 시작해야 합니다. 그러면서 더욱 첨예하게 부딪칠 중국과의 AI 대결에서 승리해야 합니다. 중국의 계획, 자원, 진보는 모든 미국인에게 걱정을 안겨주고 있습니다. 미국을 능가해 10년 안에 세계 AI 리더로 올라서려는 중국의 야망을 심각하게 받아들여야만 합니다.

AI 경쟁은 또한 가치 경쟁입니다. 중국은 인간을 감시하는데 AI를 사용하고 있습니다. 이는 개인의 자유를 소중히 여기는 전 세계 누구에게나 섬뜩한 징조입니다. 중국내에서 억압과 감시의 도구로 AI를 사용하고, 그 기술을 해외로 확산시키고 있습니다. 이는 앞으로 AI를 어떻게 다뤄야하는지를 보여주는 강력한 반증입니다. 인공지능이 펼치는 미래는 민주적인 사회입니다. 하지만, 미래 기술의 힘이 외국에서는 권위주의를, 국내에선 극단주의를 촉진시킨다는 사실에도 유념해야 합니다. AI 기술이 발전함에 따라 미래 민주주의가 당연히 발전할 것으로 믿어서는 안됩니다. 오히려 민주주의를 추락시킬 수 있습니다. 미국은 동료 민주국가들 및 글로벌 민간 섹터와 협력하여 AI라는 도구를 책임감있게 사용해야 합니다. AI 기술로 개인정보보호의 표준을 설정하고, AI의 민주적 규범을 구축해야 합니다.

인공지능국가안보위원회는 실행에 앞서 유념해야 할 몇 가지 영역을 강조하고자 합니다.

첫째, 리더십 입니다.

미국의 지도자들은 AI 시대를 승리하기 위해 어려운 결단과 마중물 예산을 책정해야 합니다. 예산 관련 사안은 대통령 소관이 아니지만, 백악관은 AI 전략을 주도해야 합니다. 미국은 2차 대전에 맞서 국가안보위원회NSC를 설립했습니다. 백악관은 기술경쟁력위원회를 설립해야 합니다. 이를 통해 AI 관련 기술의 보안, 경제, 과학 분야의 복잡한 문제를 설명하고 해결하는 전략을 수립해야 합니다. 대통령이 지휘하는 백악관의 리더십은 모든 중요한 국가안보 부서와 기관으로 확산시켜야 합니다.

두 번째, 인재공급 입니다.

AI 전문인력이 턱없이 부족합니다. 특히 국가안보 목적으로 AI를 개발하고 배치하는 데 있어 전문 인력 부족은 가장 큰 문제입니다. 국가안보 부서와 산하 기관에 몇 개의 새로운 부서가 추가되고 있습니다. 하지만, 지금은 실리콘밸리 기술자 몇 사람을 채용하는 식의 임기응변할 때가 아닙니다. 완전히 새로운 인재공급의 파이프 라인을 처음부터 다시 만들어야 합니다. 새로운 사관학교 등 국립디지털아카데미를 설립하여 인재를 육성하는 등 전면적이고 범국가적으로 AI 인력을 키워야합니다. 디지털 시대 민군 디지털 군단이 필요합니다. 아울러 중요한 것은, 이민자 수용제도를 혁신, 미국의 STEM과학, 기술, 공학, 수학 교육을 대대적으로 확충하면서 고도로 숙련된 외국인 이민자를 받아들여야 합니다.

셋째, 하드웨어 입니다.

마이크로일렉트로닉스는 모든 AI를 지원합니다. 그러나, 미국은 더 이상 첨단 반도체를 제조하지 못합니다. 미국의 불안정을 과장하고싶지 않지만, 대부분의 첨단 반도체를 공급하는 대만은 바다로 불과 110 마일 밖에 있는 적대국과 마주하고 있습니다. 최근 자동차 제조용칩 부족사태로 미국 자동차회사들은 약 25억 달러를 날렸습니다. 만일 이런 사태가 국가안보적 차원으로 비화된다면, 큰 문제가 아닐 수 없습니다. 본 위원회가 제시한대로, 국내 마이크로칩 제조를 활성화하는데 필요한 연방 투자 및 인센티브(350여억 달러)는 기업인들에게 적절한 마중물이 될 것입니다.

넷째, 혁신적 투자입니다.

통상 몇 개의 대기업과 강력한 나라만 AI 혁신을 위한 자원을 차지할 것으로 생각합니다. 그러나, 오픈소스 도구의 확산과 더불어 알고리즘 개선을 위한 컴퓨팅 능력과 데이터에 대한 요구는 급증하고 있습니다. AI 혁신을 위한 범국민적 토대가 마련되어야 합니다. 연방정부는 미국 민간기업과 협력하여 미국의 리더십을 유지하고, 광범위한 국가 이익을 확보하기 위해 전국민적으로 다양한 AI 애플리케이션 개발을 지원해야 합니다. 이 보고서는 범국가적 AI 연구개발(R&D)을 지원하는 마중물로 400억 달러의 연방 예산을 권고합니다. 또한 AI를 진정으로 활용하려면 전국적으로 안전한 디지털 인프라, 공유 클라우드 컴퓨팅 엑세스 및 스마트시티를 구축해야 합니다. 이는 앞으로 몇 년 동안 수 천억 달러의 연방 지출을 필요로 합니다.

지금은 국가정책에 대한 추상적 비판이나 적자 지출을 걱정할 때가 아닙니다. 1956년 재정적으로 보수적인 공화당 드와이트 아이젠하워 대통령은 민주당 주도의 의회와 협력하여 주 경계간 연결 고속도로 건설에 100억 달러를 투입했습니다. 오늘날로 환산하면 960억 달러의 가치입니다. 미래를 위한 확실한 투자를 실행해야 합니다.

NSCAI는 초당적 작업을 수행해왔습니다. 함께 토론하고 함께 배웠으며 중요한 점에 대한 합의를 얻었습니다. 이 보고서는 AI 대결시대에 미국이 수호, 경쟁, 승리하기 위한 첫 단계입니다.

Eric Schmidt,
Chair

Bob Work,
Vice Chair

인공지능국가안보위원회NSCAI, National Security Commission on Artificial Intelligence는
대통령과 의회에 AI 기반 기술로 국가 시스템을 혁신하여, 미국의 국가
안보 및 경제적 수요를 포괄적으로 해결하도록 권고한다. 2019회계년
도 국방수권법 제 1051조(Section 1051 of the John S. McCain National
Defense Authorization Act)는 NSCAI가 다음과 같은 일을 하도록 명령
한다. 국가경쟁력, 기술적 우위 유지의 수단, 국제협력 및 경쟁력 동향, 기
초, 첨단 연구에 투자를 확충하는 방법, 인재훈련, 군사 사용의 잠재적
리스크, 윤리 문제, 데이터 표준의 수립과 데이터 공유 인센티브, 그리고
AI를 연구 검토하는 것이다.

　NSCAI에 참여한 위원 15명은 의회와 행정부에 의해 지명되었다. 이들
은 기술자, CEO, 학계 지도자, 그리고 국가안보 전문가 등 각 분야를 대
표한다. 모든 문제에 초당적으로 접근했고 최종 보고서에 대한 합의에
도달했다. 위원회의 운영은 행동의 필요성과 투명의 중요성이라는 두 가

지 원칙에 따라 진행되었다.

행동

위원회는 2019년 7월 첫 보고서를 냈고, 2019년 11월과 2020년 10월 중간보고서를 냈으며, 추가 분기별 메모 두 건, COVID-19 팬데믹에 대한 대응한 일련의 특별보고서를 낸데 이어 이번에 최종 보고서를 냈다. 2019년 봄 작업에 착수했을 때 최종보고서에 포함시킨 대정부 권장 사항은 선택지가 아니었다. AI와 같은 변화무쌍한 기술이 국가안보에 미치는 광범위한 영향을 한 시점에서 평가하는 것은 어렵다. 마치 모래밭 바늘찾기에 비유할 수 있다. 과학자들은 AI 기반 혁신안을 계속해서 제공하고 있으며, 비즈니스 분야에서는 AI를 적용해 가속화하는 새로운 방법을 찾고 있다. 전 세계의 경쟁자들은 AI 전략을 개발하고 자원에 적극 투자하고 있다. 현재 전 세계적으로 AI 기술 개발은 속도감 있게 진행되고 있다. 이에 본 위원회는 미국 행정부와 의회가 무엇을 해야할지 결정하는데 도움되도록 지속적으로 권고안을 전달해왔다.

의회는 이미 2021~2 회계연도 윌리엄 M. (Mac) 손베리 국방수권법 William M. (Mac) Thornberry National Defense Authorization Act에 따라 위원회의 권고안을 채택했으며, 행정부도 부응했다. 그리고 AI가 국가 안보에 미칠 광범위한 영향에 대한 공통된 인식에 도달했으며, 다양한 이해 관계자들로부터 배우고 교육을 지속하고 있다.

투명성

NSCAI는 투명성을 기했다. 연방자문위원회로서 총 5회의 공개적 총회를 총 15시간 동안 개최했고, 온라인으로 생중계했으며, NSCAI 웹사이트에 회의기록을 올려놓았다. 24개 이상의 정보공개 요청에 응답했으며 2500쪽 이상의 자료를 제공했다. NSCAI는 공개검토 및 논평에 응답해 700쪽 이상의 초안 자료를 게시했다. 국가안보상의 이유로 분류된 자료와 안건을 제외하고, 위원회는 완전한 투명성을 기했다. 위원회의 결과물을 대중에게 알리기 위해 언론과 적극적으로 소통했다. 다양한 개별 계약을 통해 비정부 기관, 연방정부와 협력했다.

우리는 AI의 매우 복잡한 측면에 대해 각계의 관점을 경청하면서 이해하고 공감해왔다. 우리는 윤리학자, 기술자, 국가안보 전략가들과 접촉했고, 전투원, 외교관, 학계 리더, 기업가들과 의견을 나눴으며, 수백 건의 토론에 참여해왔다.

이번 최종 보고서는 중요한 단계지만, NSCAI의 최종 조치는 아니다. 위원회는 앞으로 AI 대결 시대에 미국민이 승리하도록 대통령과 의회에 권고안을 제시하는데 초점을 맞출 것이다.

차례

제5장 │ 신기술 선점 미국의 행보

제1장

미국과 동맹국

WHITE HOUSE AI REPORT

가짜뉴스 무방비의
미국 사회

앞으로 인공지능AI 시대에 벌어질 미국에 대한 위협은 차원을 달리할 것이다. 적대국이 개발하고 있는 AI 기술은 종래 공격 유형을 완전히 변형시킬 것이다. 미국을 비롯한 자유 세계의 약점은 개방사회라는데 있다. 이를테면 AI 기반 기술은 중국의 활동반경을 훨씬 넓히고 있다. 마치 중장거리 미사일과 테러를 통해 미국 본토를 직접 위협하는 것과 다를 바 없다.

미국은 현재 크게 두 가지로 적대국들의 위협을 우려하고 있다. 그들은 사이버공격과 디지털 허위 정보를 퍼뜨려 사회를 혼란에 빠뜨리는 방법을 즐겨 쓸 것이다.

첫째, AI 기술은 기업, 대학, 정부, 민간 조직 및 개인 가정 등 모든 부문에서 사이버침투 능력을 배가시킨다. 사물 인터넷(IoT), 자율주행차, 휴대전화, 가정 미디어 플랫폼을 통해 수집된 데이터는 AI 기술을 이용해 재가공하고 재발신할 것이다.

둘째, 중국과 러시아 등 적대국은 민감한 데이터를 무작위로 내보낸다거나, 선거 개입 또는 디지털 플랫폼에 가짜 정보를 퍼뜨리는데 AI 기반 기술을 사용한다는 점이다.

AI를 이용한 무차별 가짜뉴스, 가짜정보 공작

가장 우려하는 것은 AI 기술의 악용이다. AI로 대중여론에 악영향을 미치고 사회를 혼란에 빠뜨리는 것이다. AI는 다음과 같은 세 가지 방법으로 미국사회를 혼란으로 밀어넣을 수 있다.

- 메시지 : AI는 원본에 기반해 콘텐츠를 생산하고 이미지, 음성, 비디오를 조작할 수 있다. 여기에는 GAN Generative Adversarial Network 지원을 들 수 있다. 즉, 확산 가능한 적대적 네트워크이다. 이어 딥페이크 즉, RL Reinforcement Learning = 강화 속임수이다. 진짜 메시지와 구별하기 어렵도록 조작한 속임수다.
- 대중 : AI 기술을 이용하면 무한대로 개인의 선호도, 행동 및 신념에 대한 프로필을 구성할 수 있다. 특정 메시지로 특정 대상에 집중할 수 있다.
- 매체Medium : AI 순위 알고리즘을 통해 악성 정보를 무한대로 확산시키는 것이다.

AI를 통한 악성 정보의 확산은 실로 무한대이다. 평소 익히 알려진 악의적인 정보 캠페인은 20세기형 선전전이었다. 대중 매체를 통해 100만 명의 사람들에게 공통적인 메시지를 발신하는 유형이다.

그러나 AI 시대에는 차원이 다르다. 백만명 개개인에게 표적 메시지를 발신하는 것이다. 그냥 발신하는게 아니다. 개인의 디지털 생활, 감정상태, 소셜 네트워크에 대한 상세한 분석을 바탕으로 구성된 개인별로 특화된 메시지다. AI 기반 기술로만 가능한 수법이다.

미국의 적대국들은 이미 AI 기반 기술을 통해 이 같은 악성 정보를 발신하고 있다. 예컨대 대만 당국의 조사에 따르면, 중국은 2020년 대만 총통선거 당시 AI 기술을 적용해 악성 정보발신 능력을 시험해보았다는 것이다.[1] 또 미국농구협회 사무총장이 홍콩의 민주 시위대를 지지했다는 이유로 괴롭힘을 당했다.[2] 러시아의 경우도, 디지털 정보의 제어 및 조작은 과거 크렘린의 전유물이었다.

미국에서 이런 분야에 밝은 그룹은 대개 민간에 있었다. 민간기업들은 외국의 악성정보와 싸우는데 주도적인 역할을 하고 있다. 특히 소셜미디어 기업들은 광범위한 정보를 추적, 관리하고 있다. 미국 정부는 정부와 메가테크 기업 간의 협력을 권장하고 있지만 본 궤도에 오르지 못하고 있다. 우선 민관 합동태스크포스팀을 설립해야 한다. 지난해 미국 상원은 국가정보국ODNI이 24시간 태스크포스TF와 운영센터를 만들도록 승인한 바 있다.[3]

개인별 데이터 축적과 맞춤형 공격

"중국과 러시아는 이미 수 년전부터 AI 앱을 통해 모든 광고주와 SNS 기업을 들여다보고 있다."

미 정보당국이 파악한 바에 따르면, 중국은 갖가지 유형의 스파이를 통해 미국내 기업, 개인, 정부에 대한 데이터를 체계적으로 수집해왔다. 예컨대, 2015년 백악관 인사관리국이 해킹당해 데이터와 개인 정보를 모두 털린 적이 있었다. 이를 기초로 개인별 무한대 공격이 가능해졌다.

사실상 중국이나 여타 권위적 통치 유형의 국가들은 국민감시와 통제 수단으로 AI 기술을 이용하고 있다. 대규모 데이터 분석, 감시, 선전을 통해 국경 넘어 외국인까지 겨냥할 수 있다. 데이터 보호에 대한 적절한 대응이 없다면, 자신의 재정상태, 일상생활 패턴, 인간관계, 건강, 심지어 감정 변화까지 모두 공격당할 수 있다.

이같은 개인 및 비즈니스적 취약성은 개인, 네트워크 및 사회적 분열을 유도하며, 나아가 국가안보에 큰 약점이 될 것이다. 연방정부는 프라이버시 침해와 개인 데이터 유출을 막기 위한 대응책을 검토중이다. 다음은 NSCAI가 최종보고서 이전에 우선 제시한 대응 방안이다.

첫째, 미국은 개인 프라이버시 유출에 대비해야 한다. AI 시스템으로 개인의 라이프 사이클에 맞춰 보안을 강화한다. 연방정부 산하 데이터베이스는 가능한 한 익명으로 처리해야 하며, 개인별 데이터는 필요 이상으로 축적하지 않도록 조치한다.

둘째, 정부는 중국과 러시아 등 외국인 투자의 심사, 공급망에서 개인 데이터 유출을 금지하고 프라이버시 보안을 기한다.

셋째, 데이터 보호 및 개인 프라이버시는 국가보안 노력과 연계한다. 이는 중국과 러시아인들과의 비즈니스 과정에서 미국인에 관한 예민한 데이터를 수집하지 못하도록 하는 것이다.

일상화된 사이버 공격

AI가 만든 악성코드의 전파력은 대단하다. 일단 컴퓨터에 감염되면 수천 가지의 다른 형태로 변이된다. 이러한 변이 다형성 악성코드는 현재 악성 실행 파일의 90% 이상이다. 미 정보당국은 적대국이 더욱 새로운 알고리즘을 동원할 것을 예측한다. 새 알고리즘은 사이버 전쟁과 사이버 범죄의 개념을 바꿀 것이다. 이는 사이버 공격과 스파이 활동을 자동화하고 최적화하도록 구성된다.

그러나 현재 미국의 사이버 방어체계로는 적대국의 사이버 공격을 효과적으로 차단할 수 없다. 지금의 사회적 인프라 및 의료체계는 오래되고 구식이다. 미국이 꾸물대는 최근 몇 년새 적대국들은 최신형 5G 네트워크, 수십억 개의 IoT 장치 및 소프트웨어 공급망을 구축해놓았다.

이를테면 2017년 악성코드인 랜섬웨어 낫펫트야NotPetea 공격으로 수십억 달러에 달하는 전 지구적 피해가 발생했다. 이는 자동화된 악성코드의 위력이며, 그 위험성을 그대로 보여준다. 글로벌 물류기업 페덱스는 당시 낫페트야 공격으로 2018년 1분기 매출에서 3억 달러(약 3400억 원)의 피해를 입었다. 미국과 영국 정부는 범인으로 러시아군 소속 헤커로 단정했다.

우크라이나 기업을 표적으로 한 랜섬웨어 낫페트야는 2017년 6월 우크라이나 정부기관이나 금융 기관, 에너지 관련 기업을 마비시킨 나머지, 이 나라 곳곳에서 정전사태가 빚어졌다.

미 정보당국은 이렇게 판단하고 있다. 기본적으로 취약한 미국 시스템은 방어적인 조치로는 막을 수 없다는 것이다. 2016년 대선 당시 러시아 해커들의 공격을 당한 미국은 2018년 사이버공간위원회 CSC, Cyberspace Solarium Commission를 새로 만들었다. 국가정보국 부국장, 국토안보부 차관, 국방부 차관, FBI 국장 등이 주요 멤버로 참여한 이 위원회의 구성원은 총 14명이다. 의회에서도 참여했는데, 상원 다수당 대표는 3명, 소수당 대표는 2명의 위원 지명권을 가졌으며 모두 전문가를 지명했다.4) 본 보고서는 당국에 대해 다음과 같이 권고했다.

첫째, 사이버 공격에 대비하는 AI 기반의 강력한 방어체제를 구축하는 것이다.

둘째, 국가 안보기관은 AI 시스템이 네트워크상의 위협을 감지하고 대응할 수 있도록 훈련하는 센서와 감시장비를 구축해야한다. AI 시스템은 대규모로 필요하며, 적의 사이버 공격을 견딜 만큼 강력해야 한다.

셋째, 이를 위해 국가대테러센터National Counterterrorism Center를 본떠 만든 합

동사이버계획운영센터^{Joint Cyber Planning and Operations Center} 설립을 가속화해야
한다.**5)**

AI 레드팀 구축

미국의 AI 시스템은 적국의 주 공격 목표이다. 지난 수 년간 메가테크
기업과 AI 연구자들은 상당한 정보를 축적해놓았지만, 미국정부는 뒷짐
만 지고 있었다. 지금 미국 시스템은 취약하기 이를데 없다. 미국을 공격
하는 유형에는 갖가지가 있다. 회피, 데이터 오염, 모델 복제 등 기존 소
프트웨어 결함을 속속들이 파고든다. 속이고 조작하고 타협하며 AI 시스
템을 무력화시키도 한다. 얼핏 이런 공격은 기존 사이버 활동과 유사해
보이지만, 전혀 다른 유형이다.

AI 시스템은 대규모 데이터 세트와 알고리즘으로 작동한다. 이 때문에
외부 공격으로 데이타 세트 또는 알고리즘이 조금이라도 오염된다면, AI
시스템은 다른 결과를 내거나 오작동하게 된다.

실제 이런 현상들이 다반사로 벌어지는 실정이다. 각종 상용 머신러닝
^{ML} 시스템은 알게모르게 공격당하고 있다. 최근 당국이 실시한 설문 조
사에 참여한 국가안보 관련 28개 조직들 가운데 3곳 만이 시스템을 보
호하는데 적합한 도구를 갖추고 있다고 실토했다.**6)** 아직도 전체 국가안
보 기업에 AI 기술 인증을 통합하려는 노력은 보이지 않는다. 따라서 위

원회는 다음과 같이 권고한다.

- 국가적인 안전보장 프레임워크 National AI Assurance Framework 구축이다. 미국 정부 산하에 있는 모든 기관은 적대적 머신러닝 위협에 대비하는 프레임워크를 개발하고 적용해야 한다. 이는 주요 AI 시스템이 공격받을 수 있으며, 이를 방어하는 방법을 숙지하는 것을 포함한다. 우선 분석 프레임워크, 즉 분석틀을 구축해 위협을 분류한다. 정부 산하 AI 시스템과 분석가들이 위협 및 취약성을 탐지, 대응, 해결할 수 있도록 지원한다.[7]
- 적의 능력을 시험하는 적대적 테스트를 위해 전용 레드팀을 구축한다. 레드팀은 공격적인 자세를 취해야 한다. 공격자가 시스템을 무너뜨리고 규범을 위반하도록 유도하는 것이다. 아직 AI레드 팀에 필요한 전문성과 경험이 부족하다. 따라서 국방부 DoD와 국가정보국 ODNI은 다층적으로 AI 개발을 응용할 수 있는 AI 레드팀의 범정부적 커뮤니티를 구축해야 한다.[8]

AI 기반의 생명공학

생물학은 이제 프로그래밍이 가능한 시대에 들어선다. 유전자 편집가위 크리스퍼 CRISPR 같은 신기술은 인간이 유전자 DNA를 편집할 수 있는 시대를 열었다. 거대한 컴퓨팅 파워와 AI가 결합한다면, 생명공학의 혁신을 가져올 것이다. 그렇다면 건강, 먹거리, 지속 가능한 환경을 포함하여 인류의 골치 아픈 난제들에 대응해 새로운 해결책을 제공할 것이다. 그러나 다른 강력한 기술들과 마찬가지로 생명공학의 응용에도 어두운 측면이 존재한다. 코로나 바이러스COVID-19의 대유행은 전염성이 강한 병원균의 위험성을 인류에게 일깨워 주었다.

AI는 병원체의 치사율을 높이기 위해 특별히 설계되거나 유전적 변형(목표 범위와 도달 무기)을 목적으로 개발될 수 있다. 또한 생물학에 응용하는 AI는 지능과 신체속성을 포함하여 인간의 생리학적 향상에 최적화할 수 있다. 이를테면 만일 인간 뇌파를 AI 기계 버전으로 표현할 수만 있다면, 뇌의 신비를 풀고 컴퓨터 프로그래밍할 수 있다.

개인, 사회 및 국가는 각각 다른 도덕적, 윤리적 견해를 가지고 있으며, 리스크를 수용하는 수준도 각각 다르다. 그렇지만, 미국의 경쟁자들은 상대적으로 리스크를 동반하는 행동에서 미국보다 더 유연하며, 생명윤리 규범과 표준에서 덜 엄격하다.

지금 중국은 바이오 혁명 분야에 대단한 관심을 쏟고 있다. BGI Group 베이징 게놈연구소Beijing Genomics Institute 같은 방대한 게놈데이터 센터는 바이오 영역에서 미국의 강력한 경쟁자가 될 것이다.

이 센터는 중국의 글로벌 유전자 데이터 수집 플랫폼과 AI를 향한 전국가적 의지와 결합되어 있다.9) BGI는 중국국가유전자은행China National GeneBank을 구축해놓고, COVID-19 테스트의 세계적인 공급처 역할도 하고 있다. BGI는 2020년 6월 30일까지 미국 등 180개국에 3500만 개 이상의 시험 키트를 공급했으며, 18개국에 58개 실험실을 구축했다.

BGI는 의식적이든 무의식적이든, 중국 정부의 유전자 데이터베이스와 연결되어있고, 조만간 세계적 메커니즘으로 기능할 것이다. 전 세계 주요 인사들에 대한 민감한 개인 정보에 접근하는 것 뿐만 아니라, 수많은 원초적 인간유전자 샘플을 보유하고 있다.10) 미 정보당국은 지난 10여년 간 화웨이 등이 개발한 생명공학 기술이 서구와 동등한 수준으로 올라왔음에 깜짝 놀랐다.

또한, 러시아는 오랫동안 과학 규범과 생명윤리 원칙을 무시하고 생명공학 연구에 주력해왔다. 러시아는 요인 암살 시도에서 보여주듯이 새로운 신경 작용제를 개발하고 사용하고 있다. 미국은 이런 러시아의 행위를 통해 생물무기협약 준수에 대해 우려하고 있다.

이로 미뤄볼 때 한 인간에 대한 생명공학적 능력은 얼마든지 사악한 목적에 이용될 불길한 전조를 엿볼 수 있다.11) 미국 정부는 다음과 같이 해야한다.

첫째, 미국 국가안보기관 내 생물보안(동식물의 질병확산 예방 및 방지)과 생명공학 관련 능력을 대폭 향상시킨다.

둘째, AI가 생명공학 발전을 크게 앞당긴다는 사실을 고려할 때, 미국은 국가의 생명 관련 방어전략을 급속히 업데이트해야 한다. 가령 위협에는 이런 유형들이 있을 수 있다. 인간 능력을 증대시키는 행위나 악의적 목적을 위해 유전자 데이터를 개발 이용하는것, 그리고 미국의 경쟁국들이 불순한 목적으로 생명공학이나 생명 데이터의 잇점을 활용하는 것 등이다.

셋째, 미 당국은 개인 유전자 정보를 획득하고자 하는 외국인에 대해 접근을 막아야한다. 특히 BGI와 중국 정부의 연계에 대해 예의 주시해야 한다.

백악관의 대응전략

미국에서 횡행하는 악성 정보의 무차별 확산은 미 국가안보에 큰 구멍을 드러내고 있다. 정부는 몇 차례 조직 개편을 했지만, 허위 정보를 퍼뜨리기 위해 개발된 정보통신기술ICT 플랫폼과 도구, 보트(특정 임무를 수행하는 반복적 프로그램), 특히 적대국들의 AI 기술을 전혀 예측하지 못했다. 정부는 산업부문과 시민사회가 악의적인 정보에 맞서 방어하고 확산 방지하는 방법을 설명하지 않았다. 국토안보부DHS, 연방수사국FBI, 국가정보국ODNI 등 기관들은 위협에 맞서기 위해 개별적으로 권한을 확대했지만, 효과는 거의 없었다.

아직 미 정부기관은 구태의연한 프레임에 갇혀 있다. 냉전 시대와 대테러전쟁기 패러다임에서 형성된 스타일에 머물러 있다.

미국은 2017년 국가안보전략에서 제시된 정보정책의 원칙을 대폭 확장해야 한다. 미국 대통령은 AI 기술로 전개되는 정보전쟁의 전선을 완벽하게 대처하는 새로운 국가전략을 발표해야 한다.

악성정보 태스크포스 설치 및 운용

첫째, 국가안보 부서에 태스크포스JIATF, Joint Interagency Task Force를 설치한다. 국무부, 국방부, 국토안보부, 법무부, 국가정보국이 대상이며, JIATF는 국가대테러센터NCTC를 모델로 설치되어야 한다.

- 대통령은 행정 부처에 JIATF 설치를 지시하고 해외로부터 유입되는 악성 정보에 실시간 대응하도록 각 부처의 행동을 통합, 조율한다.
- 부처별 JIATF는 산하 내외청, 국 등의 행동계획을 수립하며 정보커뮤니티IC와 법집행 기관을 광범위하게 통제한다.
- JIATF는 최신 AI 기반 디지털 설비와 전문인력을 갖춘 운영센터를 설치해 신속히 행동에 옮긴다.
- 국무부, 국방부, 법무부, 국토안보부 장관, 국가정보원장은 대통령 지시에 따라 JIATF와 운영센터를 설치한다.
- JIATF 주요 구성 요소에 중앙정보국CIA의 협력기업과 국가방첩 및 보안센터를 포함한다. FBI 등 국가안보 기관들은 전문가의 JIATF 참여를 지원해야 한다.
- JIATF는 정보를 분석하고 공유함으로써 외국의 악성 정보에 대한 새로운 국가안보 전략을 주도한다.
- 정보공유분석센터ISAC 등 관·산 컨소시엄 모델을 키운다. ISAC 등

컨소시엄은 JIATF가 산업계와 정보를 교환하고 악성 정보를 모니터링하며 실시간 대응이 가능하도록 적극 지원한다.

국가정보원장ODNI의 행동요령

- JIATF 악성정보대응 책임자MITE, Malign Information Threat Executive를 임명한다.
- 2019년 7월, 국가정보원은 선거위협 대응 직책을 신설했지만, 이 직책의 직급을 올리고 이름을 바꾸며, 새로운 임무를 부가해야 한다.
- MITE는 또한 백악관 NSC와 JIATF 간 연락을 담당하고 조율한다.
- 의회는 연간 3천만 달러 규모의 예산을 편성해 지원한다.

둘째, 적대국들의 무차별 악성 정보 확산에 대응하기 위한 로드맵을 수립한다. 이른바 이슬람국가IS 라는 정체불명의 폭력단체를 제압하는 국제적 연대를 들 수 있다. ISISIslamic State of Iraq and Syria 창설이 그것이다. 미국과 그 동맹국들은 악성 정보 확산에 대응하는데 국제적 연대가 절실한 시국이다. 대통령은 국무부에 공공외교 공보담당 차관을 지명해 국무부가 글로벌 연대를 이끌어야 한다.

- 국방부 산하 국방고등연구계획국DARPA, Defense Advanced Research Projects

Agency은 AI 지원 악성 정보 캠페인을 탐지, 분석, 저지하고, 디지털 미디어의 출처를 규명하고, 대체 기술을 개발해야 한다.

- 의회는 연간 6~8천만 달러의 예산을 편성해 지원한다.

AI 기반 사이버 충돌의 대응

첫째, 미국은 사이버 공격에 대한 AI에 기반하는 방어기술을 개발해야 한다. 사전 위협 탐지 및 피해 경감이 핵심이다. AI 시스템은 정상적인 네트워크 동작과 비정상적인 네트워크 동작을 구별하도록 훈련되어야 한다. 솔라윈즈SolarWinds공격으로 문제점이 드러난 미국 시스템의 결함을 보완해야 한다. 먼저 국토안보부DHS와 국방부DoD가 나서야 한다.

- DHS는 국가사이버보안보호시스템NCPS을 개선하고, DoD는 AI 기반 사이버 방어 및 센서 활용을 가속화해야 한다.
- DoD와 DHS는 위협 탐지 시스템을 도입하고 강화해야 한다.

둘째, 현실적인 테스트를 대규모로 실행하여 데이터와 자료를 수집하여 AI 기반의 사이버 방어 훈련을 전면 실시해야 한다.

- 국방고등연구계획국DARPA에 1000만 달러 이상을 지원, AI 기반 사

이버 방어 훈련에 대비하도록 한다.

- 정부기관은 탐지된 위협으로부터 스스로를 방어하기 네트워크를 준비해야 한다.
- 국립표준기술원National Institute of Standards and Technology은 AI 기술 시험대를 확충한다. 2021 회계연도에 NIST는 총 9000만 달러를 승인받아 AI R&D에 박차를 가하고 있다.
- DARPA는 폭넓은 분야의 전문 지식을 확보한다. 사이버 전문성만이 아니라 경제, 게임 이론, 행동 심리학 등 사이버 전략의 통찰력을 겸비해야 한다.

AI 기반 프레임워크 구축

현재 미국 정부 저변에 짙게 드리워진 장막이 관료주의다. AI 기반 체제로의 개혁을 방해하는 주요인이다. 이로 인해 AI 메가테크 기술 기업들은 주저하고 있다. 관료들의 횡포에 국가안보의 혁신적인 기반을 확충하기 위한 중대한 노력에 나서지 않고 있다. 관료주의적 으르렁거림 즉, 고압적 태도로 인해 기업들은 국방부 등 정부와 협력하기를 꺼려하고 있다.

수많은 신생 방위 관련 기업들은 때때로 시행착오를 겪곤 한다. 전통적인 군수 내지 무기 회사들은 과거에도 그랬고 앞으로도 AI 기반의 기술

대결에서 중심적인 역할을 할 것이다. 그러나, 지금은 소극적이다. 결과적으로 체제 개혁은 쉽지 않다는 것이다. AI 기반의 국가적 시스템으로 탈바꿈하기 위해 메가테크 기업들이 우선적으로 적시하는 부서는 국방부다.

따라서 국방부 장관은 우선적으로 AI 기반의 프레임워크를 구축해야 한다. 지난 2020년 국방부는 데이터 시스템 전략을 발표하면서 AI 기반의 기초구축을 발표했다. 그러나, 각 부서에는 현대적인 디지털 생태계나 협업수단 및 환경, 조직측면에서 광범위하게 AI 기반 기술에 접근할 태세가 되어 있지 않다.

둘째, 새로운 AI 기반 프로그램 또는 기능관련, 핵심 인프라를 재구축해야 한다. 새로 만드는 창조행위는 피해야 한다. 가능한 인텔리전스 커뮤니티에서 입증된 솔루션을 활용하고 상호운용해야 한다.

AI 기반 신개념의 전쟁

새로운 전쟁 패러다임

AI 혁명은 신개념의 전쟁 패러다임을 창출할 것이다. 그러나, 적절한 AI 기반의 기초를 구축했더라도 응용에서 실패하면 실제 전장에서의 결과는 알 수 없다. AI가 적용된 전략과 전술 즉, 개념과 작전을 실제 현장에 적용하지 못한다면 승리를 장담할 수 없다는 말이다. 전쟁의 역사를 보면, 신기술을 개발한 최고 기술자는 승자는 아니었다. 응용 기술을 제대로 접목한 자가 최종 승자였다.

미 국방부도 AI 혁명의 방관자가 되어서는 안된다며 고삐를 졸라맨다. 고위층에서부터 리더십, 새로운 작전개념, 끊임없는 실험, 민첩성과 아울러 새로운 도전정신으로 결과를 도출해내려 할 것이다.

미국의 경쟁자들, 특히 중국은 AI 혁명의 과실을 차지하기 위해 아낌없이 투자하고 있다. AI가 창조해낼 전쟁 개념을 '모자이크 전쟁' 내지 '지

능화 전쟁'으로 칭하고 있다.[1]

앞으로 전쟁의 승패는 AI 기반의 신무기가 결정할 것이다.

중국은 AI를 핵심으로 하는 '지능형 작전' 전쟁개념을 개발했다. 이런 개념 아래 중국인민해방군은 이론을 수립했다. 미래의 전쟁은 종래 무기 플랫폼이 아닌, 적대적 전투 네트워크에서 벌어질 것이며 정보 능력 우위와 알고리즘의 우월성이 승리의 결정 요인이라는 이론이다.

군대가 보유한 데이터의 양과 질을 기초로 해서, AI가 만들어낸 알고리즘, AI 기반의 네트워크, AI 기반의 신개념 작전수립에 따라 승패가 결정될 것이다.[2]

그러나 지금 미군은 신개념 군대와는 동떨어져 있다. 혁명적 개조를 단행해야 하지만 엄두를 못내고 있다. 가장 큰 원인으로 하드웨어에 너무 쏠려있기 때문이다. 미 국방부는 AI 기반 군대로 탈바꿈하려 하지만, 구체적이고 신속하게 실천에 옮길 수가 없다. 상상력이 풍부한 개혁그룹과 소수 선견지명의 지도 그룹이 물론 존재한다.

하지만, 그들은 극소수다. 국방부는 아직 과거 산업화 시대 사고방식에 젖어 있다. 그 배경에 피튀기는 권력 갈등이 똬리를 틀고 있다면 과장인가. 미 국방부는 획일적이고 자유없는 링에서 시합하는 것과 같다.

민간 비즈니스 영역에서 AI는 이미 새로운 보편성으로 자리잡고 있다. 이같은 디지털 전환의 속도에 맞추지 못하면 시대에 뒤쳐질 수밖에 없다.

국방부는 기존 시스템을 전면 뜯어고치지 않으면 안된다. 각종 시험 및 시뮬레이션을 통합하여 2025년까지 AI 기반의 군대가 되도록 지금부터 행동에 나서야 한다. AI 투자와 더불어, 혁신적이고 보다 창의적인 전쟁 개념을 개발해야한다.

그러면 지금부터 AI가 전개할 전쟁 개념에 대해 간추려본다.

AI는 전쟁 양상을 어떻게 바꾸는가

AI는 모든 전쟁의 양상을 변환시킬 것이다. AI 기반의 전쟁은 신무기나 기술, 또는 작전 개념에 승패가 달려있지 않다. 신무기나 기술보다는, AI 기반 기술을 얼마나 실제 전장에 적용하고 응용하느냐에 달려있다. 해저에서 우주로, 또는 사이버 공간과 전자기 스펙트럼을 따라 모든 영역에서 전투가 벌어질 것이다. 전략적 의사결정과 운영개념 및 전술적 기동, 지원부대 등은 AI 기술에 따라 변화할 것이다. 신개념의 전장에서는 과거 불가능했던 작전을 가능하게 할 것이다. 이를테면, AI 기반의 정밀 타겟팅, 허위정보 및 사이버 전쟁 등이다. 과거에는 SF영화에서나 가능했던 게임이다.

AI는 속도, 템포 및 규모 등 전쟁의 속성을 재구성할 것이다. 전투원과 무기와의 관계를 재설정하고, 전장이 실시간 모니터링되며, 신속한 표적 설정과 타격의 정확도를 향상시킬 것이다. AI는 목표물을 찾고 타격하는 일련의 프로세스를 순식간에 진행할 것이다. 다종의 목표물을 동시 식별할 것이며, 아울러 부수적인 손상을 최소화할 것이다.

지금은 어떤가. 센서가 목표물을 포착해 데이터를 전달하고 타격하기까지 일련의 과정이 수작업으로 순차 실행된다. AI는 이런 일련의 의사결정 과정의 중간 단계를 없애고 자동화할 것이다. AI는 각종 센서와 플랫폼을 융합하고 실행 가능한 정보를 모든 영역의 사람과 기계에 전송한다. 그러면 마치 순식간에 모든 것이 실행되는 웹사이트 처럼 작동한다. 첨단 전술 프로세스가 창출되는 것이다.

그렇다고 AI가 전쟁을 수행하지는 않을 것이다. AI는 인간을 대체하기보다는 보완하는 차원이 될 것이다. AI라는 수단은 군대가 임무를 수행하는 과정에서 인식, 이해, 결정, 적응, 행동에 옮기는 방식을 대폭 간소화할 것이다. 그리고 점차적으로 사람은 더 복잡해지는 작업을 AI에 위임하는 방식으로 발전할 것이다.

'인간중심과 AI 보완재'라는 접근 방식은 조만간 전쟁 수행의 표준이 될 것이다. 앞으로 AI 기술은 인지 및 유사 신경조직 영역으로 진보할 것이다. 인간-AI의 협력이 더욱 정교해질 것이기에 이를 보강하는 개념과 조직을 개발해야 한다.

AI가 구현할 단계별 AI 응용 프로세스는 다음과 같다.

〈준비단계〉

프로세스 : 로봇 프로세스 자동화와 AI 기반 분석 시스템의 결합으로 대폭 비용 절감이 가능하다. 의사 결정자는 행정의 속도를 높이고 재무, 예산, 계약, 출장 및 인적자원 등 핵심 프로세스에 대한

통찰력을 얻는다.

설계 : AI는 디지털 엔지니어링, 디지털 트윈, 모델링 및 시뮬레이션을 통해 강력한 툴을 개발한다. 시스템 취약성과 인접 기능, 개념 및 기술을 포괄적으로 이해할 수 있도록 복합 시스템을 지원한다.

준비 : AI는 군대의 반복적인 임무 수행을 대신 수행하며, 구성원 부담을 덜어 훈련에 집중하도록 한다.

계획 수립과 임무 선별 : AI 기반 시스템은 인적, 환경적 요인을 감안하면서 거의 실시간 플랫폼, 센서 및 자산에 대한 임무와 선별 작업을 최적화한다.

〈감지와 이해 단계〉

선별작업 : 스마트 센서는 가공 이전의 원초적 자료에 접근할 수 있으며, 데이터의 전송과 저장의 우선순위를 정한다. 낮은 대역폭의 환경에서 유용하다.

프로세스 : AI 기술은, 자연어 처리, 컴퓨터 비전 및 시청각 분석을 통해 수작업 처리를 줄인다. 번역 등 데이터 변환을 자동화한다.

이용과 분석 : AI 기반의 도구는 필터링, 플래그 지정 및 분류 기능을 강화한다. 이를 통해 인간 수준의 분석으로 발전할 수 있다.

• AI는 데이터를 융합하여 지금 불가능한 방식으로 정확한 예측 분석이 가능.

- 음성에서 텍스트로의 전사 및 언어 분석의 발전으로 읽기와 이해가 가능하고, 질문 응답 및 텍스트의 자동 요약이 가능.
- AI는 문서의 기계 판독 가능 버전을 자동으로 생성 할 수 있다. 컴퓨터 시스템이 수동개입 없이 실시간으로 수집하고 사용할 수 있다.

〈결정 단계〉

계획 : AI 기반 앱은 작전 계획안을 최적화하기 위한 모델링, 시뮬레이션 알고리즘, 실시간 데이터 셋트를 활용한다.

결정 : AI는 명령 및 제어 망을 통합하고 표적을 찾아내 공격하는 시간을 단축해준다.

임무, 전달, 배포 : 최전방 부대가 통신을 전혀하지 않는 방식으로 작전하도록 한다. 머신러닝과 모델링 등 AI 기술은 네트워크의 탄력성을 강화시킨다.

〈실행단계〉

물류와 지속성 : AI 기반의 예측 분석, 최적화 추적 기능은 모든 측면에서 효율성과 효과를 향상시킨다. 지능형 시스템은 일상적 상황과 비상 상황, 지속적인 작전에 크게 도움된다. 로봇 자동화는 인간 중심의 유지 관리 및 공급망 흐름을 간소화한다.

이동성 : AI는 지휘관이 부대의 기동, 배치, 보호하는 능력을 향상시

킨다. AI는 인간-기계 및 기계-기계 조합의 이동성을 네트워크화하고 조정하도록 한다.

타겟팅 : AI 기반 시스템은 단일 타겟팅 과정을 수많은 변수가 개입된 복잡한 타겟팅으로 확장할 수 있다.

정밀함과 정확성 : AI 기반의 스마트 무기와 자동화 플랫폼을 통해 아군, 비전투원 그리고 적군을 더 정확하게 식별 할 수 있다.

위 응용프로세스는 본 위원회가 상상력을 발휘해 만들었다. AI가 전투 행위의 기본과 수행능력을 어떻게 변화시킬지에 대한 시나리오다. 따라서 위 단계별 설명은 결코 완전한 것이 아니다. 혁신은 지금으로선 알 수 없는 미래 역량으로 이어줄 것이다. 시간이 지나면 더 분명해질 것이다.

군대 개편의 방향 3가지

무슨일이 있어도 국방부는 2025년까지 AI 기반 체제로 군조직을 혁신해야 한다.

첫째, 국방부는 하향식 리더십을 통해 군조직 개혁을 단행한다.

민간 경력자와 군장교는 우선순위와 방향을 명확히 설정하고 하급자에게 권한을 부여하며, 신기술 채용에 따른 불확실성과 리스크를 감수해야 한다.

- 국방부 부장관, 합참 부의장, 그리고 국가정보국 수석 부국장 3인으로 구성된 고위 신기술운영위원회를 설치한다.[3]
- JAIC 운영 책임자는 경험있는 3성 장성이나 해군제독이 맡으며, 국방부 장관 또는 부장관에게 직접 보고한다.
- 공동요구사항감독위원회(JROC)의 공동의장 및 수석과학고문으로 연구-엔지니어링 담당 국방차관을 임명한다.
- 모든 전투사령부의 참모진에 AI 담당관을 지정한다. 이 장교는 법무참모 같은 역할을 수행한다. 그는 아울러 AI 시스템의 전문가이고, 지휘관과 참모진에게 AI 시스템의 기능과 한계에 대해 조언하고, AI 기반 시스템이 부적절하게 사용되는지를 식별한다.

둘째, AI 기반의 혁신적인 작전 개념을 개발해야 한다.

이는 군 지원 시스템 전반과 작전 영역 전반에서 원활한 상호운용성을 도모하는 개념이다. 개발자들은 이에 따라 미래 군대가 가장 효과적으로 대응할 수 있도록 개발해야 한다. 엔지니어와 긴밀히 협력해 AI기반 시스템이 주력화되도록 해야 한다. 국방부 부장관은 2021년 말까지 이와 관련한 달성 목표를 수립하고, 국방부 전체에 실질적인 AI 시스템이 뿌리내리도록 해야한다.

- 국방부 소속 각 기관들은 기존 시스템을 통해 AI와 디지털 준비 상태를 평가해야 한다. 3인의 고위 신기술운영위원회는 국방부

차관, 합참 참모들과 긴밀히 협력하여 군서비스와 자원 조달 전략이AI 기준이 부합하도록 해야한다.

• 군은 AI기술이 미흡한 특정 기술 분야를 조속히 가려내 인재 채용이나 인재 관리 전략 등에 반영해야 한다.

셋째, AI 기반 군수지원의 우선 순위를 정한다. 획득 유지 담당 국방차관, 합동참모, 국방부 군수국, JAIC 등과 협의한다.

• 주요 전투 훈련과 시뮬레이션에 AI를 적용해 현장 적응력을 키운다. AI 운영자는 AI 지원과 지속적인 상호 교류가 필요하다. 군대 기능과 임무에 미치는 주요 요인에 대한 피드백을 생성할 수 있다.4)

AI 시대
동맹국과 파트너십

파이브 아이즈, 동맹의 기초

미국이 AI 기반의 전투 개념을 창출한다면, 동맹국이나 협력국 역시 AI에 기반한 군대와 정보기관이어야 한다. 동맹국 등이 AI 기술에 기반하지 않는다면 군사적 상호운용은 불가능하다. 미국과 동맹국 사이의 국제정치적 결속력과 탄력성은 위협받을 것이다.[1] 미국은 전 세계, 특히 유럽과 인도-태평양 지역에서 기존 방어체계를 심화할 것이다. 국방부는 동반자 국가들의 민간 기관-기업 및 연구 기관과도 유연하게 대응해야 한다. 과거와 같은 경직적인 대처는 동맹국들 간 결속력을 약화시킬 것이다. 미국은 동맹국이 절대 필요한 시기에 접어들고 있다. 과거 미국 독단의 국제정치적 시각과 개념으로는 불가능한 시기에 접어들고 있다. 이런데 유념하여 새로운 동맹과 파트너 국가들을 선별해야 한다.

미국은 파이브 아이즈 the Five Eyes (미국, 영국, 캐나다, 호주, 뉴질랜드 5개국)

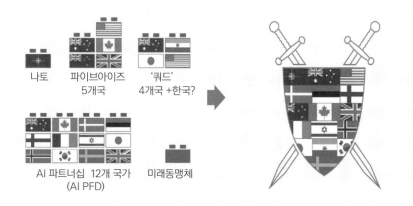

나토 파이브아이즈 '쿼드'
       5개국   4개국 +한국?

AI 파트너십 12개 국가   미래동맹체
      (AI PFD)

※ 2021년 9월 3일 미하원 군사위원회는 아프칸 국민을 탈출시킨 한국을 파이브아이즈에 포함시키라는 국방수권법 수정안을 통과 시켰다. 파이브아이즈는 정보동맹으로, 상호간 맹방을 의미한다.

와 북대서양 조약기구NATO, 그리고 인도-태평양 동맹국과 동반자 국가들과 함께, AI 상호운용성과 중요 신기술의 교류를 도모해야 한다.

미국은 다음과 같이 행동해야 한다.

- 기존 '파이브 아이즈' 동맹국과 AI 관련 방어와 정보협력 강화.
- 설계와 및 표준에 대한 합의를 가속화하는 NATO의 노력을 지원하고, 연합 전문지식 개발과, 연합적인 훈련, 작전을 위한 AI 활용 메뉴얼 축적.
- 합동인공지능센터JAIC의 국제 AI 파트너십 강화.2)
- 유럽과 인도-태평양 동맹국 간의 정보능력및 상호 운용성 개선을

위해 대서양-태평양 안보기술 파트너십 구축.

동맹국 및 파트너 국가들과의 상호운용성

- 국방부는 국가정보국장과 함께 '파이브 아이즈' 동맹국과 AI 기술과 응용을 비교해 강점 및 격차를 평가한다.
- 평가는 동맹국 전체와 이론, 조직, 훈련, 자료, 리더십, 교육, 인사, 시설-정책DOTMLEPF-P 중심으로 이행한다.
- '파이브 아이즈'와 AI 상호운용성을 개선하기 위한 5개년 계획을 수립한다.
- 계획에는 연구 우선순위, 개발목표, 실험, 데이터 공유 및 공동 사용이 포함되어야 한다. 아울러 AI 기반 시스템의 시험, 평가, 검증, 확인TEVV 및 상호운용성 표준, 중요 산업의 공급망에 대한 테스트와 리스크 완화 조치를 포함시킨다.
- AI 기술이 NATO 방어계획 프로세스 등 통합되는지 확인하고, AI 기반의 상호운용성 계획을 수립하고 평가한다.
- 데이터 융합, 데이터 활용 및 상호운용성 시뮬레이션, 워게임, 파일럿 프로젝트를 수행한다.

합동인공지능센터 방어 파트너십^{JAIC}

AI Partnership for Defense^{AI PfD}

2020년 출범한 AI PfD는 미 국방부가 주도하는 '가치 기반 글로벌 리더십'을 구현하는 차원이다.**3)** 현재 회원국으로 한국을 비롯해 호주, 캐나다, 덴마크, 에스토니아, 핀란드, 프랑스, 이스라엘, 일본, 노르웨이, 스웨덴, 영국이 있다. 12개국이다.

• AI PfD를 토대로 NATO 전반에 AI 채택을 가속화할 수 있다.

AI 기반의 쿼드 개념

• 쿼드^{Quad} 멤버인 인도, 일본, 호주 이외에 한국, 뉴질랜드, 베트남과 공식 AI 방위 및 정보협력 계약을 맺어야 한다.
• 미국은 이를 통해 광범위한 AI 상호운용성을 우선 개발한다.**4)**
• 쿼드와 함께, 대서양-태평양 보안 기술 파트너십을 구축하여 상호운용성을 개선한다.
• AI에 기반한 NATO- 인도-태평양 파트너십을 강화한다.
• DoDI^{DoD Instruction} 5530.03, 국제 계약을 수정하여 AI 및 소프트웨어 기반 파트너십에 대한 적절한 지침을 제공한다.**5)**

• DoDI 5530.03은 다음과 같이 수정되어야한다. 연구, 개발, 테스트, 평가 및 운영 배포 전반에 걸쳐 지속적인 업데이트와 함께, 국제 파트너 간의 균형을 맞추기 위해 허용 가능한 임계 값 및 한계 지침을 제공한다.

제2장

AI 협력과 인재확보 경쟁

WHITE HOUSE AI REPORT

경쟁과 협력의 전략

중국 AI 패권의 목표는 2030년

AI 즉, 인공지능 기술이 인류에게 미치는 충격은 상상을 초월할 것이다. AI의 응용과 발전으로 미·중 전략 경쟁은 새로운 플랫폼을 형성할 것이며, 아울러 종래 각 분야의 경쟁력을 크게 강화시키고 변모시킬 것이다. AI 기술 진보 사이클에 올라타는 국가는 탄력적이고 생산적인 경제 기반을 갖게 될 것이다. 아울러 글로벌 리더십의 중심에 올라서게 될 것이다.

좀더 구체적으로 본다면, 첨단 AI 기술로 인해 경제 분야가 먼저 혁신을 주도할 것이다. 다만 얼마나 집중력 있고 속도감 있게 달성하느냐 하는 점인데, 혁신 강도에 달려 있다고 할 수 있다. 경제 분야 혁신은 순차적으로 AI 기술 진보에 의존할 것이다. AI 기술은 주요 사회적 인프라, 상업, 교통, 건강, 교육, 금융 시장, 식량 생산, 그리고 지속가능한 환경 속에

**기술굴기 2025
세계주도 2030**

2017년 전후
해 기술 리더십
전략을 수립,
핵심기술 분야
선정, 첨단 프
로젝트 착수,
관련 정부 기
관들에 권한을
위임

• 관리감독 조직 구축
백악관 국가기술경쟁력
회의TCC : 전략 방향을
설정하고, 조율 감독하
기 위해 백악관내 단일
조직에 권한을 위임

• 경쟁 관리
포괄적 미중과학기술대
화 신설 : 중국과 고위급
대화를 신설해 AI, 양자
컴퓨팅, 생명공학 등, 신
기술 경쟁을 관리

• 필승전략 수립
정부 기술전략 개발 박
차 : 백악관 국가기술경
쟁력위원회, AI를 비롯
한 신기술군이 정부정책
으로 적용되기 위한 가
이드를 수립

서 인류 발전의 물결을 이끌어 갈 것이다. AI 관련 기술의 연구, 개발, 확
산 경쟁은 이미 국가마다 전략으로 채택되어 각국마다 가열찬 양상이다.

모든 분야의 기득권자 미국은 이런 AI 경쟁을 조속히 인정하고 팔을
걷어붙여야 한다. 그리고 승리를 거머쥐는 조직을 만들어야 한다. 미국은
지난 수십 년간 최고의 서비스와 혁신을 주도해왔다. 그런데, 지금까지의
미국의 접근 방식은 오히려 혁신의 대상이 되었다.

특히 중국은 AI와 관련 기술 분야에서 미국에 거의 근접해 있다는 평
가가 지배적이다. 그렇다면 미국은 쫓기는 양상이다. 미국은 지금 과감한

혁신을 이행해야 한다. 지금까지 누려온 행태로는 지금까지의 혁신 리더십과 지위를 계속 유지하기 어렵다. 미국의 현실에서 이를 분명히 인정해야 한다. 미국은 정부 주도의 신기술 결집과 전략을 AI에 연결시키는 노력이 가장 시급하다.[1]

미국이 AI 경쟁에서 승리하기 위해 두 가지 전제 조건이 있어야 한다. 즉, 백악관 주도의 기술경쟁 체제에 돌입하는 것과, 중국 러시아와의 협력에 대한 원칙을 세우는 것이다. 특히 중국에 대한 입장을 분명히 해야 한다.

미중 AI 경쟁은 심각하고 복잡하다

AI 기술 경쟁의 현황을 파악할 수 있는 주요 지표에서 미국은 중국을 앞서고 있는 것처럼 보인다.[2] 그러나 그 격차는 빠르게 좁혀지고 있다. 향후 10년 내에 AI 혁신 분야에서 중국은 미국을 제치고 전 세계 선두 국가로 올라설 가능성이 상당히 높다.[3]

지난 20여년 동안 중국의 기술 기업들은 엄청난 성장을 이뤄냈다.

특히 자연어 처리[4], 안면 인식 기술[5], 여타 AI 기반 분야에서 두각을 드러내고 있다.

중국의 기업, 투자자, 기술자, 그리고 학자들은 선진국의 글로벌 AI 경쟁에서 어깨를 나란히 하고 있다. 이를테면 중국의 소셜 미디어 및 전자

상거래 기업들은 전 세계 소비자들을 확보하기 위해 선진국과 치열하게 경쟁하고 있다. 중국의 통신 인프라는 이미 5G 시스템의 초입단계에 있다. 중국의 벤처기업 자본가들과 메기테크 기업들은 새로운 스타트업에 천문학적인 돈을 투자하고 있다. 중국의 AI 기업들은 미국을 비롯한 세계 각국에 연구실험실을 보유하고 있다. 소속 연구자들은 중국의 AI 기술을 발전시키기 위해 의미있고 주목받을만한 논문을 양산하고 있다.6) 중국이 공산당 일당이 지배하는 권위주의 국가라는 것을 제외하면, 이같은 사실 가운데 어느 하나도 미국 국가안보의 관점에서 볼 때 우려할 만한 것은 아니다.

중국은 정부 각 부처와 지방 정부가 선두에 서서, 대학과 기업에 맞는 AI 맞춤형 계획에 따라 발빠르게 대처해왔다. 미국보다 더 빠르고 더 많은 결정을 내렸다. 이러한 전략적 행보는 중국공산당의 패권적 야망을 반영한 것이다.

지금과 같은 속도로 향후 수 십년 간 AI의 발전을 이룬다면, 중국의 군사와 경제적 경쟁력은 근본적으로 달라지고, 세계를 지배할 것이다.

중국의 행동은 정말 재빠르다. 첨단 AI 연구에 참여하는 기술기업과 학술기관에 긴요한 국가 보조금을 주면서 전략적 계획을 뒷받침하고 있다. 중국은 서구가 수행한 기본연구를 활용한 까닭으로 기초연구자본을 상당히 절약할 수 있었다. 이 때문에 중국 연구자들은 응용 프로그램에 더 많이 집중할 수 있다. 관련 분야의 연구와 인재육성에 대단한 자금을 투자해왔다. 바이두, 알리바바, 텐센트, 화웨이 등 '국가적 챔피언' 기업들이 해외 시장에서 승리하도록 장려했다.7) 군사-민간 융합 프로그램을 통해 중국은 비즈니스와 학계의 AI 융합 발전을 도모했다. 중국은 미국 내 산업스파이 활동, 기술이전 프로그램과 표적 투자를 통해 미국을 비롯한 여타 국가에서 민감한 IP와 데이터를 획득하려고 시도했고 지금도 진행중이다.

미국과 중국의 경쟁 관계는 복잡하게 얽혀있다. 세계적인 두 AI 리더는 복잡한 공급망, 연구 파트너십, 비즈니스로 연관되어 있다.

이러한 연관성을 단번에 끊는다면, 미국인들은 많은 비용을 지불해야 하고, 전 세계에 큰 파장을 초래할 것이다. 미국과 중국의 학자, 혁신가 및 시장 간의 관계도 연결되어 있으며, 종종 상호이익이 되며 AI 분야를 발전시키는 데 도움이 되곤했다. 또한 AI 및 기타 신기술 공유와 관련해 공식적인 외교적 대화를 활용하고, 인류에게 도움이 될 협력적 AI 프로젝트 분야를 탐색하는 것은 미국의 국익과 합치하는 것이다.

미국은 중국과의 협력적인 공동 AI 연구를 중단하거나, 모든 기술분야 비즈니스를 중단하지 않고도 중국과 경쟁할 수 있다. 만일 지금까지 진행되어 온 중국과의 광범위한 기술적 연계를 단번에 끊어낸다면, 미국 대학과 기업들은 그렇잖아도 부족한 AI와 과학, 기술, 공학, 수학STEM 분야의 우수 인재를 빼앗길 것이다.

미국 기업들은 효율적인 부품 공급망을 잃을 것이며,8) 혁신기업들은 거대 시장 및 자본에서 차단될 것이다. 따라서 미국은 중국과의 단절을 선택적으로 가려내야 한다. 표적을 제대로 분리해야 한다.

핵심 부문들에 대해 분별력있게 이행한다면, 중국과의 단절로 충격을 받을 미국의 기술력을 쉽게 복원할 것이며, 불법적 기술이전의 행위를 줄이면서 핵심 분야를 포함한 국가안보를 지켜낼 수 있다.

무엇을 어떻게 할 것인가

중국이 야심적으로 도전한다고 해서 자율적 혁신을 지향해 온 미국 접근 방식이 제한되어서는 안된다. 미국적 접근법이란 AI 기술개발의 대안 모델을 제시하는 것이며, 자유 경쟁의 프레임을 제시하는 것이다. 아울러 미국의 강점을 유지하기 위해 취하는 광범위한 공공정책을 실행에 옮겨야 한다.

미국적 접근법은 첫째, AI 인재 확보에 있다. 이를 위해 미국의 이민정책을 전면 개선해야 한다. 두 번째, 글로벌 경쟁력 증강 차원에서 AI를 비롯한 광범위한 STEM 교육 방안을 수립해야 한다.

셋째, AI 관련 연구 의제를 다양화하고 데이터와 도구에 대한 광범위한 접근을 허용해야 한다. 넷째, AI 연구를 대학 중심에서 민간 부문으로 이동시켜 AI 연구의 균형을 잡아야 하며, 전폭적인 자금 지원이 있어야 한다. 이를테면 현재 미국의 지적재산권IP 접근법은 구닥다리 수준에 있다. 미국의 IP시스템은 IP도난이 만연하고 신기술에 맞지 않은 구시대에 머물러 있다. 다섯째, 미국은 마이크로일렉트로닉스의 주도권을 유지해야하며, 반도체 등 국가안보에 절대 필요한 핵심 제조업의 국내 복귀를 장려하는 대책이 중요하다.

백악관의 확고한 의지와 역할

본 보고서를 작성한 인공지능국가안보위원회NSCAI는 중국 정부가 즐겨하는 국가주도 경제 5개년 계획, 또는 중국식 '군민융합'을 요구하지 않는다. 대신 정부에 대해 강력한 프로세스 이행을 촉구한다. 정부와 산업, 학계 간에 보다 균형잡힌 경쟁력을 회복해야 한다.

이를 통해 다양한 연구 환경과 경쟁력 있는 경제, 그리고 국가의 요구에 부응하는 지속적인 연구 어젠다 등을 도출해내는 것이다. 미국은 분명한 역사적 전력이 있다. 미국이 도전받을 때면 언제든 정부는 산업계와 학계 그리고 막대한 자금 투자를 이끌어 낸 전력이 있다.[1] 지금 중국처럼 도발적이고 열정적인 경쟁자가 미국을 넘보고 있으며, AI라는 혁명적인 기술이 막 표면화할 순간에 직면해 있다.

그러나, 현재 미국 정부는 각 분야에서 중구난방이다. 역대 대통령들은 각종 연설과 보고서 등을 통해 AI 주도권을 강조하고 있다. 하지만, 비즈니스와 기술개발 예산 조달과 관련해서는 거의 손을 놓고 있다. 미 정부는 아직도 분산형 행정구조에 의존하고 있다.[2]

언필칭 글로벌 인재 유치를 거론하고 있다. 하지만, 지난 트럼프 정부는 고도 숙련된 근로자에 대한 비자 제한 장벽을 더 높혔다.3) 그리고 유치원에서 12학년 (K-12) 사이 STEM 분야의 역량을 측정하기 위한 시험에서 미국 아이들은 동아시아와 유럽의 동년배들과 비교해 크게 뒤쳐져있다.4) 기술 분야 시니어들과 공무원들은 '관-민 파트너십'의 중요성을 거론하지만, 이를 구체화하기 위한 그 어떤 조치에도 거의 나서지 않고 있다.

대다수 전문가들은 중국의 기술 패권주의와 AI 결합의 위험성을 경고하고 있다. 그러나 워싱턴은 민주적인 대안을 만들기 위한 그 어떤 새롭고 지속가능한 단단한 조직체를 만들지 않고 있다. 지금 미국 AI 정책은 연방 정부에서 진행중인 이질적인 AI 관련 정책모음에 불과하다. AI 경쟁에서 승리하고 미국의 AI 주도권을 유지하기 위한 조직과 자원이 통합된 전략은 어디에서도 찾아볼 수 없다.

이를 타개하기 위해서는 무엇보다도 강력하고 일관된 백악관의 리더십이 필요하다. 우선 이런 조치들이 필요하다.

첫째, 정부는 혁신을 촉진하기 위한 정책을 조율해야 한다. 국가안보에 중요한 산업과 핵심 부문을 보호해야 한다. 인재 모집과 훈련, 국가 안보와 경제 번영에 필수적인 기술의 국내 연구와 개발, 그리고 생산을 장려해야 한다.

둘째, 민주적 규범을 지지하는 동맹국과 파트너 국가와 보편적인 연대를 추구해야 한다. 동맹국의 기술 동향을 파악하고 중국 러시아의 상대

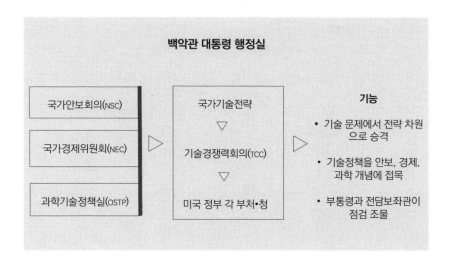

백악관 대통령 행정실

국가안보회의(NSC)

국가경제위원회(NEC)

과학기술정책실(OSTP)

국가기술전략
▽
기술경쟁력회의(TCC)
▽
미국 정부 각 부처•청

기능

• 기술 문제에서 전략 차원
  으로 승격

• 기술정책을 안보, 경제,
  과학 개념에 접목

• 부통령과 전담보좌관이
  점검 조물

적 강점에 주목해야한다.

셋째, AI 연구와 비즈니스 및 교육을 지원하기 위한 중앙 정부차원의 전략을 각 개별 주에서 조정하고 복제되어야 한다. 각 주별로 기초와 응용연구의 어젠다가 상호 교류 강화되어야 한다.

백악관의 리더십 확충

앞으로 AI 기반의 국내 경제, 국가 안보, 과학 및 기술 정책을 주도하는 행정력의 중추가 필요하다. 현재 미정부 안에는 이런 조직이 없다. 몇 개의 개별적인 대통령 직속기관EOP, Executive Office of the President이 있기는 하다. 국가안보회의NSC, 과학기술정책실OSTP, 국가과학기술회의NSTC, 국가경제위원회NEC 등이다. 또한 국내정책회의DPC는 이민정책, 교육정책 및 규제 정책 분야를 담당하며, 백악관의 예산과 개혁을 다루는 행정관리예산국 OMB, Office of Management and Budget 등이 있다.5) 이들은 모두 필요한 조직들이지만 충분하지 않다. 전체를 아우르며 일관된 체계를 갖춘 중추 조직체가 없을 경우, 대통령이나 부통령이 직접 각 기관 간의 프로세스를 확인하고, 판결하며, 조정해야 한다. 이는 냉정해야 할 대통령에게 좋지않은 영향을 미칠 수 있는 여지를 끝없이 남겨두게 된다. 지금 대통령에게는 새로운 기술 전략을 결정하고 추진하는 새 기구가 있어야 한다. 위 그림에 예시된대로 이 기구는 각종 백악관 조직을 통해 다듬어진 새 기술전략을 행정 부처와 청으로 내려보내 집행되도록 총괄하는 역할을 수행해야 한다.

첫째, 기술경쟁력회의TCC를 만들어야 한다. 이 기구에 포괄적인 기술 전략을 구현할 수 있도록 전폭적안 권한을 부여해서 백악관이 주도하는 신기술 전략의 리더십을 확립해야 한다. 이 기구는 부통령이 의장이 되고 대통령 보좌관을 신설해, 기술 경쟁에 대처하는 상시적 업무를 총괄해야 한다. TCC는 NEC, OSTP, NSC 등 백악관 기구들과 견해차를 메우고, 현재 안보, 경제, 과학 순위로 되어 있는 우선 순위를 바꿔야 한다. 단순한 기계적 수준에서 전략적 차원으로 끌어 올려야 한다.

둘째, 국가기술전략을 수립해야한다. TCC는 AI를 시작으로 모든 핵심 신기술이 각종 정부 정책에 뿌리내리도록 국가 기술 전략을 구축해야 한다. 국가 기술개발의 출발 전략으로 1) AI 인재 확보경쟁에서 승리, 2) 미국 AI 혁신을 촉진, 3) 미국 AI 장점의 확충 4) 국제적 AI 어젠다 주도를 바탕으로 구축되어야 한다.

셋째, 미·중 고위급 과학, 기술에 관한 포괄적인 대화 체널을 구축해야 한다. 이는 미국과 동맹국에게도 이익이 되지만, 무엇보다도 중국이 국제 규범을 따르도록 압력을 가하는 수단이 된다. 미중 고위급 대화는 AI, 생명공학, 그리고 양측이 합의한 신기술의 과제 등에 초점을 맞춰야 한다. 미중 대화에는 두 가지 중요한 목표가 구체적으로 설정되어야 한다.

- 기후 변화와 자연 재해 구호와 같은 지구촌 과제를 해결하는 신기술에 대한 협력 분야를 선별한다.
- 미·중 사이에서 유전공학 등 신기술의 특정목적 사용에 대한 상호 감시와 관리 등이다.

미국의 행동계획

미국은 중국과 고위 포괄적 과학기술대화 체제(CSTD, Comprehensive Science and Technology Dialogue)를 구축해야 한다. 미국무부는 백악관 과학기술정책실과 협력하여 CSTD를 주도한다.

거듭 설명하면, 이 대화 체제는 중국이 국제규칙과 규범을 준수하도록 압력을 가하는 수단이 될 것이며, 동시에, AI, 생명공학, 신기술이 제시하는 과제 해결에 초점을 맞춰야 한다. 미국은 대화 체제에서 중국과의 모든 이견을 해결하지 못할 것이라는 점을 분명히 알아야 한다. CSTD는 결과 지향적이어야 하며, 미국인을 위한 구체적인 성과를 도출해내야 한다. CSTD에는 몇 가지 중요한 목표를 설정해야 한다.

- 기후변화, 공중보건, 자연재해 등의 글로벌 과제를 해결하는 신기술의 협력 분야를 선별한다.
- 기후변화, 의료 및 생물 데이터, 식품안전 및 안보, 자연재해 등에 대한 협력과 기술 솔루션을 탐색한다.
- 신기술의 특정 목적 사용에 대한 우려 또는 갈등을 드러내고 토론하는 동시에, 상호 관계 구축과 명확한 로드맵을 수립한다.
- CSTD는 중국에 대한 포괄적인 전략의 일환으로 구축되어야 한다.
- 규칙 준수의 국제 질서 동력을 확보하기 위해 민주적 가치의 동맹국과 파트너를 동원한다.
- CSTD는 전략적 대화SSD, Strategic Security Dialogue와 분리하는 것이 중요하다. SSD는 미국과 중국이 오해를 제거하는 데 초점을 맞춘 대화체이다. 분쟁의 해소와 위기의 안정화와 관련된 논의를 하는 광범위한 미중 양자 관계에 영향을 미치는 SSD의 정치적 역학으

로부터 CSTD는 격리되도록 한다.

- AI 기반의 자율무기 시스템을 둘러싼 토론이어야 한다.

글로벌 AI 인재 확보 경쟁

AI를 제대로 다루고 응용하는 전문인력을 영입하려는 선도국들의 경쟁이 치열하다.[1) 중국의 최대 IT기업 텐센트Tencent는 전 세계에 30만 명의 AI 연구원과 실무급 인재를 보유하고 있다고 주장한다.

캐나다 인공지능 기업 엘리먼트AI Element AI는 2018년 전세계적으로 약 2만2000 명의 박사학위 연구원이 AI 연구에 참여하고 있으며, 이들 중 25% 가량이 연구와 응용프로그램에 능숙하다고 추정했다. 미국 머신러닝 기업 딥보트Diffbot는 전 세계적으로 머신러닝에 능숙한 사람이 70만명 정도라고 추정했다.

미국 본토에서 AI 박사과정에 있는 연구자는 1990년 이후로 거의 늘지 않고 있다. 2020년을 넘어서면서 AI 인재확보 경쟁이 가속화하고 있는 가운데, 미국의 유학생 흡인력 또한 점차 하향적 추세에 있다. 미국은 유사 이래 처음으로 과학분야 인재 경쟁에서 뒤처지고 있는게 솔직한 상황이다.

중국 등 경쟁자는 물론이고, 미국의 동맹국들 너나할 것 없이 모두 AI 인재영입 전략을 중시하고 있다. 2000~2014년 사이 중국의 대학 시스템을 보자. 과학, 기술, 공학, 수학STEM 분야의 졸업생 수가 360%나 늘었다. 2014년에만 170만 명을 배출했다.2) 같은 기간 미국 대학 STEM 졸업생 수는 54%이며, 이가운데 유학생이 다수를 차지한다.3) 현재 세계 최고 수준의 딥러닝 인력 가운데 중국 출신 연구원은 약 29%에 달한다.4) 중국을 비롯한 여타 국가들은 유연한 이민정책과 병행해 기술력 있는 고급 인재유치 작전을 펼치고 있다.

따라서 미국에게 현재와 같은 AI 주도를 유지하려면 두 가지 선택지가 있다. 국내에서 잠재력있는 인재를 장기 계획 아래 발굴 육성하는 것과, 해외에서의 인재를 미국으로 돌아오도록 영입하는 작업이다.

앞에서 언급한대로 미국은 지금부터라도 AI분야의 인재 양성 사이클에 적극 투자해야 한다. 더 이상 과거에 군림하는 듯한 수동적인 전략으로는 통하지 않는 지경에 이르렀다. 연구원, 실행자, 최종 사용자, 지식 소비자 등 4가지 관점에서 육성해야한다.

미국 STEM 교육의 가능성과 한계

STEM 교육에 대한 아무리 강조해도 지나치지 않다. 이 분야에 대한 투자는 미국의 국력과 국가안보에 직결되어 있다고해도 과언이 아니다.

미국은 유치원에서 12학년(K-12)까지 여타 선진국들에 비해 교육 시스템이 그리 고르지 않다. 그럼에도, '아메리칸 드림'으로 유입되는, 다시말해 해외 인재가 몰리는 종래 흡인력으로 인해, 국제적 경시대회나 지식능력 측정에서 전반적으로 높은 순위를 차지해왔다. 앞으로 미국은 STEM 교육에 막대한 투자를 해야한다. STEM 교육에 투자하는 것만으로 AI 인재양성과 국제경쟁력 향상을 도모할 수는 없다. 중국은 연간 수많은 컴퓨터 과학자와 엔지니어, 그리고 STEM 인재를 배출하고 있다.5) 중국의 천인계획(2008년부터 과학기술 분야 고급 인재 유치를 통해 과학 강국을 만들겠다는 프로젝트인데, 선진국의 우수 연구자들이 첨단 기술을 유출하게 하는 '산업스파이 양산 계획이라는 비판도 있다= 편역자주)은 2050년까지 과학, 기술 분야에서 글로벌 리더가 되기 위해 국가가 만든 청사진이다. 그러나, 미국 시스템은 후진적이다. STEM 분야 또는 AI 인재를 배출하는 미국 시스템은 수적으로나 질적으로 뒤쳐질게 분명하다. 미국은 경쟁력 확보를 위해 교육시스템부터 개혁해야한다.

그러면 무엇을 어디서부터 어떻게 손대야 하는가.

첫째, 국방교육법 II National Defense Education Act II 를 조속히 입법해야 한다. 1957년 소련은 세계 최초로 우주탐사선 스푸트니크 발사를 성공했다. 자만해 있던 미국은 깜짝 놀랐다. 교육과 혁신에서 소련에 뒤쳐졌다는 자각의 소리가 커졌고, 급기야 미국 의회는 이듬해 국방교육법NDEA 을 통과시켰다. NDEA는 과학, 수학, 외국어의 중요성을 감안해 학자금 부담을 대폭 덜어준다. 모든 수준의 교육 향상, 대학원 펠로우십을 위한 장학금

지원 목적으로 10억 달러 이상의 예산을 배정했다.

　이 법안으로 인해 수많은 재능있는 학생들이 대학에 진학할 수 있었다. 1960년에는 360만 명의 학생이, 1970년에는 750만 명이 대학에 진학했다.6) 이는 미국이 우주경쟁에서 승리하는데 큰 도움이 되었고, 마이크로일렉트로닉스의 진보에 대단한 동력을 제공했으며, 미국의 혁신 역량을 가속화시켰다. 결과적으로 냉전에서 미국이 승리하는데 중요한 역할을 했다는 것은 분명한 사실이다.

　따라서 국방교육법의 두 번째 버전 격인 NDEA II를 조속히 입법해야 한다. 이 법안은 수학, 컴퓨터 과학, 정보 과학, 데이터 과학, 통계와 같은 디지털 기술을 습득하는 학생들에게 학자금을 지원하는 프로그램에 중점을 두어야 한다. NDEA II에는 K-12 학제와 재교육 프로그램도 포함시켜야 한다. 이는 미국 교육 시스템 전반의 결함을 보완하는 것이다. 특히 재원이 부족한 학군을 의도적으로 포함시켜야 한다. 또한 2만5000개의 학부, 5000개의 대학원, 500개의 박사과정 펠로우쉽에 있는 STEM 프로그램을 강화하는데 투자해야 한다. 아울러 더 많은 미국인들이 저렴한 STEM 교육을 받을 수 있도록 학부장학금 제도에 커뮤니티칼리지가 포함되어야 한다. 궁극적으로 NDEA II의 목표는 소외 계층 미국인을 위한 프로그램에 역점을 두는 것이며, 궁극적으로 디지털 인재풀을 확대하도록 하는 것이다.

　둘째, 이민제도 개혁에 의한 AI 인재 영입이다.

이민제도의 개혁은 국가안보에 긴요한 문제임에도 당국은 간과하고 있다. 미국이 고숙련 인재를 성공적으로 유치하고 유지할 수만 있다면, 중국 등 경쟁국에 비해 전략적 경제적 잇점이 적지않다. 인재에 대한 수요가 급증하고 있는 AI 분야에서 인력 수급 잇점은 특히 중요하고 시급하다.

미국내 구인 웹사이트의 AI 채용공고를 보면, 2015~2017년 AI 인재 수요는 5배 이상 증가했으며 딥러닝 기술자 수요는 30배 이상 증가했다. 그러나 실제 채용 숫자는 훨씬 느리게 성장했다. 이런 불일치는 AI 발전을 늦추는 요인이다. 특히 개인간 기술 격차가 AI 채택을 방해하는 가장 큰 요인이다.[7]

고도로 숙련된 이민자들은 미국의 혁신을 가속화하고 기업가 정신을 고양하며 일자리를 창출한다. 미국에서 이런 수준의 외국인 노동 이민의 유입이 늘어난다면 AI 경쟁에서 여타 국가에 비해 훨씬 유리한 위치에 올라설 것이다. 2013년 미국내 발명가 숫자를 보면, 해외 거주 미국인 발명가보다 이민자 출신 발명가가 15배나 많았다.

이와 대조적으로 캐나다, 독일, 영국에서는 발명가 숫자가 줄고 있었다.[8]

AI 경쟁 승리를 위해서는 금융분야 자원이나 하드웨어 능력이 절대 필요하다. 이런 면에서 미국은 절대적으로 유리하다. 이런 풍부한 연구 인프라를 따라 미국에 유입된다. 미국만이 갖고 있는 이같은 장점은 다른 나라에서는 따라하기 어렵다.

그러나, 불행히도 최근 몇 년 사이 미국내 외국인 유학생들은 미국 땅에 머물지않으려 한다. 다른 나라에서 공부하거나 귀국하는 사례가 늘어나고 있다. 이 가운데 한 가지 이유는 영주권을 따기가 어려워지고 있다는 점이다. 영주권 신청자 적체 현상이 심화되고 있다.[9] 특히 인도 출신 이민자들에게는 고역이다. 상당기간 기다려야 한다. 많은 사람들이 영주권을 받기 이전, 제한적인 취업 비자로 수십년을 버텨왔다.

이는 기술 부문의 인재 모집을 방해하는 요인이며, 인도 이민자들의 삶의 질을 저하시킨다. 그러나 중국 등 다른 나라에서는 실리콘 밸리 출신자의 유치에 엄청난 공을 들이고 있다. 특히 AI 전공은 더욱 그렇다. 그렇지않아도 중국은 세계에서 가장 큰 AI 인재 공급처 역할을 하고 있다. 구글이나 마이크로소프트 등 기술기업은 이러한 인재 활용을 위해 중국에 최첨단 연구센터를 설립한지 오래 되었다.

이는 중국의 AI R&D 역량과 기술 이전 가능성을 높이고 있으며, 미국 본사는 정보당국의 법적 제재를 덜 받게된다.[10]

이민 수용정책은 동전의 양면이다. 미국에 혜택을 주지만, 반면 고난도 기술유출의 위험성도 항상 염두에 두어야 한다. 그렇다고 기술 유출의 걱정 때문에 이민을 제한하는 것은 너무 거친 접근법이다. 이민 제한 조치는 혁신과 경제 성장에 해가 되며, 오히려 경쟁국에 이득을 가져다주는 꼴이 될 것이다.

미국의 이민 개선 정책은 또한 중국의 대미 기술 추격을 늦출 수 있다.

중국은 두뇌유출의 심각성을 인지하고 있다. 미국이 중국인 AI 인재를 상당수 유치한다면, 중국공산당의 세계재패라는 원대한 야망에 적지않은 걸림돌이 될 것이다.

중국에서 두뇌 유출이 늘어나게 되면 중국공산당은 딜레마에 빠질 것이다. 우수 인재의 유출이 늘어난다면 그만큼 국가적 경제 성장을 늦어지고 더욱이 AI 발전에 저해 요인이 된다. 반면, 두뇌 유출을 막기 위해 중국공산당이 미국 유학을 제한한다면, 중국의 젊은이들은 미국에서 공부하고 일할 기회를 빼앗기는 형국에 몰리는 꼴이 된다.

미국 유학이라는 흡인 요인은 미국만이 가질 수 있는 장점이다. 동시에 미국은 유의해야 한다. 우수 인재를 대거 흡수한다면, 동맹국과 파트너 국가들 인재풀에 잠재적으로 부정적인 영향에 미친다는 점이다. 이를 위해 다음과 같은 정책 개선을 고려해야 한다.

첫째, AI 전문인 등 예외적인 인재의 범위를 확장하여 O-1 비자를 보다 쉽게 받을 수 있게 하는 것이다. O-1 임시 노동비자는 뛰어난 능력이나 성취도가 있는 사람을 위한 것이다. 현재 비자심사관은 주관적인 평가를 통해 O-1 비자부여를 결정한다. 이는 주요 학술매체 출판물에 등재되는 등 학문적 기준에 부합한 과학기술 분야 인재에게 적합하다. 비즈니스에 재능을 보인 사람에게는 맞지 않는 제도로서 반드시 개선해야 한다.

둘째, IER^{International Entrepreneur Rule} 제도를 활용해 비즈니스 분야의 이민 수용을 대폭 늘려야 한다. IER에 포함된 여러 제도들 가운데, USCIS^{US Citizenship and Immigration Services} 비자는 미국에서 벤처기업을 통해 공익에 기여할 것으로 판단 또는, 입증하는 기업가에게 임시체류를 허용하는 제도이다.11) USCIS는 AI를 비롯해 STEM, 농업 등 여타 분야에서 AI 기반기술을 응용하는 기업가에게 우선권을 부여해야 하는 쪽으로 고쳐야한다. 기업가에 대한 심사 기준은 미국내 투자자를 끌어모을 수 있는지에 관한 것이다.

셋째, 고숙련 노동자의 직업 이동성을 유연하게 하면서 범위를 명확히 해야한다. H-1B, O-1를 비롯 여타 임시 취업비자는 노동자에게 1년간 취업 허가를 받도록 하는 기준이 있다. 이는 너무 제한적이고 모호하다. 이들에게 직업이나 고용주를 변경할 수있는 시기를 명확히 하고, 직업 선택의 유연성을 높이도록 개선해야한다.

넷째, 영주권 부여를 확대해야 한다. 미 연방 당국은 일반적으로 허용되는 것보다 적은 수의 영주권을 부여하고 까다로운 절차가 존재한다.
2009년 현재 연방 이민당국은 행정적 오류로 인해 32만 6000개 이상의 영주권이 사장되었다.12) 미 의회는 국무부, 국토안보부와 협의해 사장된 영주권을 사용할 수 있도록 하는 법안을 통과시켜야 한다.13)
미국 공인 대학에서 STEM 박사학위를 취득한 학생에게는 영주권을 부여해야 한다. 의회는 국가안보상 위험을 제기하지 않는 외국인에게 합법적인 영주권을 부여하기 위해 이민 및 국적법을 시급히 개정해야한다.

고용 조건의 영주권 수를 두 배로 늘려야 한다. 현 시스템에서는 고용 조건 영주권 부여 숫자가 비합리적으로 부족하다: 현재 연간 14만 명 수준이다. 이마저도 노동자에게는 절반 미만이 할당된다.**14)**

이로 인해 자격을 갖춘 고숙련 노동자들이 영주권을 얻지 못하고 일자리를 전전하거나 고용주와 협상할 수 없는 문제가 발생하고있다. STEM 분야와 AI 관련 분야의 고용을 조건으로 하는 영주권은 두 배로 늘려야 한다.

다섯째, 기업인 비자제도를 신설해야 한다.

박사학위를 취득한 유학생들이 취업이나 스타트업에 고용되기를 원하지만, 이런 경로를 찾기가 사실상 녹록치않다.**15)** H-1B 비자를 받기가 보통 까다로운게 아니다. 마찬가지로 기업인 이민자들이 주로 소지하고 있는 EB-5 비자로는 창업 등을 할 수 없어, 기업인이 아니라 학자나 노동자용 비자를 사용해 창업한다.**16)** 이러한 문제들로 인해 미국은 유학생 출신 인재들에게 덜 매력적이며, 스타트업이나 창업의 잠재력을 감퇴시키는 요인이 된다. 따라서 의회는 공익적인, 그리고 유망한 잠재 창업자를 대상으로 하는 기업인 비자를 신설해야 한다.

여섯째, 신기술과 혁신 기술인 비자를 신설해야 한다.

국립과학재단NSF, National Science Foundation은 매 3년마다 핵심 신기술을 선별하고, 이를 참고삼아 국토안보부DHS는 신기술과 혁신기술을 보유한 학생, 연구원, 기업인을 대상으로 기술비자를 부여해야 한다.17) 이들은 R&D와, 경제부흥에 기여할 인재들이다.

AI 인재 양성 행동계획

지금부터라도 미국은 AI 인재 공급 매커니즘을 확충하는데 적극 투자해야 한다. 그래야 지금처럼 미래 AI 주도국가로 남을 수 있다.

본 위원회는 그 방안 가운데 실효성 있는 몇 가지를 제시한다. 이를 토대로 백악관과 의회는 우선 행동에 옮겨야 한다.

첫째, 미 의회는 STEM 교육강화와 AI 교육의 방과 후 프로그램 예산을 배정해야 한다. STEM 교육과 AI 중심의 방과 후 학습프로그램으로 재정비한다면, 아이들을 STEM과 AI 관련 학습프로그램에 보다 친숙해질 것이다. 미국 초등생 아이들은 하루 수업시간 동안 평균 20분의 과학과 60분의 수학시간을 접한다.[1]

이처럼 STEM 교육에 투자하는 짧은 시간을 감안해서, 미국내 일부 학군에서는 방과 후 프로그램으로 STEM 교육을 강화하고 있다.

그러나, 제대로된 환경에서 방과 후 STEM이나 AI 교육 프로그램을 제공하는 것이 아니다. 제대로 된 제도를 정착시켜야한다는 말이다. STEM 교육에 더 많은 시간을 할애하면 학생들의 STEM 점수가 높아지는 것은 물론이고, 특히 교육환경이 열악한 저소득 아이들에게 STEM 교육 프로그램을 제공할 수 있다. 의회는 연방예산으로 저소득층 아이들에게 양질의 교육접근성을 높여야 한다.2) 이에 대한 소요 예산 목록은 지역사회 참여를 장려하는 방법이 효과적이다.

일방적으로 정부 하향식보다는 지역 교육기관과 지역 공동체 또는, 공공과 민간 단체가 참여해 제출하도록 하는게 보다 효과적이다.

두번째, 미 의회는 STEM 교육과 AI 집중교육을 위한 여름학습프로그램의 예산을 늘려야 한다. 아이들이 수업이 없는 날이나 학업 손실이 있는 날을 골라 STEM 및 AI 집중교육에 참여하도록 하는게 목적이다. 학교 이외 시간 동안의 아동, 특히 빈곤율이 높고 성과가 낮은 학교의 학생들을 위한 학력강화 프로그램에 예산을 투입해야 한다.3)

셋째, K-12 초중고교 학제에 STEM 교사 증원과 훈련을 위한 예산을 할당해야 한다. 교사 교육은 STEM 교육강화에 필수 분야다.

문제는 STEM 교육에 필요한 능력을 갖춘 교사가 부족하다는 난점이 존재한다. 현재 STEM 담당교사에 대한 교육은 산발적이고 비효율적이다. 개별 학생의 특정 요구 사항을 해결하는데 효과적이지도 않다. STEM교육 경험과 능숙도를 갖춘 우수한 K-12 교사를 모집하는 것은 정말 쉽지 않다. 이는 특히 교사가 학교에서 갖는 영향력을 감안할 때 매우 중요하다. 교사는 AI 기술을 사용하는 방법과 함께 AI 기초 및 기본 기술을 학생들에게 가르치는 방법을 교육받아야 한다.4)

넷째, 국립과학재단NSF이 선도해서 STEM 장학금 및 펠로우십을 확충해야 한다. 앞에서도 언급했듯이, NSF는 5년에 걸쳐 2만5000 개의 STEM 학부장학금, 5000개의 STEM PhD 펠로우십, 500명의 박사후 과정을 만들어 수년 내 취업시장에 진출할 STEM 및 AI 전문인 숫자와 질을 높여야한다.

이를 통해 STEM 인재풀을 확충하고 공급하는 메커니즘이 필요하다. 2000년 ~ 2017년 사이 미국에서 취득한 STEM 학사학위의 비율은 32%에서 35%로 증가했다. 이는 최근 컴퓨터과학 및 공학전공자가 늘어난 덕분이다.5)

특히 AI 또는 머신러닝ML에 집중된 인지과학 또는 컴퓨터과학 관련, 학위는 미래 직업에서 아주 유망하다. 현재 AI 분야는 미국내 학부 과정에 거의 전공으로 편성되어 있지 않다. 대신 독립형 과정 또는, 일련의 선택 과정에 편성되어 있다.

다섯째, 교육부는 학생 테스트에 계산적 사고와 통계 요소를 추가해야 한다. 계산적 사고력과 통계는 AI 작동방식을 이해하는 데 필수적인 능력이다.6) 계산적 사고력과 통계는 AI 개발과 계획에 이르는 모든 단계에 적용된다. 결과를 평가하고 연구와 문제해결, 그리고 비판적 사고는 통계를 통해 습득할 수 있는 중요한 기술이다. 미국의 대부분 고등학교는 졸업 때까지 계산적 사고력과 관련된 테스트를 요구하지 않는다.7) 현재 미국 중고교생들의 전반적인 수학능력이나 컴퓨터 사고력, 통계기술과 관련된 적성을 종합적으로 측정하는 수단이나 방법은 없다. 수학교육 과정에 통계가 포함된 다른 국가와 비교할 때 미국은 낮은 순위에 있는게 현실이다.8)

국가적 차원에서 표준화된 시험이 필요하다. 계산적 사고력과 통계를 포함시킴으로써 학생들의 능력을 향상시켜야 한다. 표준화된 시험이 시행되면, 각급 학교들은 수업 커리큘럼에 계산적 사고와 통계 관련 수업에 더 집중하게 된다.

여섯째, 중학교에서 통계, 고등학교에서 컴퓨터공학을 기본 과목에 필수 편성해야한다.

AI, ML(머신러닝)을 비롯한 많은 기본 개념들은 응용통계학에 적용된다.9) AI에 응용되는 기술과 알고리즘은 클러스터 분석 및 모델 선택 등 통계 방법에 기반을 두고 있다. 학생들이 AI 과정, 집중 및 인턴십을 준비할 수 있도록 하는데 통계와 컴퓨터공학의 기초가 절대 필요하다. 중학교부터 통계 교육을 받은 아이들은 실전에서 AI와 STEM의 고난도 분석 기술에 더 익숙해 질 수 있다. 그러나 현재 미국 고등학교의 47%만이 컴퓨터과학 수업을 편성하고 있다.10) 국가적 차원에서 강화된 커리큘럼 덕분에 지난 10년 전에 비해 상당히 높아졌지만 여전히 많은 고교에서 컴퓨터공학 교육은 편성되어 있지 않다. 더욱이 컴퓨터공학을 일부 편성했더라도 교육내용은 단편적이다. 따라서 대폭적인 학습강화 조치가 필요하다.[11)

제3장

AI 기술경쟁의 최전선

WHITE HOUSE AI REPORT

반도체 전쟁의
현실과 미래

미국 반도체산업의 현실

마이크로일렉트로닉스가 낳은 기술 집합체인 반도체는 날로 중요한
산업 소재가 되고 있다. 반도체는 미국이 AI 전체 리더십을 유지하는데
필수 요소이다. 마이크로일렉트로닉스의 첨단분야는 다름아닌 반도체
다. 몇가지 부문별로 미국 반도체 산업의 현실을 분석을 해본다.

• 반도체라는 하드웨어는 데이터, 알고리즘, 성능과 함께 AI 스팩의
  기본 요소이다.
• 컴퓨팅 능력의 기하급수적 능력 향상으로 지난 10여년간 머신러
  닝ML은 비약적으로 발전했다. 최근의 ML혁신은 컴퓨팅 성능에
  크게 의존해 왔으며 AI 교육실행에 사용되는 컴퓨팅 연산능력은

2012년 이후부터 기하급수적으로 증가했다.

• 수십년 후, 미국은 동아시아 국가들로부터 필요로 하는 첨단 집적 회로 즉, 반도체의 90% 가량을 공급받게 된다.1) 이는 미국이 첨단반도체를 거의 전적으로 외국에 의존하고 있음을 의미한다. 미국이 반도체 공급망을 해외에 의존한다는 것은 미국의 가장 약한 고리이자 취약점이 될 것이다. 주지했다시피 반도체는 군수산업과 국가 산업에 광범위하게 소요되는 필수적 자원이 되고 있다. 만일 적대국 정부의 인위적 조치 내지 자연재해로 인해 공급망 자체에 위해가 가해진다면, 미국은 심각한 국면에 봉착할 것이다.

• 특화된 하드웨어, 이질적 요소의 융합과 3D기술 같은 새로운 패키징 기술과 새로운 기기의 출현 등으로 인해 AI는 더욱 진화할 것이다. 이미 미국의 전통적인 반도체 설계기술은 생산 측면에서 한계를 보이고 있다.

• 앞으로 고성능의 반도체 수요는 증가할 것이다. 고성능 반도체는 AI의 필수 부품이 될 것이다. 국가 안보와 정부내 정보공동체IC, Intelligence Community 분야의 중요한 업무는 지속적으로 AI에 통합될 것이다.

지금도 반도체 분야에서 미국은 선도자로서 절대적 강점을 갖고 있으며, 혜택을 누려왔고 당연하다고 생각하고 있다. 그러나 언제부터인지 미국은 우위를 잃어가고 있다. 반도체 연구개발(R&D)과 반도체설계 등 핵심 분야에서 미국 대학과 기업들은 아직 글로벌 리더로서 굳건한 자리를 잡고 있다. 하지만 반도체 비즈니스의 현실은 녹록치않다. 반도체 제조 분야에서 대만산 반도체제조TSMC가 세계 1위이고, 남한의 삼성전자도 최첨단 칩을 직접 생산하고 있다. TSMC는 이미 5나노 로직의 칩을 생산하기 시작했으며, 2021년 말까지 3나노 칩을 생산한다는 계획이다. 삼성도 마찬가지다. 인텔은 적어도 2022년까지는 미국에서 7나노 칩을 생산한다는 목표이다. 현재는 TSMC에 아웃소싱하고 있다. 중국 기업들은 12나노 칩을 생산하고 있다.[2] TSMC는 모바일, 서버와 핵심 애플리케이션에 소요되는 ARM 기반 칩 생산에서 선두를 달리고 있다.[3] 중국은 반도체 자급률을 높이기 위해 전례없는 국가적인 노력을 기울이고 있다. 중국은 2030년까지 세계 최고의 반도체 생산기지를 구축할 계획이다. 아직 중국은 대만, 남한, 미국에 본사를 둔 기업들에 비해 칩 생산능력에서 뒤쳐지고 있지만 급속한 발전을 이뤄내고 있다.[4]

　현재 미국에서 빈도체생산 제조기업의 선두는 뒤에 나오는 그림에서 보듯이 인텔이다. 인텔은 칩 설계에서 경쟁력을 유지하고 있지만, 최첨단 칩에서는 어려움을 겪고 있다. 대만과 남한의 경쟁자들에 비해 생산 분야에서 뒤쳐지고 있다. 현재 전망으로 보면, 첨단 반도체칩 분야에서 미국은 2022년까지 2세대 혹은 그 이상 뒤쳐질 것이 분명하다. 제조, 조립, 테스트 및 패키징에서 미국의 마이크로일렉트로닉스 리더십은 지속적으로 약화되고 있다.

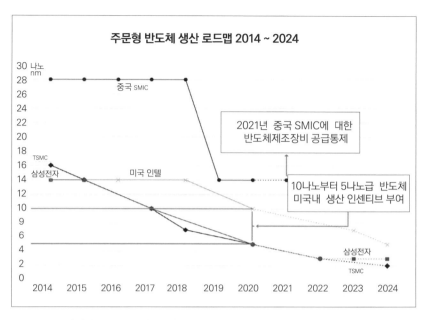

주문형 반도체 생산 로드맵 2014 ~ 2024

2021년 중국 SMIC에 대한
반도체제조장비 공급통제

10나노부터 5나급 반도체
미국내 생산 인센티브 부여

※ 2021-2024년 기업별 반도체 생산은 예상치이며 각기업 마다 로드랩을 구축했다.
SMIC는 14나노급 이하 반도체 제조장비의 수출금지로 인해 2021년 이후에는 로드맵이 표시되지 않음.

특히 미국이 대만으로부터 반도체 수입은 전략적 취약성을 초래할 것
이 분명하다. 경제는 물론이고, 군사적 분야에서 그렇다. 거대한 적대국
이 코앞에 있는 지리적 여건, 자연 재해 등으로 인해 공급망이 망가진다
면 그 피해는 고스란히 미국이 감당해야 한다.

미국 경제는 물론이고, 국가안보에 심각한 문제점을 드러낼 것이다. 미
국 전역의 마이크로일렉트로닉스 연구, 개발 및 혁신에 대한 엄청난 전문
성에도 불구, 미국은 최첨단 반도체의 제조공정에서 취약성을 안고 있다.
미국은 반도체 설계분야에서 앞서고 있지만, 이대로 가면, 제조분야에서

는 영원히 대만 한국을 따라잡을 수 없게 될지도 모른다. 것이다. 경제는 물론이고, 군사적 분야에서도 앞으로 그럴 수도 있다. 거대한 적대국이 코앞에 있는 지리적 여건, 자연 재해 등으로 인해 공급망이 망가진다면 미국의 경제는 물론이고, 국가안보에 심각한 문제점을 드러낼 것이다.

무엇을 해야 하는가

지금부터라도 정부, 산업 및 학계를 중심으로 미국은 국내 마이크로일렉트로닉스 분야에 집중해야 한다. 수입의존도를 줄이고, 기술혁신의 리더십을 유지하며, 일자리 창출을 지원하고, 국가안보와 무역 불균형을 개선하면서, 기술의 우월성을 강화해야 할 것이다.

미 행정부는 마이크로일렉트로닉스 분야에서 미국의 주도권을 되찾기 위해 국가적인 마이크로일렉트로닉스 리더십 전략을 수립해야한다. 의회는 미국과 동맹국 기업이 국내 반도체 제조에 투자한다면, 40% 정도의 환급 가능한 세금공제를 신설해야 한다. 이어 마이크로일렉트로닉스의 연구개발 및 인프라 구축에 향후 5년간 120억 달러를 추가 투입해야 한다.

우선적 당면 목표는 첨단 마이크로일렉트로닉스에서 중국보다 2세대 이상 앞서고, 국내의 여러 생산기반을 구축하는 것이다.

미국은 반도체 설계와 제조 분야에서 적어도 2세대 이상 중국에 앞서 있다. 하지만, 이는 국가적 목표가 아니었으며, 대부분 민간 분야 기업인들 노력의 결과였다. 반도체 분야에서 중국은 결코 미국을 능가할 수 없지만, 대만과 남한 등은 첨단반도체 제조 분야에서 분명히 미국을 앞서고 있다. 이로 인해 미국의 안보 시스템과 첨단 산업에 소요되는 핵심적 인풋에 대해 미국은 외국 자원에 보다 광범위하게 의존하고 있다. 아직 미국은 설계, 자동화도구, 반도체 제조장비SME등 반도체를 위한 글로벌 가치사슬에서 강력한 지위를 구축하고 있다.

따라서 미국은 마이크로일렉트로닉스의 주도권을 회복하려는 목표를 명백하게 제시해야 한다. 뒤쳐진 반도체생산의 중흥을 위해 정부, 산업계, 학계에 걸쳐 국가적인 지원이 집중되어야 한다.

우선 세가지 측면에서 집중적인 조치를 해야 한다.

첫째, 국가적으로 마이크로일렉트로닉스 전략을 실행한다. 다수의 첨단 국내 제조시설을 장려함으로써 미국내 마이크로일렉트로닉스 제조 활성화와 연구를 강화한다. 현재 미국은 반도체 정책, 자금, 인센티브 등 전반적인 마이크로일렉트로닉스 전략이 부족하다. 또한 국무부, 국방부, 에너지부, 상무부, 재무부 및 기타 관련 기관은 서로다른 접근방식으로, 이를 통합해야한다. 이는 중국으로의 불법적인 기술 유출을 방지하고 국내 R&D 및 반도체 제조 관련, 전문지식을 촉진하는데 반드시 필요하다. 그리고 지속적인 혁신, 경쟁력, 공급망에 대한 업데이트가 뒤따라야 한다.

- 환급가능한 투자세액 공제를 통해 국내 최첨단 반도체 생산을 장려한다. 아직 미국 의회는 반도체 생산설비 및 장비투자에 대한 40% 세액공제 법안을 통과시키지 않고 있다. 현 제도에서 세금 공제금액은 10~15% 수준이다. 현재 이 범위 안에서 자본비용, 운영비용 파운드리 공장건설 비용을 줄여준다. 그러나, 한국, 대만, 싱가포르와 같은 선도적인 반도체제조 국가들은 미국의 약 두 배인 25~30%의 투자세액 공제로 비용 절감을 지원하고 있다. 따라서 미국이 반도체 제조의 경쟁력을 갖기 위해서는 이들 국가 이상의 인센티브가 필요하다. 지금까지 인센티브 격차로 인해 미국에는 고난도의 파운드리 공장이 없는 이유가 되었다. 이같은 인센티브 격차를 해소하고 동맹국 기업의 미국유치를 확대해야, TSMC나 삼성 같은 첨단 기업이 들어올 수 있다. 이런 기업들이 유입되면 SME(반도체제조장비) 제조의 능력도 증가한다. 미국에서 고급 SME에 대한 수요가 증가하면 동맹국, 특히 일본과 네덜란드의 SME관련 중소 제조업체에 새로운 비즈니스 기회가 창출된다. 이를 통해 중국으로 반도체 장비수출을 엄격히 통제하는 미국의 수출통제 정책과 일치시킬 수 있다.

- 2021회계연도 국방수권법NDAA에 따라 국가과학기술위원회NSTC실무위원회를 구성한다. 마이크로일렉트로닉스에 대한 국가전략을 개발하고 실행을 감독하기 위해 고위급 공무원으로 구성한다. 이러한 실무 노력이 성공하기 위해서는 NSTC 실무위원회가 270일

이내에 대통령에게 국가 마이크로일렉트로닉스 전략을 제출해야 한다. 그래야 백악관에서는 우선 순위를 지정할 수 있다.

둘째, 연방 예산을 마이크로일렉트로닉스의 차세대 연구에 집중해야 한다. 실리콘 기반 반도체는 현재 각 세대마다 한계 이익이 감소하고 있다. 지금까지 미국은 첨단 하드웨어, 즉 반도체는 설계 단계에서부터 중국 등 여타 국가들보다 2세대 앞선 강점을 누려왔다. 그러나 이같은 상대적인 강점은 반도체 각 세대간의 기술격차가 줄어들면서 사라지고 있다. 따라서 미국은 중기적으로 차세대 혁신 방안을 찾아야 한다.

이를테면 양자컴퓨팅과 뉴로모픽같은 새로운 물질과 완전히 새로운 하드웨어적 접근을 통해 미래 마이크로일렉트로닉스 포트폴리오를 재구성해야 한다. 이를 통해 미국의 강점 분야의 리더십을 유지해가야 한다. 연방 예산의 광범위한 투자와 인센티브가 중요한 이유다.

연방 정부가 중장기 마이크로일렉트로닉스 혁신에 초점을 맞춘다면, 주로 에너지부, 국방고등연구계획국DARPA, 전미과학재단NSF 상무부등에서 주관해야 한다. 실행방안은 다음과 같다.

• 마이크로일렉트로닉스 차세대 개발 연구비에 들어가는 연방예산을 두 배로 늘려야 한다. 의회는 반도체 연구에 11억 달러를 추가 배정하고, 2022 회계연도에 고급 패키징제조 프로그램에 10억

달러를 추가해, 5년간 총 120억 달러의 지원안을 실행해야 한다. 이를 통해 지원을 통해 극자외선리소그래피, 3D 칩스태킹, 포토닉스, 탄소나노튜브, 질화갈륨트랜지스터, 하드웨어아키텍처, 전자설계 자동화, 극저온 컴퓨팅 등 유망한 분야의 인프라를 구축하는 등 혁신에 나서야 한다.

• 새로운 세금공제 제도와 함께, 반도체 생산시설 건설과 마이크로 일렉트로닉스 인프라의 재구축을 위해 향후 5년간 총 350억 달러의 연방 예산이 있어야 한다. 이를 마중물로 삼아 민간 분야에서는 5배 이상의 투자 집중이 필요하다. 이는 미국 국내총생산(GDP)에 1000억 달러 이상의 효과를 가져올 수 있다. 이를 부문별로 보면, 마이크로 일렉트로닉스에 대한 연방보조금으로 매년 30억 달러씩 5년간 총 150억 달러, 마이크로일렉트로닉스 R&D에 120억 달러, 인프라 구축에 70억 달러 등 총 350억 달러 정도이다.

도둑맞고 있는 지적재산권

중국의 장기적 지적재산권 정책

기술 경쟁에서 지적재산권IP은 국가와 산업을 지탱하는 기초에 해당한다. 중국은 국가전략으로 신기술을 키우고 있으며, 지적재산권에 관한 정책을 중요하게 다루고 있다. 그러나 그간 미국은 그렇지 않았다. 대개 지적재산권은 민간분야의 몫으로 인식되어 왔다. 미국은 국가안보, 경제적 이익, AI와 생명공학을 비롯한 여타 신기술을 보호하기 위한 포괄적인 지적재산의 보호 수단을 갖지 못하고 있다.

미국의 IP 정책의 방기는 지적재산권의 주도권을 잃게 되는 결과로 이어지고 있다. 이대로 가면 미국은 중국의 IP 전략에 효과적인 대응을 못할 것이며, 결국 미국의 엄청난 데이터와 신기술 관련 지식에서 뒤처지는 결과를 초래할 것이다. 현재 중국은 지적재산권 정책을 한층 제도적으로 강화하고 있다. 미국이 방기한 틈을 타 특허권에 대한 글로벌 주도권을 차지할 목표를 갖고 있은게 중국이다.

중국은 일찍부터 AI 관련 기술 특허를 심사하고, 특허 침해에 대한 손해배상금을 대폭 늘렸으며, 특허 침해 예비판정을 결정하는 IP 전문법원을 설치한바 있다.1) 이와 관련하여, 미국과 중국 지적재산권의 차이점 몇 가지를 적시해본다.

첫째, 미국 법원은 컴퓨터가 구현하는 성과나 생명공학 관련 발명에 대해 특허법으로 보호받을 수 있는 범위를 엄격히 제한했다.

2010년 AI와 생명공학 관련 발명품은 미국 특허법 보호 범위에서 재외되었다. 발명가가 특허권 획득과 보유에 대한 불확실성에 직면하면, 즉 보호받지 못한다면 발명가는 비밀거래를 통해 자신의 특허를 보호하고자 한다. 그러나 공개 특허와 달리, 특허의 비밀 거래는 활발한 혁신을 촉발시키지 못한다. 특허 기술의 비밀거래는 기술적 지식에 접근하는데 한계가 있다.2) 이러한 영향은 즉각적으로 미치는 것은 아니다. 장기적으로 AI를 비롯한 신기술 개발에 악영향을 미칠 것이고 결국 미국의 기술경쟁력 저하로 이어질 것이다.

둘째, 중국은 특허출원 건 수를 늘리고 글로벌 특허 주도권을 차지한다는 국가전략 목표를 통해 글로벌 혁신경쟁에서 승리한다는 원대한 청사진을 만들었다. 2019년 중국특허청CNIPA에 접수된 발명특허 출원 총 건수는 미국 특허상표청USPTO에 접수된 실용 특허출원의 거의 3배에 달한다.**3)** 또한 중국은 세계지적재산권기구WIPO의 특허협력조약PCT 시스템에 따른 국제특허 출원에서도 가장 앞서는 나라다.**4)** 객관적으로도 중국은 AI 발명과 관련한 미국내 특허출원에서도 선두를 달리는 것으로 확인됐다.**5)** 세계적으로 AI 특허, 특히 최근 몇 년 동안 중국에서 개발한 AI 앱은 미국에서 개발된 앱보다 종류 수에서 더 많다.

중국 지적재산권의 촛점은 AI 신기술

중국 제13차 5개년 계획(2016~2020년, 13·5 규획)에는 신기술 개발을 위한 지적재산권 목표가 명확히 규정되어 있다.

- 특허법 및 저작권법 개정
- 권리보호 센터를 통한 지적재산권(IP) 보호 강화
- 신기술의 지적재산권 관련 전략 수립
- 해외 지적재산권 권익향상과 해외 M&A 참여로 관련 기업 지원

중국 정부는 특허출원을 하면 다음과 같이 동기부여를 시행한다.

- 특허 보조금
- 기부여된 특허에 대한 보상

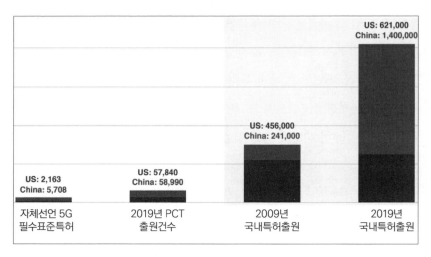

US: 621,000
China: 1,400,000

US: 456,000
China: 241,000

US: 2,163
China: 5,708

US: 57,840
China: 58,990

| 자체선언 5G
필수표준특허 | 2019년 PCT
출원건수 | 2009년
국내특허출원 | 2019년
국내특허출원 |

※ 도표는 'Final Report National Security Commission on Artificial Intelligence' 챕터 12(p.204)에서 인용.

- 지방과 중앙정부는 특허 쿼터제를 실시한다
- 중국 지적재산권을 보유한 기업에는 정부조달 우대

특허 침해에 대해서는 예비적 사전금지명령을 통해 특허보호를 강화한다. 지적재산권 침해는 징벌적 손해배상이 원칙이다.(고의적 침해에 대해서는 5배의 손해 배상을 허용한다) 전문 IP법원에서 효율적인 해결과 낮은 비용으로 특허보호를 강화한다.6)

위 도표에 관한 설명을 덧붙인다. 자체 발표한 5G 표준필수특허(SEP·대체할 수 없는 필수특허= 편역자주) 숫자는 2020년 2월 기준으로, 미중 양국에서 가장 많이 출원한 두 회사의 합계다. 미국 2163은 퀄컴이 출원한 1293, 인텔이 낸 870개의 합계이고, 중국의 5708개는 화웨이 3147, ZTE 2561의 합계다. 이는 등록 특허 수가 아니라 표준필수특허 출원 건수이다.7)

중국특허청CNIPA에 따르면, 중국내 특허 출원은 2009 ~ 2019년 10년 간 다섯배나 증가했다. 건 수로는 24만1000에서 140만 개로 급증했다 (2018~ 2019에 잠깐동안 9% 줄었다). 같은 기간 동안 미국특허청USPTO에 출원한 특허 건 수는 35% (45만6000에서 62만1000건으로) 늘었다. 2009년 미국내 특허출원이 중국보다 거의 2대 1로 많았지만, 2019년에는 완전히 뒤바뀌었다. 중국내 특허 대부분은 중국인 국내 출원자였다. 2019년 중국특허청에 출원한 140만 신청자 가운데 중국 국내인이 90%였다. 반면 미국특허청의 미국인 출원자는 48%였다.8)

셋째, 출원된 특허의 질적인 문제와는 별도로, 중국인에 의한 엄청난 규모의 미국특허청 출원은 심각한 문제가 아닐 수 없다. 심사 대상에 오른 방대한 분량의 기술의 저수지 Prior art(prior art = 발명이 새로운 것인지를 판별하기 위해 평가하는 전 세계 과학,기술 지식을 지칭하는 특허법 용어= 번역자주)를 만들어 미국 혁신가들에게 큰 피해를 주고 있다.9)

출원된 특허등록을 심사할 때 검토하는 특허 심사 분량은 극적으로 증가한다. 결과적으로 미국특허청의 심사 과정은 점점 복잡해지고 더디며 시간이 많이 걸린다. 결론적으로 미국 발명가들의 특허 획득을 어렵게 만든다. 미국 발명가들은 그들의 발명에 대해 중국어 특허 출원을 포함하여 죄다 샅샅이 훑어야 한다. 자신들의 세계 어느 곳에서도 공개되지 않고 처음 창안한 것임을 입증해야 한다.

사실상 중국 특허가 전 세계 특허사무소의 선행기술 검색을 지배하면서, 현재 미국 특허청의 리더십이 약화되고 있다.[10]

넷째, 지적재산을 국내 경제발전에 필수적인 요소 간주하고 있는 중국은 미국의 기술을 계속해서 훔치거나 도용하고 있다. 기업과 정부의 연구소에 대한 해킹, 산업스파이, 갈취, 불법 기술 이전 등 다양한 수단을 동원하고 있다.[11]

미국은 어떻게 할 것인가

미국은 포괄적인 지적재산IP 정책의 부재로 초래되는 취약점에 노출되어 있다. 미국은 자신의 기술을 활용하지 못하고 있다. 국가전략 차원에서 안보와 경제적 부흥, 그리고 AI 및 신기술의 경쟁력을 위한 수단으로서 지적재산은 정말 중요한데도 말이다.

지금까지 미국의 IP정책 대부분은 지적재산권 행사와 IP 도용 방지에 초점을 맞춰왔다. 아직 미국은 국가 전략적인 차원에서 IP정책을 지원하고 통합하는 권위있는 기관 또는 통합 기구가 없다. 응집력있고 법률에 기반한 'AI 및 신기술 지적재산권 정책'도 물론 부재한 상황이다. 앞으로 수립되어야 할 AI 지적재산권 정책이 중요하다. 우선 국가전략 프레임워크에 통합되어야 한다. 중국은 일찍부터 이런 기관을 통해 국가적 역량을 집중시켜왔다.

미국은 향후 10년을 내다보고 무엇을 할 것인가.

먼저 앞에서도 언급했지만, AI를 비롯한, 신기술을 장려, 확산, 보호하기 위해 포괄적인 지적재산권 정책을 수립하고 실행해야 한다.

첫 순서는 대통령 행정명령의 발령이다. 이를 토대로 지적재산권 정책 수립과 실행을 우선 순위에 위치시킨다. 이어 정책과 제도를 개혁하고 수립하기 위한 계획을 세워야 한다.

먼저 부통령은 백악관 기술경쟁력회의TCC 의장과 부처간 태스크포스 의장으로서, 대통령 행정명령의 이행 사항을 감독하고 평가한다. 이어 상무부 장관은 차관 및 특허청장과 협의하여, 새로운 IP정책 수립과 실행을 위한 방안을 입안하고 명령한다. IP정책 수립과 종래 IP시스템 개혁을 위한 제반 행정, 입법 조치를 망라한다.

새로운 지적재산권 정책의 고려사항에는 아래 항목을 포함시켜야한다.

- 특허 심사 적격성의 원칙 규정
- 특허 출원을 통해 AI 혁신 경쟁에서 주도권을 잡으려는 중국의 동향
- 대량의 중국인 특허 출원이 미국특허청 심사와 미국 발명가에 미

치는 영향

- 공공-민간 파트너십과 국제협력 계약 시스템에 미치는 지재권상의 장애 요소

- 데이터에 대한 지적재산 보호 발동, 지재권 도용방지,

- 글로벌 지재권 조정, 혁신 및 지재권 생태계의 민주화, 표준기술특허SEP의 프로세스12)

중국 국가적 차원의
기술 훔치기

미국은 각 분야에서 중국을 압도하는 능력을 갖고 있다. 미국의 기술 리더십은 그 어떤 종류의 미국 전략 자산보다도 중요하다. 미국이 갖고 있는 기술리더십의 요체는 고도의 연구능력과 기업가 정신, 인재육성에 있다. 그러나, 현재 중국과의 기술 격차는 점점 좁혀지고 있는게 현실이다. 미국의 노하우와 기술을 습득하려는 외국의 집요함은 더욱 심화되고 있다. 미국은 조속히 아이디어, 하드웨어, 기업, 그리고 가치를 보호할 수 있는 혁신적 방법을 창안해야 한다.

중국의 기술유출과 훔치기 수법

미국이 가장 주시하는 것은 조직적 기술유출과 기술 훔치기다.
중국과 러시아 등이 거의 주도한다. 두 나라가 집중하는 분야는 대개 이런 유형인데, 미국은 지금까지 강건너 불구경하는 식으로 우리 문제가 아닌 것처럼 여겼다. 기술유출과 훔치기는 AI기술을 비롯한 첨단기술, 민군겸용 기술dual-use technologies, 그리고 기초연구 분야에 집중되어 있다. 기술 훔치기에 가장 집요한 나라는 중국이다.

중국공산당은 2050년까지 과학기술 초강대국 도약을 목표로 역량을 집중하고 있다. 이를 위해 다방면으로 라이선스 및 첨단 기술획득에 주력하고 있다.1) 획득 대상 분야는 미국의 메가테크 기업, 연구기관 및 정부의 첨단 분야다.2) 중국의 기술 훔치기에는 갖가지 유형이 있다. 가장 흔한 수법은 수출금지 우회와 지적재산을 노린 첨단 기업과의 제휴다. 미국 첨단 기술 기업들과의 비즈니스 거래, 산업스파이 등이다.

금액으로 따져 매년 3000억 달러에서 6000억 달러 어치의 기술이 유출되는 것으로 추정된다.3) 이는 즉각적으로 드러난 손실만을 포착한 것이다. 시간이 지남에 따라 미국 경제에 지속적으로 미칠 수 있는 피해 규모는 계산에 빠져 있다.

동시에 중국은 사이버 침투, 인재채용 프로그램 및 교묘하게 스며든 연구파트너십 등 미국의 개방된 연구환경을 기술 훔치기에 활용하고 있다.4) 다른 말로하면, 중국은 자국의 군사 및 경제 현대화를 위해 미국 납세자들의 달러를 사용하고 있는 것이다. 미국의 모든 연구 환경은 국가 예산으로 구축되었기 때문이다.

지난 30여년간 진행된 중국의 기술이전 및 불법적 유출 전략은 크게 보아, 유령회사 설립, 학문 협력을 위장한 기술이전, 적대적 투자, 적대적

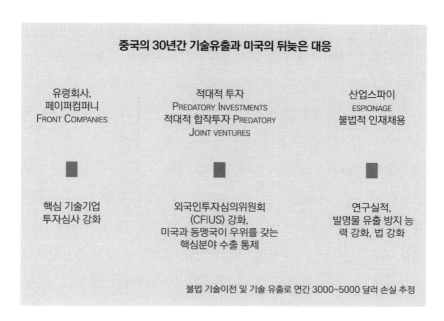

중국의 30년간 기술유출과 미국의 뒤늦은 대응

유령회사, 페이퍼컴퍼니 FRONT COMPANIES	적대적 투자 PREDATORY INVESTMENTS 적대적 합작투자 PREDATORY JOINT VENTURES	산업스파이 ESPIONAGE 불법적 인재채용
핵심 기술기업 투자심사 강화	외국인투자심의위원회 (CFIUS) 강화, 미국과 동맹국이 우위를 갖는 핵심분야 수출 통제	연구실적, 발명물 유출 방지 능 력 강화, 법 강화

불법 기술이전 및 기술 유출로 연간 3000~5000 달러 손실 추정

합작 투자, 산업 스파이, 불법적 인재채용 등이다.

이에 미국은 이제까지 경각심은 커녕 경계심을 갖지도 않았다.

수출 감시의 무방비 상태

앞으로 미국은 국가안보 차원에서 수출 상품이나 해외 적대적 자본투자를 제한해야 한다. 이는 미국의 향후 10년을 결정짓는 중요한 과제가 될 것이다. 특히 민군겸용 기술은 국가안보에 점점 중요한 요소가 되고 있다. 미국의 수출 통제는 중국과 러시아로 향하는 민감한 장비의 이전을 저지할 뿐만 아니라, 안보상의 민감한 미국 기술을 도용해 자국의 토착 산업을 발전시키려는 중,러의 추격을 늦출 수 있다. 그러나, 현재 운용 중인 미국의 수출통제 및 투자심사 절차는 AI 경쟁 시대를 맞아 솔직히 불완전한 시스템이다. 지금의 미국 시스템은 민간 기술과 군사 기술 사이의 구별이 명확했고, 미국과 중·러 간 경제에서 서로 겹치는 분야가 거의 없었던 시대에 설계되었다. 그러나 지금은 대다수 분야가 서로 중복되는 시대에 들어섰다. 특히 AI는 민군겸용의 기술이며 미국과 중국의 신흥 기술 경제는 서로 밀접하게 연결되어 있다. 이로인해 실행 가능하면서, 전략적 효과를 극대화하며, 경제적 손실을 최소화하는 수출통제 시스템을 설계하기가 매우 어려운 구조에 있다. 이러한 상충점은 새로운 것이 아니며, 과거부터 진행되었다. 그 간극은 점점 커지고 있다. 예컨대 AI는 민군 겸용이라는 특성이 있다. 개별적인 수많은 구성 요소, 즉 부품 대다수가 국가안보 측면에서 극히 민감하며, 일반 상업 분야에도 널리 퍼져 있다.

지금 미국의 규제 능력으로는 기술 발전의 속도를 따라갈 수 없다. 미국 상무부, 재무부, 주정부 모두 충분한 기술 및 분석적 능력이 결여되어 있다. 다시말해, 민군 겸용의 신기술을 보호하는 정책을 설계하고 실행할만한 능력이 없다. 이런 가운데, 미 의회는 최근 몇 년 동안 신기술 보호정책을 시대에 맞춰 개선하는 몇 가지 중요한 조치, 특히 2018년 수출관리개혁법ECRA, Export Control Reform Act of 2018 및 외국인투자위험검토현대화법

FIRRMA을 2018년 통과시켰다.

그런데, 통과된 지 2년이 지난 후에도 두 개혁법의 입법내용은 미완성인 채로 방치되고 있다. 이같은 미적지근한 대응은 당연히 법 집행을 방해하고 해당 산업분야를 혼란스럽게 만들고 있다.

특히 ECRA는 미 상무부가 주무당국에 미국 국가안보에 필수적인 신기술과 기초기술을 선별하도록 요구하고 있지만, 이행되지 않고 있다. 이로 인해 AI를 포함한 하이테크 부문의 주도권을 보호하기 위한 미국의 접근 방식에 공백이 생기고 산업에 불확실성이 가중되고 있다.[5]

이런 상황으로 인해 미국의 정책 입안자들에게 매우 곤혹스런 선택을 강요한다. 즉, 하나는 중국과 러시아가 민감한 기술에 접근할 수 없는 수준으로 보호정책을 강화하는 것이다. 다른 하나는 과잉정책이다. 보호정책 강화로 인해 혁신을 억제하면 전반적으로 미국 경쟁력을 해칠 가능성이 있다. 이런 양자간 선택이 놓여있다.

효과적인 통제란 초크포인트 즉, 요충점을 잘 선택해야 한다. 중국과 러시아에게 상당한 손해를 끼치면서, 미국 산업에는 최소한의 경제적 부담을 주는 초크포인트가 어디냐는 점이다. 그러나 이러한 초크포인트는 점점 찾기가 더 어려워지고 있다.

미국은 미래 민군겸용기술 보호정책에 관한 주요 원칙을 명확히 제시해야 한다. AI기술을 보호하는 수단을 시대 흐름에 맞게 조정하기 위해 보다 현명하고 예측가능하게 접근해야 하며, 접근법으로는 다음 네 가지를 들 수 있다.

- 기술 보호 정책이 투자와 혁신을 가로막아서는 안된다.
- 기술 리더십을 유지, 보호하기 위한 전략이 범정부적으로 통합되어야 한다.
- AI 관련 기술품의 수출을 통제하고 동맹국과 개별적 초크포인트에서 정책을 조정할 때 신중해야 한다.
- AI 관련 기술에 대한 투자 심사를 확대해야 한다.

기술적 수준에서 AI는 민군겸용이고, 널리 퍼져 있으며, 주로 오픈소스라는 특성을 고려할 때 통제 시스템을 구축한다는 것은 쉽지 않다. 또한 AI는 다른 여러 기반 기술을 토대로 작동한다. 이같은 AI의 유비쿼터스적 특성을 감안할 때, AI 알고리즘에 대한 수출 통제는 상당한 경제적 위험을 수반한다. 만일 수출 통제의 범위를 일방적으로 결정한다면, 미국 기술 산업에 큰 피해를 줄 수 있다.

데이터 세트 역시 수출통제 대상이지만 AI 알고리즘처럼 수출 통제에 문제가 있다. AI 하드웨어는 종래와 같이 통제하기는 비교적 쉽다.

첫째, 당국의 규제 역량을 구축하고 ECRA 및 FIRRMA를 완성시켜야 한다. 단기적으로 상무부, 재무부, 주 정부는 각각 기술적으로 능숙한 인력을 충분히 확보하고 기술 전문가로 구성된 외부 자문위원회를 활용해야 한다.

상무부는 또한 2년전 신설한 ECRA 규정대로 수출을 통제할 신기술과 기초기술을 담은 목록을 완성해야 한다. 정부 부처와 산하 기관은 외국인투자심의위원회CFIUS에 제출하는 절차를 자동화해야 한다.

둘째, CFIUS는 중요 기술기업에 투자하는 해외 투자자들에게 광범위한 거래자료를 요구해야 한다. 이는 지적재산의 유출을 차단하고 중요 기술에 대한 통제권을 강화하기 위해 미국 밖에서 유입되는 대미 투자를 감시하는 차원이다. 현재 중국 등은 미국 AI 기업에 막대한 투자를 하고 있다. 2010년~ 2017년 중국 자본을 등에 업은 투자자들은 미국 AI 스타트업에 13억 달러 이상을 쏟아부었다. 중국자본 기반의 AI 기술기업은 미국 벤처캐피탈 분야에서 선두에 있다.[6]

중국의 대미 벤처캐피탈 투자는 2014년부터 급증했지만 2018년부터는 증가세가 둔화, 거의 정체되었다. 그럼에도 AI는 여전히 미국 내 중국 벤처캐피털 투자의 최상위 분야에 있다.

그러나, 미국 당국의 감시 능력은 한계에 이르렀다. CFIUS는 국가안보 리스크가 우려되는 외국인 투자를 감시하고 걸러내야 할 책임과 권한이 있다. 그러나, 수출 금지품목에 대해서만 투자자를 공개하도록 되어 있다. 현재 투자자를 공개하는 해외 기반의 AI 기업은 거의 없다.[7] 해외 기반의 투자로 운영되는 수많은 미국내 AI 기업들은 CFIUS에 보고할 법적 의무가 없다. CFIUS는 이를 모니터링할 광범위한 권한을 가지고 있다. 그렇지만, 지금과 같은 법적 체계로는 상당한 기술 유출의 위험에 노출되어 있다.

중국과 러시아 기업이 미국내 핵심 기술에 투자할 경우, CFIUS는 투자적격성을 철저히 심사해야 한다. 의회는 중국과 러시아를 포함한 특별 관심국가에서 발생하는 모든 투자내용을 공개하라고 명령하는 법안을 통과시켜야 한다. 이 법안은 AI 및 CFIUS가 규정한 여타 중요기술의 국가안보 응용 분야를 대상으로 하며, CFIUS가 거래계약 완료 전에 검토할 수 있어야 한다.

핵심기술의 목록은 수출관리개혁법ECRA 이 규정한 신기술과 기초기술보다 더 명확하고 구체적으로 적시되어야 한다. 그리고 지속적으로 국가안보에 위협이 될만한 핵심 산업을 포함시키는 작업이 필요하다. 특히 적대적 자본투자에 주목해야 한다. 적대적 자본 투자가 노리는 분야는 AI를 필두로 반도체, 통신장비, 양자컴퓨팅 및 생명공학 그리고 관련 응용분야다. 모두 2016년 중국이 수립한 '2025 기술굴기' 목록에 있는 것들이다.

넷째, 수출통제 시스템에서 적대적 투자와 순수 투자를 분리해야 한다. 분리할 수만 있다면 각각은 서로 다른 방식으로 적용할 수 있다. 다시 말해, 초크포인트에 촛점을 맞춰 맞춤형 수출통제 시스템을 가동할 수 있다. 아울러 투자나 수출 심사를 하는데 필요한 필수 제출 서류의 범위를 정해야 한다. 이를테면 미국의 적대국 기업들은 제한할 필요가 있다. 범위를 명확히 규정하면, 과잉 규제를 방지하고 자본의 자유로운 흐름을 보장할 수 있다. 특히 중국과 러시아 기업이 진행하는 미국내 핵심 기술 투자에 대한 감시망을 높일 수 있으며, 중국, 러시아 정부 차원에서 주도하는 지적재산권 도용을 사전 저지할 수 있다.

다섯째, 핵심 반도체 제조장비SME에 대해 표적 수출통제를 해야 한다. 가능한 한 적대국 기업의 전략적 또는 군사적으로 전용 가능한 AI 제조 기술을 획득하지 못하도록 장비수출을 통제해야 한다. 적대국의 AI역량을 감퇴시키는 주요 수출 통제 목표로는 고급 칩 제조에 필수적인 정교한 SME 등이다. 적대국들의 매력적인 목표물인 SME는 적대국가의 수출 통제에서 매우 중요한 초크포인트이다.

- 고급 AI는 점점 더 첨단 컴퓨팅 능력에 의존하게 된다.
- 중국은 고급 반도체 공급을 글로벌 기업에 의존할 것이다.
- SME 제조는 전문화되고 미국과 그 동맹국이 주도하고 있다.

중국은 반도체에 관한 한 미국의 유일한 경쟁자다. 중국은 첨단 반도체 칩을 대규모로 생산할 수 있는 첨단 마이크로일렉트로닉스(초소형전자공학) 제조 산업을 육성하려고 무진 애를 쓰고 있다. 미국은 중국의 첨단 반도체 제조능력을 감퇴시키려 시도하고 있다.

미국이 노력한다면, 중국의 AI용 반도체를 생산할 첨단 초소형전자공학 산업의 성장을 저지할 수 있다. 현재 첨단 마이크로일렉트로닉스 설계 및 제조에서 미국은 중국보다 2세대 앞서 있는 것으로 평가된다. 그러나 범용 반도체에 대한 수출통제는 만만치 않다. 범용 반도체를 생산하는 국가가 다양하기 때문이다. 특히 일방적인 수출통제는 오히려 미국 반도체 산업에 악영향을 미칠 수 있다.

미국은 일본, 네덜란드와 반도체 제조장비SME 수출통제정책을 조율해야 한다. 16나노 이하 반도체칩을 생산하는데 필요한 정교한 포토리소그래피 도구, 특히 극자외선EUV 및 아르곤 플루오라이드ArF 리소그래피 도구는 정교하고 값비싼 반도체 제조장비다. 이 장비는 미국, 네덜란드, 일본이 독점하고 있다.8) 미국무부는 일본, 네덜란드 정부와 협력하여 수출허가 절차를 조정해야한다. 최근 미 당국은 특히 EUV 및 ArF리소그래피 장비의 대중국 수출 금지에 대해 논의했다. 이를 통해 중국의 7나노 또는 5나노 칩을 대규모 국내 생산하려는 중국의 추격을 늦추고, 중국 기업들의 16나노 이하 반도체칩 생산 및 기존 장비 수리 또는 교체를 저지할 수 있다. 본보고서는 이 방법을 가장 효과적 방법으로 추천하고 있다.9)

여섯째, 수출품의 최종 용도처를 보고하도록 해야한다.

이를 통해 미국산 고급 반도체 칩이 인권 침해에 사용되는 것을 막아야 한다. 미국은 인권 침해 용도에 AI가 사용되는 것을 미국기업들이 의식하든 안하든 간에 방지하고 저지해야 한다. 수출 금지 대상자의 목록에 따라 통제하는 것은 부적합하다. AI 장비의 수출 보고서에는 대부분 합법적이라고 작성하기 때문이다. 최종 용도 및 최종 사용자를 보고하도록 하는 것이 더 효과적이다. 이미 미국의 전략적 기술을 사용하기로 작정하고 있는 중국을 저지할 수는 없다.

하지만, AI 응용 프로그램이 인권 침해 용도에 사용되는 것은 막을 수 있다. 현재 미국산 고급 반도체 칩이 중국 신장위구르 지역 슈퍼컴퓨터에 공급되어, 위구르인을 대량 감시하는데 사용되고 있다.

특히, 중국기업이 위구르인 대상의 표적 안면 인식 특허를 출원했다는 보고가 있다. 미국의 고급 하드웨어가 어떻게 이용되는지를 더욱 면밀히 모니터링 해야 한다.

미 상무부는 대량 감시 애플리케이션에 들어가는 특정 고성능 AI 반도체 칩의 수출을 금지하고, 관련 미국 기업에게는 구매자의 인권침해 방지증명서를 제출하도록 요구해야 한다. 그리고, 중국에 대한 모든 칩 판매 보고서를 분기별로 상무부에 제출하도록 해야 한다.

이는 수출업계에 불확실성을 유발하고 지연을 초래하는 허가 사항이 아니라 의무 사항이다. 오히려 자체 인증과 준정기적 보고서 성격으로 강화되어야 한다. 이런 조치는 AI의 윤리적이고 책임감 있는 사용에 대한 미국의 노력을 보여주는 것이다. 미국 기업들 사이에 윤리적 행동을 장려하는 효과가 있다.

미국 첨단 자산의 보호

연구원으로 가장한 중국인민해방군 엘리트

미국의 중요 연구 기업들은 국가적 자산으로 보호되어야 한다. 미국에서 생산하는 연구자산을 활용하려는 중국의 행동은 순수성, 개방성, 책임감, 그리고 공정이라는 연구공동체의 기본 원칙을 위반하고 있다.[1] 중국정부의 행동에 대응하는 미국의 대응조치는 아직 초기 단계에 불과하다.[2] 과학과 기술에 정통한 전문가들의 정보수집에 대한 정밀 분석이 필요하다. 그리고 관련 정보를 보다 광범위하게 확산시켜 알릴 필요가 있다. 정부기관, 법집행 기관, 연구기관은 위험도를 평가하고 투명성을 구축하기 위해 관련 도구와 자원에 즉시 접근할 수 있어야 한다.

연구 프로세스의 순수성을 강화한다면 개방형 연구는 활성화 할 것이다. 따라서 기술 유출에 대응하는 미국의 조치는 신중해야 한다. 그렇지 않으면 미국의 경쟁력과 글로벌 과학 발전에 오히려 방해가 된다. 중국공산당의 행동에 대응한다는 명목으로 중국과 미국의 연구 커뮤니티를 끊을 필요는 없다. 실제로 미국은 중국의 첨단 과학을 계속 연결하고 박사급의 인재를 수용함으로써 미중 협력의 이점을 누리고 있다. 실제로 중국 출신 인재들은 미국 대학에서 공부하고 졸업후 85% ~ 90%의 비율로 미국에 남아 있다.3)

미국의 수십년에 걸친 연구실적과 이를 토대로 구축된 국가적 자산을 지키는 방안을 우선적으로 제시한다.

첫째, 연구 환경의 순수성을 보호하기 위한 역량을 구축해야 한다. 의회는 학술연구보호법ARPA, Academic Research Protection Act을 조속히 통과시키고 정부는 능력있는 연구보안센터를 설립해야 한다.4) ARPA 법안에는 1) 연구실적 보호에 관한 전담 국가위원회를 설치하고, 2) 해외 오픈소스 정보의 보급을 활성화하며, 3) 정부 당국과 연구기관 간 연구와 관행의 공유를 촉진하는 내용이 포함되어야 한다.

둘째, 동맹국 및 파트너 국가와 함께 국제적 연대를 구축해야 한다. 외국 기술을 획득하려는 중국의 노력은 미국의 기술개발 노력을 능가하고 있다. 중국으로 기술 유출하는 전문 단체의 3분의 2는 미국 밖에 있으며, 대부분 미국의 동맹국과 파트너 국가에서 활동한다.5) 백악관 과학기술정책실OSTP을 비롯해 국무부와 법무부는 동맹국 및 파트너 국가와 연대해 저지해야 한다. 동맹국간 연대를 통해 중국인민해방군PLA과 연계된

단체와의 적대적 학술교류에 대한 정보 공유, 그리고 그로 인한 피해를 최소화하기 위한 다자간 대응책을 개발해야 한다. 이같은 외교를 통해 '국가안보결정지침 189'National Security Decision Directive 189에서 공식화 된 바와 같이 개방형 기초연구에 대한 글로벌 규범을 수립하고 강화해야 한다. 이런 원칙 아래 연구의 순수성을 지켜야 한다. 혁신과 글로벌 과학적 협력을 뒷받침하는 가치를 준수하지 않는 부류는 배제시켜야 한다.

셋째, 연구기관에 대한 사이버보안 지원을 확충해야 한다.

웹사이트 등 사이버 기반의 훔치기 시도로부터 연구 데이터와 지적재산을 보호하는 것은 아마도 가장 중요한 조치이며, 보안 단계상 가장 쉽게 달성할 수 있다. 사이버 기반의 훔치기는 특히 AI에서 두드러진다. 특정 목적용 데이터 또는 훈련된 모델은 목표로 하는 최종 산물에 접근할 수 있도록 해준다. 연방 보조금을 지급하는 기관에는 명확한 지침을 내리고, 인센티브를 설정하며, 모범 사례 및 리소스를 공유해야 한다.

국토안보부DHS와 FBI 등은 정보공유 기관 간의 감시 네트워크를 구축하고, 사이버 위협 및 침투에 대해 시의적절하고 실행가능한 경보를 발령해야 한다. 아울러 정부는 대학의 상업용 클라우드크레딧을 중개하고 운영비를 지원해야 한다. 이를 통해 대학은 중국 등이 눈독들이는 프로젝트를 수행하는 연구 그룹과 실험실의 데이터 저장을 안전하게 할 수 있다.

넷째, 외국인 인재 모집 프로그램에 대처해야 한다.

AI개발을 위한 중국의 범국가적 계획에는 미국의 외국인 인재 프로그램을 이용하는 방안이 포함되어 있다. 중국의 고급 AI전문가를 육성하기 위한 수단의 하나다.6) 중국의 이 프로그램은 최근 몇 년간 요주의 대상으로 떠올랐다. 중국의 매력적인 구인 제안은 과학적 재능을 발현시키는 목적에 있는 것이 아니다. 참여 연구자들은 미국의 연구 순수성 규범에 위배되고, 공개 원칙을 위반하며, 기술 유출을 위한 매개체로 이용된다.7) 이 프로그램은 종종 '파트타임' 모델을 이용한다. 프로그램 참여자들은 미국에서 법적 자격을 유지하면서도 중국에 있는 기관과 연계되어 있다.8) 이들은 사전계약을 통해 미국 자금으로 연구를 수행했더라도, 중국특허청에 특허를 출원한다. 또한 다른 인재모집 프로그램 멤버들을 교육하고, 미국 자금으로 수행한 작업을 그대로 중국 기관에서 복제 생산한다.

최근 의회는 연방자금 지원 연구 대상에 대해 표준화된 요건을 의무화하고, 이 프로그램의 반국가적 행위를 제한하는 법안을 통과시켰다. 대상에는 이해상충, 의무방기, 그리고 모든 외부 및 해외 지원 연구를 포함했다. 법안은 또 보조금 신청 및 문서화 프로세스를 컴퓨터 판독이 가능한 형식으로 표준화하도록 했다. 이를 통해 국가보조금을 받는 연구에 대해서는 효과적인 감독과 반국가적 행위를 자동 적발할 수 있도록 했더, 전체 자금 지원 기관의 데이터를 공유할 수 있도록 했다. 내역공개와 보조금 신청의 표준화도 보완되어야 한다.

공동연구자 등재로 연구실적 유출

다섯째, 국익에 반하거나 문제가 있는 연구 협력을 제한하기 위해서는 미국 입국비자 심사를 강화해야 한다.

일부 미국내 대학과 연구자들은 중국의 군사, 안보역량 강화에 직접 기여하는 연구를 수행하고 있다. 또 일부는 자기도 모르는 사이 무의식적으로 중국의 군사, 안보에 관한 공동 연구를 수행하고 있다.

예컨대, 과학전문지 네이처Nature가 미국내 연구논문 데이터베이스에 대해 일제 조사를 벌인 결과, 2015년~ 2019년까지 1만2000개 이상의 논문이 공동 연구자로 등재되었는데, 공동 연구자는 일명 중국의 소황제 공산당 정치국 상무위원중 어느 한 사람Seven Sons과 반드시 연관된 연구자였다. 이 가운데 499 명의 저자가 미국기관 및 7명 상무위원 관련 기관과 이중 제휴를 맺고 있었고, 미국국립보건원NIH 또는 미국국립과학재단의 보조금을 받는 논문에 포함되었다는 사실도 밝혀냈다.[9]

군민융합 전략도 흔히 쓰는 수법이다. 이를테면 중국인민해방군PLA과 제휴한 연구기관이 미국 등 선진국에 인력을 파견하는 유형이다. 방문학자 또는 교환학생으로 파견되는 이들은 대부분 파견 기관의 이름을 제대로 사용하지 않고 있다. 중국군과의 관계를 숨기거나 고의적으로 소속을 모호하게 하는 수법을 쓰고 있다.[10]

따라서 미국 당국은 외국의 군사 및 정보 기관과 관련있는 연구기관과 연계된 고급 학위 학생 및 연구원의 비자에 대해서는 특별 심사를 실시하여 문제 연구원의 유입을 걸러내야 한다.11) 아울러 군사 및 정보통신 관련 정보를 의도적으로 공개하지 않았거나 불성실하게 공개한 자에 대해서는 입국을 금지시켜야 한다.

제4장

향후 10년 기술패권 경쟁

WHITE HOUSE AI REPORT

AI 기술 표준화와
기술동맹

동맹국 및 파트너 국가들과 연대

첨단 기술 경쟁에서 미국의 단독 행동은 매우 어려운 국면에 있다. 중국·러시아와 미국이 단독으로 대결한다면 미국은 장기간 어려운 국면을 피할 수 없을 것이다. 같은 생각과 민주적 가치를 공유하는 국가들과 조율하고 협력해서 연대적 체제를 구축해야 한다. 이를 토대로 AI 기반의 국제규칙과 질서를 확립하고, 경제혁신을 이뤄내야 한다. 최근 몇 년간 권위주의적 국가들의 움직임을 다음과 같이 정리할 수 있다.

- 미국과 동맹국 및 파트너 국가들의 글로벌 경제입지를 흔들기 위해 미국과 서구 기술 기업들의 시장 점유율을 지속적으로 잠식하고 있다.
- 중국은 자신의 기술과 건설 인프라를 활용하는 국가에 영향력을

증대시키고 있다.

- AI를 비롯한 첨단 디지털 도구는 억압적 수단으로 활용되어 권위
  주의적 통치를 강화하고 있다.
- 민주적 가치를 공유하는 미국 동맹국들의 결속을 무너뜨린다.

따라서 AI 기술에서 주도권을 잡기 위해 미국은 동맹국 및 파트너국가와 긴밀 협력하여 포괄적인 전략을 추구해야 한다. 백악관은 국무부를 비롯한 주요 기관과 협력하여 우선적으로 다음과 같은 조치를 수행해야 한다. 범정부적으로 그리고, 동맹국들과 함께 AI와 신기술을 조율하기 위한 국제과학기술전략ISTS을 수립하고 다자AI연구기관MAIRI을 설립해야 한다. 이를 통해 동맹국과 파트너 국가들에 대한 기술원조, 전문지식, 지침의 개발, 금융지원, 협력적인 R&D를 실행해야 한다. 여기에는 세가지 실행 방안을 들 수 있다.

- 신기술 설계, 개발, 응용을 촉진하는 신기술연합 Emerging Technology Coalition을 구축한다. 중국이 구축한 디지털인프라에 대응하는 구체적이고 경쟁력있는 대안을 제공한다.
- 신기술연합을 통해 AI 및 관련 기술을 개발, 촉진, 자금 등을 조율한다.
- 신기술 허브로서 미국의 위상을 강화한다. GPAI Global Partnership on AI, AI글로벌파트너십 와 국립AI연구소가 다자AI연구기관MAIRI을 설립하여

공동 R&D를 실행한다. MAIRI는 전 세계 연구 기관과 국립연구소, 대학 허브와 연합 네트워크를 구축해야 한다.

MAIRI는 미국립과학재단^{NSF}이 주도하여 미국에 설립하고 미국측 연구기관의 참여를 독려한다. 반프국제연구소^{Banff International Research Station}를 모델 삼아 MAIRI를 설립하는 것이 효과적이다. MAIRI는 산업, 학계, 연구 기관의 연구자들과 민간단체의 참여가 가능하도록 개방적이고 충분한 유연성을 갖도록 설계되어야 한다.

- MAIRI 창립 회원국은 주요 동맹국 및 파트너 국가들에서 선별해야 한다.

NSF는 국무부와 긴밀히 협조하여 창립 회원의 참여를 확인하고 협상해야 한다.

- 본 위원회는 창립 회원국으로 호주, 캐나다, 프랑스, 독일, 이탈리아, 일본, 뉴질랜드, 한국, 영국을 포함할 것을 권장한다.
- 이들 국가는 미국과의 기존 계약 및 협력 관계를 맺고 있으며, 광범위한 연구 능력을 보유하는 나라들로서 가치와 관심을 공유하고 있다.
- 추가적으로 유럽연합의 참여가 고려되어야 한다. 하지만, EU의

MAIRI 참여 여부는 준거법, 책임, 자금지원, 데이터 공유, 지적 재산권의 불일치를 극복할 수 있어야 가능하다. MAIRI가 확충되면 인도의 참여도 고려되어야 한다.

- MAIRI는 참여 국가들 상호간에 순수 연구 목적의 원칙을 정립해야 한다. 창립 멤버에 든 국가들은 투명성, 특히 자금과 국제 관계를 공개해야 한다. 공동연구 프로젝트는 MAIRI로부터 자금지원을 받아 각국 연구기관과 대학 등 연계 기관을 통해 진행한다.
- 미국은 MAIRI의 센터, 직원, 연구/네트워킹 인프라를 포함하여 초기비용을 지원해야 하며, MAIRI의 R&D 실적과 워크숍, 컨퍼런스 등을 통해 재정적 기반을 마련한다.
- NSF는 MAIRI의 창립 단계에서부터 지원해야하며, 우선적으로 미국 R&D 생태계와 미정부 연구기관을 활용하도록 한다.
- 국무부는 MAIRI 창설과 유익한 프로젝트 선별을 돕기 위해 전담 외교관을 파견해야 한다.
- 본 위원회는 MAIRI를 위해 연 1125만 달러씩 5년간 6075만 달러 지원할 것을 권고한다.
- AI 인재를 비롯한 각국 인재 교환을 확대해야 한다. MAIRI 파트너 국가들 간의 지속적이고 강력한 협력은 책임감 있고 안전한 인간 중심의 AI 연구를 보장한다. 공동 연구와 인재 교환은 미래 세대를 위해 매우 귀중하다.

국제 디지털민주주의 이니셔티브

미국은 민주국가들이 참여하는 국제 디지털민주주의 이니셔티브의 창설1DDI, International Digital Democracy Initiative에 나서야 한다. 동맹국 및 파트너국가들과 정책적 동조화를 이끌어내기 위해 범동맹국 협의체를 구축해야 하기 때문이다. 대안으로 국제 디지털 민주주의 이니셔티브1DDI를 모델로 제시한다. 미국 및 ETC 파트너 국가들은 공동으로 국제 디지털 민주주의 이니셔티브1DDI에 착수해서 개방성, 개인 정보보호, 보안 및 신뢰성에 대한 민주적 가치와 윤리 규범에 부합하는 AI 및 관련 기술의 응용을 지원한다.

- IDDI는 회원국들의 디지털 기술을 채택, 관리하기 위한 국가별 접근 방식을 조율한다.
- 디지털 기술을 채택하고 관리하기 위한 파트너 국가들의 접근 방식을 상호 조율한다.

- 건전한 사용과 민주적 참여, 인권 및 법치 강화에 사용되는 디지털 인프라, AI/머신러닝^{ML} 기반 기술에 대한 지원(자금지원, 기술개발 및 민간 투자를 통해)을 제공한다.
- 안전하고 신뢰할 수 있는 디지털 인프라, AI/ML 기반기술, 정보통신 기술^{ICT}의 채택을 촉진한다.
- 미국 등 IDDI 참여국들은 개별적 국가전략을 IDDI에 맞춰 조정한다.

미국과 동맹국들은 ETC와 IDDI를 기반으로 AI기술 국제표준화를 주도한다. AI를 비롯한 신기술에 대한 국제표준화 작업은 국제과학기술전략^{ISTS}에 포함되어야 한다. 민주적 가치의 토대 위에서 안전하고 신뢰할 수 있는 기술 개발을 위한 기술표준 및 국제규범을 마련한다.

- 공익적인 AI 및 디지털 인프라 구축을 위해 공동 R&D를 촉진.
- 계약, 공통 데이터 보관, 개인 정보보호 기술개발을 위한 데이터를 공유한다.
- 검열과 정보의 악의적 운영, 인신매매, 감시기술의 불법적 사용을 저지하기 위한 국제적 공동보조를 취한다.
- 수출통제, 투자심사, 공급망 구축, 신기술 투자, 무역정책, 연구 및 사이버 보호, 지적재산권 조율을 통해 혁신을 촉진한다.

국제적 연대를 구축하기 이전에 먼저 포괄적인 계획을 수립해야 한다. ISTS에는 정부 차원의 통합 계획, 국제기술표준 수립 방안 등을 포함하고, ETC, IDDI를 지원하기 위해 미국 외교정책의 수단들이 강화되어야 한다.1) 의미있는 결과를 얻으려면 초기 미국의 예산 지원이 필요하다.

동맹국 기술연대를 효과적으로 진행하기 위해서는 신기술의 국제적 연구 허브로서 미국의 입지를 강화해야 한다. AI 연구 허브가 되기 위해서는 다자간 R&D에서 주도권을 가져야 한다.

미국은 동맹국, 특히 유럽과의 R&D 비용 격차를 해소하고 데이터 공유 등을 추진해야 한다. 앞서 수 년 전부터 중국기업들은 중국정부 지원 아래, 수백 개의 감시 및 스마트시티 기술을 각국에 제공했다. 특히 개발도상국 독재정권을 강화하고, 중국의 지정학적 영향력 증대와 자료 수집을 활성화했다.

이에 따라 미국에게는 몇 가지 행동요령이 필요하다.

• 첫째, 미국은 GPAI 및 경제협력개발기구OECD와 같은 주요 국제기구에 미국의 연구실적을 제공해야 한다. GPAI는 인권, 포용성, 다양성, 혁신, 경제성장을 명분으로 인공지능 관련 이슈를 다루는 다자 협의체. 한국을 비롯한 미국, 일본, 영국, 프랑스, 독일, 캐나다, 호주, EU, 이탈리아, 뉴질랜드, 싱가폴, 슬로베니아, 멕시코, 인도 등 15개국이 창립회원국으로 발족했다. 실무그룹을 구성해 AI연구와 전문 지식을 공유하는 실천적인 다자간 협의체

다. 일종의 AI OECD 격이다.**2)** 미국의 연구실적, 국립AI연구소 National AI Research Institutes, 국립과학재단NSF 등 여타 미국기관들이 수행한 연구 성과물을 미국과 가치를 공유하는 파트너 국가들에게 제공한다면 놀라운 자원이 될 것이다.**3)**

• 둘째, 미국은 GPAI 등을 기반으로 동맹국들과 같이 다자AI연구소MAIRI 를 설립해야 한다. MAIRI는 인간중심적이며 개인정보를 보호하는 AI/머신러닝ML을 발전시키는 공동노력을 촉진한다. MAIRI는 글로벌 기술경쟁에서 승리하고, 인류 공익에 보탬되는 AI 애플리케이션을 개발하는 미국 주도의 핵심이 되어야 한다. MAIRI 회원국은 믿을 수 있는 인프라와 연구 자원을 활용하여, 글로벌 연구기관 네트워크의 역할을 맡아야 한다. NSF가 주도적으로 참여하되, 미국은 초기 창설 비용을 부담해야 한다.**4)**(이는 앞에서 한 번 설명된 부분이지만, 중요한 내용이기에 반복 설명= 편역자주)

• 셋째, 미국은 O 및 J 비자 프로그램을 활용하여 외국 연구자들의 미국내 공동 프로젝트 참여를 용이하게 한다. 동맹국 및 파트너 국가들 간의 지속적이고 강력한 협력이 매우 중요한 시점이다.

국무부의 개혁

AI가 주도하는 디지털 기술경쟁 시대에 대비해 미국 외교정책과 국무부 조직은 개혁해야 한다. 지금까지 제시한 대외 디지털 정책 방안은 글로벌 기술정책의 장기적인 성공을 담보하려는 방법의 일부일 뿐이다. 현재 국무부 내에서 새로운 기술 정책이나 대외 디지털 외교에 대한 명확한 채널이 없다.

AI, 5G, 양자 컴퓨팅, 생명공학 또는 신기술과 같은 주요 주제와 관련해, 동맹국과 파트너 국가들은 미국 국무부의 어느 부서와 또는 누구와 협력해야 할지 혼란스러워 한다.

AI를 비롯한 신기술 분야 외교역량은 글로벌 힘겨루기 시대에 전략적 필수 요건이다. 국무부의 내부 구조, 초점, 문화를 재설계하는 등 전폭적인 방향전환이 절실하다.

- 첫째, 관리 및 자원담당 국무부 부장관D/MR 책임 아래, 국무부 업무의 우선 순위를 조정하고 재구성하며 장기 계획을 위한 방향을 제시한다. 과거 행정부에서도 D/MR이 전략적 우선 순위를 주도하고 실행했다. D/MR은 또한 ISTS국제과학기술전략를 실행하고 감독한다.
- 둘째, 사이버보안신기술국CSET Bureau을 조속히 구축해야 한다. 2021년 1월 승인된 사이버보안신기술국은 대외직명대사

Ambassador-at-Large와 조정관Coordinator 직함을 가진 관리가 이끌어야한 다. 국무부 외교역량을 구축하고, 국무부 전체의 기술정책 조정 을 개선하고, AI 이슈를 국가적 어젠다로 끌어 올리는 역할을 한 다.5)

- 셋째, 국무부는 전세계 현지 미 공관에 신기술 전담 간부를 배치 해야 한다.
- 넷째, AI 관련 기술 모듈을 개발해 국무부 교육 과정에 포함시켜 야 한다.
- 다섯째, 의회는 국무부 개혁예산을 지원해야 한다.

D/MR 역할은 앞으로 과학연구기술 담당 차관급State/Q을 신설해 전담 하는 방향으로 전환되어야 한다.6)

- 대통령은 핵심 지정학적 이해관계와 관련된 신기술을 명확히 하 는 대통령 지침서를 국무부 장관에게 하달한다.
- 국무부 장관은 해당 부장관D/MR에게 신기술 외교담당 부서를 재 조직하도록 지시한다. 과거 D/MR소속 관리들은 지역 문제(미국-파키스탄 전략 대화 등), 해외 지원, 국제 경제 문제를 주도해왔다. D/MR 차관은 국무부 내 이질적인 요소들을 조율하고, 전문성 을 개발하며, 장기적 방향을 제공한다. ISTS 실행을 위한 리더십 을 발휘한다.

• 신기술 외교를 위한 전담국을 신설한다. 2021년 1월 승인된 사이버보안신기술국CSET Bureau은 사이버 공간의 보안 문제를 전담한다. 신설되는 전담국은 동맹국과 파트너와의 고위급 대화를 관리하고, 정책, 표준, 디지털 개발지원, 부서 내에서 AI 및 신기술개발을 지원한다. 책임자는 중량급 차관보 내지 대사급이 이끌어야 한다. 현재 미 국무부는 깊고 광범위한 AI 전문지식을 갖춘 주요 경력자가 없다.

AI에 기반한 정보전쟁

AI 기술은 특히 정보 분야에서 대단한 기능을 발휘할 것이다.

전세계적 플랫폼에서 사람과 기계에 의해 얻어지는 정보는 기하급수적으로 증가하고 있다. 그러나 현재 사람의 능력에는 한계가 있다. 인력에 의한 정보분석은 급팽창하는 데이터의 규모, 속도, 다양성을 따라갈 수 없다. 더하여 정보의 진실성이나 가치 판별, 가공 기술은 더욱 힘들어지고 있다. 그럼에도 정보분석 전문가들은 계속 힘든 작업을 진행해야 한다. 국가안보, 금융, 기업 분야를 막론하고 유용한 정보분석을 공급해야하기 때문이다. 이들은 기하급수적으로 팽창하는 정보를 실행가능한 유용한 지식으로 전환하는데 중요한 역할을 하고 있다. 만일 정보 분석가들이 AI를 이용한다면 놀라운 결과를 얻을 것이다. 마치 건초 더미에서 바늘을 찾고, 점을 연결하여 선으로 만들어 흐름을 파악하고, 숨겨져 있거나 가려진 표시와 경고를 발견하여 위험한 음모를 제거할 수 있는 것과 같다.

AI 기능을 이용하면 정보처리의 모든 단계가 비약적으로 개선될 것이다. 정보의 수집, 처리, 활용, 분석 및 보급에 이르기까지 전 분야에서 개선될 것이다. AI 알고리즘은 방대한 분량의 데이터를 검색하여 패턴을 찾고, 위협을 감지하며, 상관관계를 분별해서 미리 감지할 수 있다. 특히 AI라는 도구는 정보의 소스를 파악할 수 있다. 위성에서 발신하는 이미지, 통신 신호, 경제적 지표, SNS 미디어 데이터 등을 보다 이해하기 쉽도록 만들어 준다.

현존 AI 신기술은 다양하다. 컴퓨터 이미지 분석을 비롯해 얼굴, 음성, 보행 등 생체 인식기술, 자연어 처리, 대규모 데이터베이스의 검색 및 질문 기능이 대표적이다. 현재 정보분야에서 가장 유용한 AI 활용도를 본다면, 각각 데이터를 융합해 종합적 결과를 생성할 수 있다.[1]

자동화된 AI 시스템은 거의 실시간으로 플랫폼, 센서 및 자산에 대한 작업 및 수집을 최적화한다. 이를테면 스마트 센서는 기초 정보를 사전 처리하고, 데이터 전송 및 저장에서 우선 순위를 지정할 수 있다. AI의 뛰어난 기능이 인간의 판단능력과 결합되면 모든 영역의 인식능력을 향상시킬 수 있다. 더 긴밀하고 정보에 입각한 의사 결정을 이끌어 내며, 상대방 행동에 신속 대응할 수 있다.

국가안보 분야는 가장 먼저 신기술 확산 추세에 적응해야 한다. 정부 내 정보공동체IC 기능이 미국 전역에서 활용되고 있지만, 중국 등 적대국도 AI를 신속하게 응용해 적응할 것이다.[2] 이는 역으로 AI 운용 능력이 뒤쳐진다면, 적의 속임수, 정보 운영, 자원과 방법의 노출, 사이버 운용과 첩보에서 훨씬 취약해짐을 의미한다. 일부 정보기관은 AI 기술 응용에 큰 진전을 이루었지만, 미국 정보통신 업계는 당국의 규제, 정책, 예산, 데이터 공유와 기술표준의 중요한 장벽으로 인해 잠재력을 시현하지 못하고 있다.

2025년 AI 기반 정보체계 완성

미국은 가능한 모든 분야에서 AI지원 기능을 응용하고 집중하는 야심찬 목표를 설정해야한다. 이를 위해 몇 가지를 제시한다.

첫째, 미국 내 정보 커뮤니티의 리더십을 강화하기 위해 국가정보국장 DNI은 DNI 내 부국장급의 과학기술책임자 CTO^{Chief Technology Officer}를 임명해야 한다. CTO는 AI 기술의 주된 목표 전략을 지휘, 감독하고 AI 지원 애플리케이션을 신속하게 확장하면서 현장 대응 시스템을 구축한다.

둘째, 리스크 관리 관행을 바꾸고, 새로운 기술도입을 가속화시켜야 한다. 현재 미국 정보커뮤니티는 새로운 기술을 온라인 도입하는 과정에서 국방부 등과 균형을 맞추지 못하고 있다. 정기적인 소프트웨어 업그레이드는 가능한 한 자동화 되어야한다. 기관 간에 소프트웨어를 보다 쉽게 공유하려면 표준화된 시스템이 필요하다.[3]

셋째, DNI 국장은 고위급 전문가 그룹으로 리스크관리위원회를 구성한다. 이 위원회는 새로운 기술 채택에 따른 리스크와, 그렇지 않은 경우를 구분해 기회 비용을 비교하는 임무를 맡는다.

넷째, 국가정보 분야는 국방부와 조율하고 상호운용성을 개선해야 한다. 국가정보 분야는 정보의 분류와 분석 작업을 위해 국방부의 자동화된 상호운용능력을 적극 도입해야한다.4) 보안 및 네트워크 관리자는 빠르고 안전한 데이터 교류에 주력해야 한다. 국가정보국장, 정보안보 국방차관, 합동인공지능센터 JAIC, Joint Artificial Intelligence Center등은 AI프로젝트의 사전조율을 통해 AI 기술개발, 테스트 및 평가, 확산에서 중복을 최소화하도록 조정한다. 아울러 AI R&D 생태 구축을 위해 관련 기능을 공유해야 한다.5)

넷째, 개방형 정보 자원과 공개적으로 사용 가능한 정보는 AI 분석 기술을 활용한다. AI 기반의 애플리케이션을 OSINT(개방형 정보)에 적용하기 위해서는 조율되고 통합된 접근방식을 개발해야하며 가능한 모든 영역의 기존 데이터와 통합해야 한다.6)

다섯째, 융합된 예측 분석을 새로운 표준으로 채택한다. 모든 자원/모든 영역의 정보를 제대로 융합한다면, 현재 불가능해 보이는 분야도 한층 정확한 예측을 할 수 있다. 최근 COVID-19 바이러스 분석에서 나타난 것처럼, 융합적 데이터 묶음을 통해 비교적 정확한 예측 분석의 가능성을 보여주었다. 미국의 육군북부사령부JAIC는 국가방위국과 협력해 COVID-19 핫스팟을 식별하고 중요 보급에 대한 수요를 조정하면서, 수십 개의 데이터 세트를 통해 예측 모델을 구축할 수 있었다.7)

여섯째, 인간-기계 팀 구성에서 철저한 인간 중심의 접근방식을 개발한다. 각각의 강점을 최적화해 인간-기계 팀 구성을 위한 새로운 개념이 필요하다.

AI 시대 국가의 역량

AI 경쟁에서 최고의 기술력이 절대적 조건은 아니다. 첨단 AI 기술력을 갖고 있다고 해서 우위를 보장하는게 아니다. 기술력 보유는 물론이고 우수하고 다양한 능력을 보유한 인재들이 있어야 AI 기술을 적용하고 응용할 수 있다. 현재 미 국방부와 정부 내 정보공동체는 놀랍게도 유례없는 인재부족 사태에 직면해 있다. 미국이 2025년까지 AI 기반 인프라를 구축하는 데 가장 큰 걸림돌이 바로 인력 부재 문제다. 특히 국가안보 기관에서 많은 디지털 전문가가 필요하지만, 수요에 맞출 수 없다. 솔직히 말해 지금 상황에서는 AI 및 관련 기술을 운용할 준비가 되어 있지 않다. 이것을 솔직히 인정해야 한다.

디지털 관련 전문적 지식은 AI와 디지털 현대화를 위한 가장 중요한 요건이다. 그럼에도 아직까지 디지털 인력공급 사이클에 때맞춰 투자한 미국정부 안의 기관은 거의 없다해도 과언이 아니다.

콘트롤타워 부재의 미국 정부

AI 솔루션을 개발하는 정부 기관들은 디지털 분야 전문인력 확보에 어려움을 겪고 있다. 가장 큰 어려움은 AI전문 실무자가 부족하고, 광범위한 디지털 인재를 모집하고 유지하는 일이다. 정부 부문에서 아예 민간 부문의 급여수준에 상대가 되지 못한다. 번거로운 채용 과정과 개인별 보안 검사 등으로 인해 지체되고 느려터져 있다. 지금같은 바람직하지 않은 현상 유지를 불가피한 것으로 받아들여서는 안된다. 앞으로 미국 정부는 인재 확보를 위해 민간부문과 경쟁해야 한다. 비록 민간 부문의 급여 수준에는 못따라가더라도, 국가안보와 공익적 기회에 솔선하는 사회적 분위기를 조성해야 한다.

디지털 인재 확보에서 적은 수준의 급여는 우선적 장애물이 아니다. 인재 확보의 가장 큰 장애요인을 꼽으면 이런 부류다.

빠르게 변화하는 디지털 분야의 최전선에서, 현대적 컴퓨팅 도구를 사용하여 의미있는 작업을 수행하기가 정부 안에서는 어렵다는게 일반적인 인식이다. 이는 솔직한 현실이다.

정부 관리들은 프로젝트 관리와 데이터 수집 및 관리에 집중하고, 모든 앱개발은 아웃소싱 해야한다고 주장한다. 관리들은 자체 AI 전문가를 고용하거나 훈련시키는 것이 타당하다고 생각하지 않는다.

정부는 디지털 전문지식을 계약 업체에만 의존하고 있다. 정부가 자체 기술인력을 개발하지 않는다는 정책은 근시안적이다. 이는 정부기관이 기초기술을 이해하지 못하는 기본적 요인이다. 그러면 정부 독자적으로 성공적인 조달이나 획득결정을 할 수 없게 된다.

이는 곧바로 국가안보 위험을 초래하는 요인으로 작용할 수도 있다. 크게 보아 민간 계약업체들은 계속해서 중요한 역할을 수행해야 한다. 하지만, 그들은 전체적 시스템 개선을 촉구하지 않는다. 잘못된 요구 사항이나 비효율적인 전략에도 동의하지 않으며, 계약 조건을 이행하도록 인센티브도 받고 있지만, 개선에는 소극적이다.

현실적으로 정부내 주요 프로젝트의 의사 결정에 계약업체 소속 디지털 전문가의 목소리가 실리게 된다. 정부의 주요 프로젝트의 민간인 목소리가 실리는 경우는 그리 바람직하지 않다. 따라서 정부는 자체 디지털 인력을 늘리고 성장시켜야 한다.

AI 인재풀의 구축(디지털 군단)

디지털 인력을 조직하는 방식은 전문가 차원에서 실행해야 한다.

국가안보 관련 기업이 요구하는 규모의 숙련된 디지털 인력을 양성하고 관리하기 위해서는 정부가 직접 인재프레임워크를 구축해야 한다. 정부 부처와 하급기관은 일종의 '디지털부대'Digital Corps를 조직해 인력을 모집하고, 훈련하며 교육해야 한다. 개개인의 디지털 경력을 관리하고 디지털 인력 자격 기준을 마련해야 한다. 이들을 위한 숙소를 제공하는 것은 물론이다.

디지털부대는 전문의료 인력의 조직된 육군의무대U.S.Army's Medical Corps와 유사한 모델이면 무난하다. 육군의 전통적인 경직된 인재관리 프레임워크에 맞추지 않는, 그러면서도 전문가 그룹으로 조직되어야 한다. 디지털 영역에 대한 숙련도를 완성하기 위해 디지털 분야 전문 인력정책, 승진지침, 교육 자원 및 검증능력을 보유해야 한다. 미육군의무대는 전문 인력들이 자신의 분야에서 충분히 능력을 발휘할 수 있는 조직으로 모범적이다.

조직은 군대의 생리적인 조직체계가 아니라, 전문의료기술을 갖춘 전문가 조직이다. 간호사와 의사는 민간인으로서 교육과 훈련을 받지만, 조직체계는 군대이다. 디지털부대의 구성원은 다음 중 한 가지에 전문 지식을 가져야 한다.

- 소프트웨어 개발, 데이터 과학, 인공 지능, 엔지니어링, 인간 중심의 생산 디자인, 제품 관리, 보안, 데이터 관리 및 활용, 신기술 등이다.

디지털부대 기술자들은 자신의 전공 분야를 이탈하지 않도록 관리되어야 한다. 대부분 민간 기업에서는 엔지니어링과 관리직이 구별된다. 숙련된 엔지니어로서 발전하기 위해 관리직으로 전직하지 않는다. 이는 육군의무대와 유사하다. 의사로서 전문직에 계속 일하거나 아니면, 관리자로 선택하도록 한다.

디지털 군단의 채용과 고용

정부는 채용과 고용 프로세스를 개선하고 보안 검사를 조속히 해야하며, 정규직 또는 시간제 민간 고용 메커니즘을 구축해야한다.

수많은 AI 및 디지털 전문가들은 정규직 또는 파트타임 직원으로도 정부 분야에서 일하는데 관심이 있다. 시간제 직원은 AI 교육 개선, 데이터 탐색 및 획득 수행, 프로젝트 홍보 및 디지털 솔루션 구축, 공공과 민간 가교역할 등에 활용할 수 있다. 채용 시에는 프로세스를 간소화하면서 디지털 인재풀을 넓히는데 주안점을 둬야 한다. 현재 미국 정부 시스템은 너무 느리게 작동한다. 이에따라 능력있는 젊은 인재를 채용하기가 쉽지 않다.

민간인 디지털 전문가들은 자신의 정부기관에서 전문적 경력을 쌓을 것으로 기대할 수 있어야 들어올 것이다. 이러한 기대치가 없으면 공무원에 합류할 가능성이 낮고 오래 머무를 가능성도 낮다. 디지털 인력에 대한 기대치와 경험을 맞추려면 정부 각 기관이 세 가지 변화가 필요하다.

- 디지털 기술자가 자신의 열망하는 분야에서 경력을 쌓을 수 있는 기회

- 지식이 풍부한 리더 (일부는 디지털에 능숙하지만)
- 도구, 데이터 세트 및 인프라에 대한 접근능력

이대로 가면 미국은 AI 기술인력의 부족 사태를 피할 수 없다.

2020년 무렵 미국에서 43만개 이상의 컴퓨터 과학분야 일자리가 열려 있었다. 하지만, 미국 대학에서 신규 컴퓨터 분야 인력은 7만1000 명이 졸업한다. 수요에 턱없이 공급인력이 부족하다. 따라서 컴퓨터 인력을 구축하기 위해 새로운 노력을 기울여야 한다.

인력부족을 메우는 한 방법으로 디지털서비스아카데미를 설립할 필요가 있다. 미국 현대화에 필요한 디지털 기술 전문 미래 공무원을 양성하기 위해 새로운 서비스 아카데미를 설립해야 한다. 5개의 미군 인재 양성 기관을 모델로 해서 훈련된 디지털 인재 양성에 착수해야 한다.

- 첫째, 고도 숙련된 전문가를 수용하도록 촘촘히 설계된 인재관리 시스템을 구축해야 한다.
- 둘째, 업계 전문가, 학자, 최근 대학 졸업 출신 등 정부가 필요로 하는 기술인력을 신규로 대대적으로 모집한다.
- 셋째, 현재 및 미래의 공무원을 교육하고 훈련시키는 등 자체 인력풀을 구축한다.
- 넷째, 정부 기구 안에 있는 디지털 기술자들을 재배치해서 인력 가동효율을 높여야 한다.

아울러 미국은 민간 부문의 풍부한 인재를 활용하기 위한 방안으로 국립디지털인재풀NRDC, National Reserve Digital Corps을 만들 필요가 있다. 현재 미국정부가 착수하고자 하는 디지털 프로젝트는 디지털 전문지식인이 없어 착수하지 못하고 있다. NRDC의 구성원은 민간인 특별공무원SGE 신분이 되며, AI 관련 고문, AI 강사 또는 AI 개발자로 연 38일 이상 복무하도록 한다. 이들이 실제 AI 기술 실무현장에 투입되면 공공부문과 민간부문을 연결하는 데 큰 도움이 될 것이다.

NRDC의 인력수급 방법으로 우선 대학학군단을 본떠 '대학NRDC 장학생 프로그램'을 창설할 필요가 있다. 우선 대학에서 경쟁시험을 통해 학생을 선발하고, 이어, 이들에게 전액장학금 혜택을 부여하고, 대학 2학년부터 디지털기술 분야를 공부하도록 하는 것이다.

2학년에서 3학년 사이에 학생들은 특정 정부 기관이나 사무실에서 인턴으로 일하도록 한 뒤, 졸업 이후 NRDC에서 5~6년 복무하도록 한다. 이는 이미 사관학교 등을 통해 충분히 검증된 제도인데, 젊은 AI 인력의 수급을 원활하게 할 수 있는 방안이다

STEM과학 기술 공학 수학 인력풀도 구축해야 한다. 지난 2020년 하원군사위원회 초당파 모임은 연간 예산 550만 달러 규모의 'H.R. 6526, STEM Corps Act of 2020'을 제안했다. 이 프로그램은 학생 1인당 연간 최대 4만 달러의 장학금을 제공하며, 선발된 학생은 최소 3년간 국방부 내에서 다양한 역할을 수행하며, 국방부에 남거나 관련 민간 기업에 취업할 수 있다.

관료주의와 AI 혁신

국방부에 온존하는 관료주의

1991년대 이후 미국은 경제와 군사 모든 측면에서 압도적인 우위를 누려왔다. 그러나 20년이 지난 지금 중국의 거센 도전을 받고 있다. 러시아는 미국에 도전하려면 좀 더 있어야 하지만, 중국의 군사분야 기술의 발전은 그야말로 눈부시다. 특히 중국의 AI 기반 군사기술은 곧 미국을 따라잡을 전망이다. 일찌감치 중국은 미국에 뒤쳐진 군사기술의 차이를 따라잡을 수단으로 AI 기반 전략을 선택했다.

AI 기술을 앞세워 미국의 재래식 무기체계의 우위를 상쇄한다는 판단이다. 중국의 AI 기반 자동화 무기체계는 곧 실전에 투입될 전망이다. 중국의 추격을 뿌리치려면 미국은 앞으로 수십년 동안 총력을 집중해야 하지만, 미래를 장담할 수 없다. 우선 미국이 고려해야할 사항으로 몇 가지를 적시한다.

첫째, 지금의 명령과 통제, 무기, 물류 분야를 AI 기반 센서와 시스템으로 전면 재구축되어야 한다. 미국은 아직까지 함정, 전투기, 지상전 무기 등 하드웨어 파워에 집중하고 있다. 군비 지출은 여전히 과거 산업시대와 냉전 시대에 설계된 종래 시스템에 집중되어 있다.[1]

미국은 특히 AI 기반 시스템으로 개혁하는데 장애물이 적지않게 도사리고 있다. 먼저 무기체계를 소프트웨어 집약 시스템으로 대체해야 한다. 국방부는 물론이고 대부분 정부기관의 프로세스는 여전히 ppt와 수동 작업에 의존하고 있다. 머신 러닝ᴹᴸ의 연료격인 정교한 데이터는 현재 엉망이거나 지저분하며, 종종 폐기되고 있다.

최소한의 AI 프로그램조차도 입력하는데 애를 먹고 있다. AI 애플리케이션을 확장하는데 필요한 클라우드인프라를 구축하는 데에도 시간이 걸린다. 이 때문에 각종 데이터 공유계약 및 소프트웨어 업데이트에 수개월씩 지연되기 일쑤다. 미국은 아직 모든 수준에서 AI를 운용할 기술과 경험이 부족하다.

둘째, 미국이 AI 기반 시스템으로 혁신하는 과정에서 가장 문제인 것은 관료주의다. 현재 미국 정부 전반의 저변에 관료주의가 온존하고 있다. 이 관료주의는 AI 기반의 시스템 개혁을 방해하는 주요인이다. AI 기술회사들은 관료들의 횡포에 주저하고 있다.[2]

수많은 신생 군산복합 기업들은 때때로 시행착오를 겪곤 한다. 전통적인 군수 내지 무기 회사들은 과거에도 그랬고 앞으로도 AI 기반의 기술

경쟁에서 중심적인 역할을 할 것이다.3) 한편으로 기술 회사들 역시 AI 시스템을 구축하고 통합하려는 노력에 소극적이다. 관료주의적 으르렁거림 즉, 고압적 태도로 인해 기업들은 국방부 등 정부와 협력하기를 꺼린다. 결과적으로 개혁은 쉽지 않다는 의미다.

국방부 혁신 방안

따라서 AI 기반의 국가안보 시스템으로 탈바꿈하기 위해서는 신기술 전담운영위원회가 설치되어야 한다. 다음 5가지 영역에서 행동지침이 필요하다.

첫째, AI 혁신을 전담 추진하기 위한 기술적 중추를 구축하는 일이다. 지난 2020년 국방부는 데이터 시스템 전략을 발표하면서 AI 기반 토대 구축을 발표했다. 그러나, 발표 이후 1년이 지났지만, 각 부서에는 접근법이 없다. 현대적인 디지털 생태계나 협업 수단 및 환경, 조직 측면에서 AI 기반 기술을 적용할 광범위한 접근법이다.

따라서 새로운 AI 기반 프로그램과 기능 작동을 위한 코어를 구축해야 한다. 새로운 프로그램은 이에 맞춰 설계하고 기존 프로그램도 2025년까지 상호 호환하도록 바꿔야 해야한다. 주요 요소는 다음과 같다.

- 국방부 구성원이 원하는 데이터에 접근하며, 찾고, 이동할 수 있도록 데이터 목록과 연결된 레포지토리를 포함한 데이터 설계도의 구축이다.
- AI 기술개발과 기능 테스트, 설치 및 업데이트를 지원하는 AI 환경.
- 데이터 전송 및 데이터 융합, 보안 처리, AI 애플리케이션의 지속적인 개발 및 배치, 모든 수준의 소프트웨어 시스템 통합을 지원하는 대역폭의 네트워크.
- 문서화 되고 강화된 API(응용 프로그래밍 인터페이스)를 통해 데이터, 소프트웨어와 기능을 공유한다.
- 국방부내 모든 개발자와 과학자에게 새로운 AI 기능을 구동하는 데 필요한 도구와 자원에 대한 접근권을 부여한다.

두번째, AI 시대에 대비해 전투원을 훈련하고 교육한다. 전투원은 생각하는 방식을 바꾸지 않으면, 전투 방식을 바꿀 수 없다. AI의 기본 기능 및 AI의 잠재력을 정확히 인식해야 한다.

- 직관과 경험을 보완하는 방식으로 의사 결정에 AI 데이터를 사용하는 방법을 익힌다.
- 정보 처리 기구를 사용하는 방법과 계산 및 분석을 AI로 수행하는 방법을 익힌다.

- 새로운 도구에 대한 지속적인 접촉과 일상적인 실험 및 개발하는 창조자가 되어야 한다.
- AI 기능을 구축, 유지 관리하기 위한 기술 전문가가 되어야 한다.

셋째, 국방부는 AI 개발과 관련해 상향식으로 촉진한다. AI 기술자, AI 운영자 및 도메인 전문가는 통합된 팀으로 기능해야한다.

통합팀 운영은 사용자 피드백을 촉진하고 AI 시스템에 대한 신뢰와 확신성을 높일 것이다. 국방부는 합동인공지능센터JAIC를 국방부의 AI 기반 개혁의 동력원으로 지정한다. JAIC는 AI 국가안보의 중심적인 허브 역할을 수행하며 전투사령부가 필요로 하는 AI 애플리케이션을 개발한다.

AI 기술 기반의 행동요령

미국방 분야는 인공지능 같은 새롭고 파괴적인 기술을 채택하기가 어렵게 되어 있다. 미국이 군사적으로 압도적 우위를 갖기 위해 AI를 채택해야 하지만, 관료주의적이고 경직된 문화적 장벽이 만만찮다. 2025년까지 국방부는 AI 채택을 위한 기반을 마련해야 한다. 앞 부분에서 1) 기술적인 AI 운용 중추를 구축하고, 2) 전투원 훈련과 교육, 3) 디지털 기술채택 가속화, 4) 광범위한 AI 기술개발, 5) 차세대 인재개발 등은 적시했다. 이는 정보공동체와 조율되어야 한다. 변화를 이끌어내기 위한 두가지 행동요령은 다음과 같다.

첫째, 하향식 리더십으로 대대적인 변화를 이끌어내야 한다. 관료주의
와 기존 조직의 저항을 타파하고 전략적 변화를 창출하기 위해서는 하향
식 리더십이 필요하다. 국방부는 각 부처 정보공동체와 긴밀한 관계를 가
져야 한다.

둘째, 국방부 산하에 국방부 부장관, 합동 참모본부 부의장, 국가정보
원장ODNI으로 구성된 신기술운영위원회를 설치한다.

제5장

신기술 선점 미국의 행보

WHITE HOUSE AI REPORT

AI는 인간능력의
보완적 도구

시험, 평가, 검증, 확인^{TEVV}

AI 시스템은 분명한 목적과 신뢰의 토대 위에서 개발되고 사용되어야
한다. AI가 만일 설계된대로 작동하지 않거나 예측 불가능하게 작동한다
면, 그로 인해 부정적인 결과를 초래한다면, 사용자들은 AI 시스템을 신
뢰하지 않을 것이다.

지금까지 관행으로 미뤄볼 때, AI 기술로 성과를 낸 이면에는 어느 정
도 리스크가 내재되어 있었다. 모든 조건에서 완벽하게 작동하는 기술은
없다. AI에 의존해 내리는 판단과 결정은 갖가지 변수와 고려에 의해 달
라진다. 군사, 정보, 국가 안보, 법 집행 등의 미션에 따라서도 크게 다르
다. 전쟁과 같은 극도의 위협적 환경에서 즉각적인 전황 정보를 제공하는
AI 시스템이 유용할 때도 있지만, 반면 실패할 수도 있다.

앞으로 모든 판단과 결정은 기계에 더 많이 의존하게 될 것이지만, 그

럼에도 국가안보 시나리오 전반에 걸친 기본적 원칙은 인간의 판단이다. AI를 활용하는 담당자들은 AI 이용에 따른 위험, 기회, 장단점 등에 대한 세세한 정보를 숙지해야 한다. 다시말해 AI 시스템의 가능성과 한계를 인식해야 한다. AI가 시현할 성능에 대한 가능성과 한계에 대한 분명한 지식이 필요하다.

합리적인 AI 신뢰성 기준을 마련하는데 5개 영역에 걸쳐 분석해본다.

첫째, 안정적이고 신뢰할 수 있는 AI 시스템 구축이다. 인식과 분류에 활용되는 현재의 AI 시스템에는 잘못된 긍정과 잘못된 부정 등 다양한 종류의 실패 이력이 있다. 만일 잘못된 긍정과 부정, 실패가 국가안보 미션에 미칠 경우 심각한 문제를 야기할 것이다. 따라서 AI의 안정성과 기술 향상을 위한 R&D 투자에 집중해야 한다.

이어 학제 간 전문가 그룹과 상의하여 위험도 평가를 진행하고 문서화를 개선한다. 전체 시스템 아키텍처를 구축하여 문제를 줄여야 한다. 이러한 아키텍처는 성능을 안전하게 모니터링하고 이상이 감지될 때 오류를 처리하는 역할을 한다.

두번째, 인간-AI 상호 작용과 팀 구성에 관한 것이다. 인간의 이해와 의사결정을 강화하고 보완하는 AI 시스템은 향후 필수적으로 이행해야 한다. 이를 위해서는 인간과 AI의 상호 보완으로 생겨나는 잇점을 최적화해야 한다. 사실상 이를 달성하기란 여간 어려운 과제가 아닐 수 없다. 이를테면 인간은 컴퓨터를 과도하게 신뢰하는 경향이 있다. 또한 인간-AI팀의 성과를 측정하고, 과도한 믿음을 피하면서 충분한 정보를 전달하고, 인간과 기계가 서로 감시하며, 상황에 맞게 적절한 인간의 개입이 있어야 한다. 하지만, 지금의 기술력으로는 만만찮은 숙제이다.

따라서 인간-AI 팀 구성을 최적화하고 강점을 극대화하기 위한 지속적이고 다양한 노력이 필요하다. 다방면의 연구개발이 진행되어야 한다. 지금 단계에서 AI 기반 시스템의 장점은 다양한 데이터 융합을 통해 인간이 상황과 맥락을 잘 이해하도록 도와주는 역할이다.

셋째, 테스트와 평가, 검증과 확인TEVV이다. AI 시스템이 신뢰를 얻으려면 인간과 기계의 시스템이 인간 의도대로 작동한다는 보장이 전제되어야 한다. 종래TEVV로 AI 시스템을 검증하는 것은 곧 한계에 부닥칠 것이다. 현재 미국정부 기관들에서는 AI 시스템의 신뢰성을 담보할만한 공통적 지표가 불충분하다. 작업 수행능력이 예상에 미치지 못하거나 예상치 못한 결과를 최소화하려면 완전히 새로운 유형의 TEVV 체제가 필요하다. 이는 어떤 것보다도 우선 순위에 있어야 하며, 상당히 도전적인 작업이기도 하다.

우선 국방부가 선도해야 한다. 국방부는 AI 기반 시스템을 기초부터 재구성하는 작업에 착수해야 한다. 실무 단계에서는 상무부 산하 국립표준기술원NIST, National Institute of Standards and Technology이 작업을 주도해야 한다. NIST는 AI 모델, 관련 데이터에 대한 검증된 일련의 성능표준과 도구를 제공하고 정기적으로 업데이트해야 한다.

넷째, 국가안보 및 주요 기관에서 전담 AI 책임자가 상근해야 한다. 이 공무원은 AI 교육을 책임있게 주도하고, AI 정책과 관행에 대한 전문지식을 제공하며, 기관 간 조율과 정부조달을 이끌어야 한다.

다음으로 AI 신뢰성을 담보하기 위한 행동요령을 몇 가지로 구분할 수 있다.

첫째, AI 활용이 언제 어떻게 이루어져야 유용한지를 파악하기 위해서는 먼저 인간의 능력이나 성과를 평가해야 한다.

둘째, 인간과 AI의 협력모델의 개발이다.

셋째, 인간-AI 팀이 상호 역량의 한계를 감시하고 교정하는 방식의 개발이다.

넷째, 인간-AI 상호작용을 이해하고 평가하는 설계방법론을 정립한다. 설계방법론은 미래 인간-AI 팀의 효과적인 구성 조건을 명확하게 설명하고 제안된 솔루션이다.

프라이버시와
시민의 자유, 권리

인류는 앞으로 AI 기반 시스템 분석력의 혜택을 볼 수 있다.

AI의 무한대 기능은 모래알 같은 데이터와 정보를 분류하고 이해할 수 있도록 해준다. 대량의 정보를 선별하고 분류하여 패턴을 정립하거나 위협을 정확히 찾아내는 능력은 AI가 도맡아 할 수 있다.

그러나 만약 이런 능력이 개개인에 적용된다면 어떤 일이 벌어질지 상상하기 어렵지않다. 이용자에게는 가공할만한 위력을 발휘할 것이다. 특히 범죄적 목적으로 무고한 일반인에게 적용된다면 그 결과는 두렵다. 이를테면 개인의 활동, 소재 및 행동 패턴을 모자이크로 형상화할 수 있고, 이를 통해 미래 인간행동을 예측할 수 있다.

아울러 개인의 지정학적 위치, 이질적인 데이터를 융합해 검색하면 새로운 통찰력을 얻을 수 있다. 이런 개인에 대한 분석은 위협적 인물을 식별하는 데 매우 유용하다. 반면, 옳지 못한 의도를 갖고 무고한 개인을 대상으로 한다면, 수많은 사회적 문제를 야기할 것이다.

머신러닝 단계에서도 의도하지 않은 인간의 편견이 끼여들 수 있다. 알고리즘 오류비율과 연령, 피부색 및 성별에 따른 AI 분석의 오류는 특히 안면인식에서 두드러진다. 현재 출현한 안면인식 시스템을 보면, 백인 남자에게 매우 정확하지만 여성과 유색인, 특히 유색인 여성에게는 정확도가 훨씬 떨어진다는 평가가 있다.

미국의 경우 이러한 개인정보는 대부분은 민간기업이 갖고 있다. AI의 기능이 만일 개인 프라이버시에 어떠한 형태로든 영향을 미친다면, 당연히 헌법이 보장한 사생활보호의 중대한 침해에 해당한다.

개인을 분석한 정보가 제3자나 범법자에게 전달된다면, 과연 AI의 데이터 수집 및 분석 능력이 과연 적절한가라는 의문이 제기될 것이다. AI 시스템이 만들어낸 결과물이 불확실한 경우 예기치 않은 불행한 결과를 초래할 수도 있다.

따라서 법과 규칙을 새롭게 제정한다는 차원에서 몇 가지 전제조건을 다듬어 낼 필요가 있다.

첫째, 외국인과 외국에 대한 정보수집 및 분석에 대한 원칙이다.

국가정보원ODNI의 AI 윤리지침은 상당히 엄격하다. 외국인에 대한 정보 수집 및 분석에 한정해 AI를 활용한다. 따라서 아직은 고무적인 단계이다.

둘째, 국경보안의 원칙이다. AI에 의한 감시와 분석을 통해 출입국을 효과적으로 통제할 수 있다. 이를 담당하는 국토안보부DHS는 접근권을 갖고 있는 정보로만 안내하고 인종이나 종교 등의 특성을 잘 선별해야 한다.

셋째, 국내보안 및 공공보안의 원칙이다. 얼굴인식 등 인간 생체관련 AI 기술은 급속히 발전하고 있다. 법과 규칙의 신설 속도를 앞지르고 있다.

이런 원칙에 따라 정부당국은 다음과 같은 미션에 주력해야한다.

- 개인정보 보호와 시민의 자유를 보장할 수 있는 AI 기술 개발에 투자하고 시스템에 적용한다. 당국은 AI 응용 프로그램에 대한 단기적 상황과 연구의 격차를 파악해야 한다. 여기에는 분류, 권장, 이상 탐지 및 기타 응용 프로그램용 ML기술 등이 포함된다. 모두 개인정보보호 및 시민의 자유에 위해를 미치는 AI 프로그램이다.
- 특히, 공공의 자유에 영향을 미칠 수 있는 AI 시스템 채용에 대해 당국은 투명하게 집행해야 한다. 일부 ML시스템은 블랙박스라는 닉네임을 얻을만큼 불투명하다. 당국의 AI 시스템 적용 과정이 더 투명할수록 대중의 우려는 불식될 수 있다.

물론, 안보관련 정보분야는 비밀스런 임무가 필수적이다. 그럼에도 AI 시스템이 개인에게 영향을 미칠 경우, 의회는 정보커뮤니티, 국토안보부 및 연방수사국에 대해 AI 위험 평가보고서 및 AI 영향 평가를 요구해야한다.

- 아울러 정보관련 기관들은 종래 관행을 개선해야 한다. 보고서는 첫째, 정보공동체, 국토안보부, FBI가 AI 위험평가보고서 및 AI 영향보고서를 게시해야한다. 둘째, 적격 AI 시스템 또는 중요한 시스템 갱신을 해야한다.
- 일반 시민에게 영향을 미칠 수 있는 국가안보 관련 AI 시스템에 대해 중립적인 시험센터를 구축한다. 독립적인 제3자 시험은 국립연구소, 대학부속 연구센터 또는 연방기금 연구개발센터에서 수행 할 수 있다.

AI 혁신의 가속화

중국 AI 굴기의 현주소

중국공산당은 2017년 10월 '19차 당대회'(제19차 중국공산당 전국대표대회)에서 사물인터넷IOT, 빅데이터, 반도체를 묶어 '인공지능 굴기'를 공개했다. 중국이 인공지능을 국가적 어젠다로 정했다는 의미다. 현재 중국의 인공지능 산업은 가히 폭발적으로 성장하고 있다. 지난 2017년에만 전년 대비 51.2%의 성장률을 기록했다. 지난해 중국의 AI산업 규모는 대략 5조원 안팎으로 추산된다. 중국의 인공지능 산업은 현재 세계에서 가장 규모가 크다. 인공지능 자체의 잠재력을 감안한다면, 중국의 AI산업은 기하급수로 성장할 것이다.

현재 중국은 AI를 중심으로 산업구조를 개혁하고 있는 와중에 있다. AI 기반의 제조업과 질적 개선이라는 목표를 향해 차분히 움직이고 있다. 본 보고서의 작성 책임자인 인공지능국가안보위원회NSCAI 에릭 슈미트(전 구글 CEO)는 "이대로가면 2030년 중국이 글로벌 AI 시장을 거의 주도할 것"이라고 내다본다.

중국 AI 기술의 선두기업은 바이두라는 메가테크 기업이다. 바이두의 머신러닝ᴹᴸ 기술 수준은 구글, 마이크로소프트ᴹˢ, 페이스북에 버금가는 수준으로 평가된다. 2019년 바이두는 AI 기반 지식 플랫폼으로 음성·이미지·화상 인식과 자연어 처리 기능을 갖춘 '바이두 브레인百度大腦'을 내놓았다. 그해 9월에는 AI를 탑재한 개인비서 '두미度秘'를 공개했다. 음성으로 두미에게 식당, 영화티켓 예약을 지시하면 두미가 모두 해준다. 바이두는 미국 실리콘밸리에 자율주행 및 AI 연구소도 설립했다.

바이두는 기술력을 갖춘 미국 스타트업 인수에도 적극 뛰어들었다. 바이두는 미국 반도체설계 기업인 엔비디아ᴺᵛⁱᵈⁱᵃ와 파트너십을 맺고 AI 자율주행차 플랫폼 개발에 주력하고 있다. 이 플랫폼은 클라우드 기반 고화질 지도와 도로환경의 변화를 실시간으로 인식해 자동차를 자율유도하는게 핵심이다.

중국의 AI 특허 열기는 세계 최고 수준이다. 1999~2017년까지 전 세계 AI 특허 10여만 건 중, 중국 출신 특허가 37%를 차지했다. AI 분야 인재도 중국이 1만8232명으로, 미국(2만 8536명) 다음으로 세계 2위에 올라있다.

물론, 반론도 만만찮다. 중국의 인공지능 실력이 과연 어느 정도에 있는가 하는 점이다. 이를테면 연구원 숫자가 가장 많다거나 특허출원의 수가 가장 많다고 하여 연구개발 수준이 최첨단이라는 것은 아니다. AI

연구자의 고급인력풀이나, 실제 응용 측면에서는 아직 미국이 압도적이다. 최상위 AI 연구자의 능력은 실제 5배 이상 차이난다고 평가할 수 있다.

미국 AI 연구의 현실

중국이 대약진하는 사이 미국의 AI 생태계는 근본적인 약점을 드러냈다. 2016년부터 중국은 국가주도로 AI 기술 개발에 땀을 흘리고 있지만, 미국은 아직 잠에서 깨어나지 않고 있다. 미국은 발전의 깊이나 규모면에서 중국보다 작다. 비즈니스 분야도 머신러닝 한 분야에 대부분 집중되어 있다. 정부 지원도 관료주의에 매몰돼 잠재력이 큰 분야에 대한 지원을 막고 있다. 결과적으로 미국 AI 기술 혁신의 환경은 좁아지고 있다. 미국의 뒤쳐지고 있는 현실에는 연구환경 및 연구자원의 구태의연한 관행이 도사리고 있다.

상황은 점차 개선되어가고 있기는 하다. 클라우드 기반 컴퓨팅의 단위당 비용은 점차 감소 추세에 있고, 오픈소스 플랫폼의 가용성도 크게 늘었다. 이로인해 핵심 머신러닝 기술에 대한 접근 상당히 쉬워졌다. AI 연구환경의 주변 조건들로 인해 보다 정교한 ML모델의 구현이 가능해졌다. 이는 종종 비공개 데이터셋 또는 지식그래프, 엄청난 컴퓨팅 능력, 세계적 규모의 하드웨어 및 소프트웨어, 광범위한 트레이닝 데이터 구현

등이 가능해졌다. 그런데, 이러한 미국 AI 환경은 이제 한계에 봉착했다. 사실상 뛰어난 AI 연구자의 신규 진입은 가로막혀 있고, 새 영역을 개척하는 어려운 과제를 풀어내는데 방해 요인이 되고 있다.

따라서 이제부터 접근성 용이 보다는 창의력이 미국 AI 혁신의 핵심이 되어야 한다. 미국의 AI 산업의 경쟁력을 갉아먹는 요인을 5가지 측면에서 살펴본다.

첫째, 기초 연구 분야의 두뇌 유출이다. 학문연구에서 비즈니스로의 두뇌 유출은 심각한 수준이다. 이대로 가면 미국대학의 강점인 기초연구의 기반은 무너질 위험이 있다. 2004 ~ 2018년 미국내 대학의 AI 전공 교수 131명이 대학을 떠나 산업계로 이동했다. 90명은 대학과 기업에 이중으로 등록해놓았다. 이는 대학생들의 AI 스타트업 창업에 악영향을 미치고 있다. 기업에 진출한 교수들이 받는 고액의 급여는 연구원들의 학문탐구 궤도의 일탈을 부추긴다. 2019년 북미의 AI/ML 박사 졸업생의 57%가 박사후 연구나 교수직을 위해 학계에 머무는 것과 비교된다.[1] 몇 년 사이 연방자금 지원의 경향은 기초연구의 성장성이 아니라, 보다 적은 연구보조금 쪽으로 쏠리고 있다. 이는 관료주의에서 기인된다. 학계 전문가나 학생들은 관료주의 색채가 옅고 고연봉 때문에 빅테크, 즉 거대 기술기업으로 옮겨가는게 아니다. 민간 부문에서는 최고의 컴퓨팅 및 데이터 소스에 대한 접근이 용이하며, 최첨단 연구를 할 수 있는 최적의 장소를 구비하고 있다. 연구환경이 그만큼 중요하다. 기초연구 두뇌의 이동은 결국 산업과 학계 모두에게 마이너스 요인이 작용한다. 이는 결국 차세대 AI 연구의 기반을 스스로 무너뜨리고 AI 연구풀을 좁게 만든다. 아울러 대학과 기업을 겸업하는 컴퓨터공학 전공 교수가 업계에 쏟는 시간이 최대 80%로 늘었다. 이는 학생 모집, 학과수업과 연구 등 학문적 시간에 영향을 미친다. 기초연구보다 기업요구에 치중한 결과다.2)

두번째, 연구 초점의 문제이다. 미국의 빅테크 기업들은 기본적으로 비즈니스를 추구하는 기업이다. 국가안보에 중요한 분야에 투자하거나 비즈니스로 연결되지 않는 기초 연구에는 거의 투자하지 않는다. 경제적 이익이 없는 불확실한 투자는 하지 않는다는 사실이다. 수익중심의 투자도 공공의 이익이나 정부 과업에 기여하는 애플리케이션(응용)으로 일부 이어질 수 있다. 하지만, 근본적인 차이가 존재한다. 정확히 20년 전 일이다. 당시 활발했던 머신러닝과 AI의 기본알고리즘 연구는 비즈니스적 이익이 거의 보이지 않았다.

그럼에도, 연방연구 자금으로 이 분야의 미국내 연구는 계속되었다. 최근 연구에 따르면 현재 사용중인 알고리즘의 82%가 연방보조금을 받아 대학과 비영리 연구단체에서 창안된 것이다. 민간 기업에서 시작된 비율은 18%에 불과했다.

셋째, 경쟁의 문제이다. 첨단 머신러닝 모델은 개발 비용이 점점 늘고 있고, 첨단 기술은 선도 기술기업에 팔려갈 공산이 크다. 이 때문에 미국에서 AI 스타트업은 점차 성장판이 좁아지고 있다. 이를테면, 이름없

	2020년 회계	2021년 회계
국립과학재단NSF	$518.3M	$831.2M
국립보건원NIH	$193.9M	$176.8M
에너지부DOE	$171.8M	$174.4M
미국농무부USDA	$54.9M	$129.6M
국토안보부DHS	$50.4M	$31.3M
식품의약국FDA	$39.0M	$38.0M
항공우주국NASA	$28.5M	$28.8M
국립표준기술원 NIST	$27.6M	$52.7M
교통부DOT	$17.1M	$16.3M
재향군인회VA	$14.1M	$14.1M
내무부DOI	$5.9M	$4.2M
사법연구소NIJ	$3.0M	$3.0M
해양대기국NOAA	$1.6M	$1.6M
재무부 TREASURY	$0.6M	$0.6M
총계	$1.127B	$1.503B

※ 출처 = 백악관 국가과학기술위원회(2020년 8월 14일 현재) 등 자료종합
https://www.nitrd.gov/pubs/FY2021-NITRD-Supplement.pdf.

는 비명문대학이나 AI 스타트업은 정교한 머신러닝 모델을 훈련하는 리소스와 데이터 비용을 감당할 수 없다. 또 2013~ 2018년 실리콘벨리 AI 스타트업의 90%가 메가테크 기업에 인수되었다. 이는 인공지능 발전의 자양분을 갉아먹는 행위이며, 결국 인공지능 기술 발전을 퇴보시킨다는 연구조사가 있다.3) 스타트업 경쟁이 줄어들면 AI 산업의 혁신 능력과 연구력도 줄게된다.

넷째, 지역적 차이의 문제다. 실리콘 밸리 같은 지역적 기술기업의 융

합 즉, 클러스터링은 지식공유를 가속화하고 상호간 경쟁유발로 인해 혁신을 지속할 수 있다. 그러나 이러한 추세는 일부 지역에만 국한했다. 해당 지역에서만 경제발전과 인구 밀집의 혜택을 가져다 주었다. 2005년과 2017년 사이 미국 혁신 부문에서 일자리 창출의 90% 이상이 5개 주요 해안 도시에 집중되었다. 대표적으로 시애틀, 보스턴, 샌프란시스코, 샌디에이고, 산호세 등으로 집계되었다.4) 이러한 지역적 차이로 인해 일부 지역만 기술발전의 혜택이 집중되었고, 나머지 지역에서는 기술혁신에서 소외되고 있다.

연방정부가 나서야 한다

현 상황을 타개할 책임은 오로지 연방정부에 있다. 현상유지에 급급한 미 연방정부의 산하 기관과 연구단체로는 이같은 기조를 타파할 수 없다. 민간분야에 의존하는 수동적인 접근 방식으로는 중국과의 AI 기술 경쟁에서 우위를 가질 수 없다. 연방정부가 실행할 수 있는 몇 가지 방안을 제시한다.

첫째, AI 관련, 연방 R&D 자금을 확충하고 배분순위를 조정한다. 우선적으로 AI R&D에 대한 장기적인 투자를 과감하고 통합적으로 추진한다면, 범국가적으로 AI 혁신을 촉진하고 돌파구를 만들어 낼 것이다.

민간 투자가 소홀하기 쉬운 부분에 과감히 투자하고 비즈니스 포트폴리오를 적용해야 한다. 정부는 포괄적인 전략을 수립해 유도하고 다양한 메커니즘을 통해 AI의 새로운 응용을 지원한다면, 미국 연구자들은 AI 기술혁신의 새 지평을 열 것이다. 실행단계를 몇 가지로 분류했다.

- 국립기술재단NTF, National Technology Foundation을 설립해야 한다. 이는 새롭고 독립적이며 실질적 권한을 갖는 조직이어야 한다. 국립과학재단NSF이나 국방부 산하의 국방고등연구계획국DARPA 같은 성공적인 기존 조직을 보완하면서, AI 혁신을 주도하는 조직이어야 한다. NTF는 AI 기술개발을 국가적 수준에서 주도하며, 더 높은 수준의 위험을 수용하고 혁신적인 아이디어를 가진 권위있는 조직이어야 한다.

- 비안보분야 AI R&D 연방 지원액을 매년 두 배로 늘려 2026 회계연도까지 연간 320억 달러에 도달해야 한다. 이 수치는 AI 분야 지원액이 생물의학 연구와 비슷하다. 전반적으로 연방정부는 과학연구 관련 R&D 지원액을 GDP의 1%에 이르도록 노력해야 한다.

- AI R&D의 지원 순위를 앞당긴다. 내년부터 대폭 확충되는 연방 지원 예산은 민간기업 투자가 미치지 않는 부문에 집중되어야 한다. 미래 국가안보와 경제적 안정을 뒷받침할 중요한 기술 개발인데도, 민간의 자발적 AI R&D 투자가 이행되지 않는 영역이다.

새로 설립된 국가적 AI 이니셔티브를 통해 기초과학 분야, 특정 문제해결 분야, 상용화 혁신 분야 등 18개의 투자는 포트폴리오 접근 방식을 반영해야 한다.

- 국립의 인공지능 연구기관 수를 3배로 늘려야 한다. 연방정부가 지원하는 국립 AI 연구기관의 수를 다양한 범위에서 3배로 늘려야한다. 이를 통해 학생과 학부교수, 국립 실험실 연구원 및 비영리 연구를 위한 조직과 훈련 및 연구기회를 증대시킨다.
- 분야별로 뛰어난 인재 발굴에 대한 투자에 집중해야 한다. 국립 과학재단 또는 앞에서 제안된 국립기술재단NTF은 최고의 AI 연구자 및 연구팀에 투자하여 즉시 상용화를 촉진한다.

둘째, 국가가 보유한 AI 인프라자원을 개방하고 접근성을 높여야 한다. 선두 기업이나 명문대학이 갖고 있는 우수한 컴퓨팅 환경, 데이터 및 테스트 시설에 대한 접근성은 일반 연구자들에게는 제한된다. 따라서 국가가 갖고 있는 AI 인프라를 개방해 첨단 AI기술의 광범위한 개발을 추구해야 한다. 이는 보다 공평한 성장을 지원하고, AI 기술을 훨씬 넓은 분야로 적용함으로써 미국 AI 혁신 기반을 강화시키게 된다.

- 먼저 NAIRRNational AI Research Resource 컴퓨팅 격차'를 완화하는 차원에서 NAIRR은 검증된 연구원과 학생들에게 가능한 접근을 허용한다. 여기에는 AI 기반의 정부 및 비정부 데이터세트, 컴퓨팅 리

소스, 교육 도구 등이 포함된다.

- 대규모 개방형 트레이닝 데이터가 필요하다. 여기에는 복잡한 데이터 세트의 큐레이션 등 유지 관리가 포함되어야 한다. 민간부문과 학계 등 AI 연구 커뮤니티가 사용하기 위해 정부보유 데이터에 접근하도록 지원한다.
- 개방형 지식 네트워크를 구축한다. 백악관 과학기술정책실 주관으로 효과적이고 효율적으로 작동하는 AI 시스템을 개발하도록 한다.

셋째, 공공-민간 파트너십을 적극 활용한다.

AI 기술경쟁에서 미국이 주도권을 차지하는 지름길은 무엇보다도 긴밀한 공공-민간 협력에 달려 있다. 세계적으로 경쟁력있는 기업의 성장을 가속화하려면 정부가 솔선하고 민간이 뒤따라야 한다.

- AI를 비롯한 전략적 기술을 위한 시장을 조성한다. 먼저 연방 기관에서 AI 시스템 채택을 가속화해야 한다.
- 지역 혁신 클러스터 네트워크를 형성한다. 전략적 신기술에 초점을 맞춰 AI 기술 지역 클러스터를 지정하여 소규모 기술기업 집단을 조성해 동반성장을 촉진한다. 세금감면, 연구 보조금, 연방 R & D 자원에 대한 접근을 허용한다.
- 민간 기업들은 AI 연구의 저변을 확충하기 위해 5년간 10억 달러

기금의 비영리 조직을 설립해, 교육기회와 AI 기술교육, 기업가 정신을 지원한다.

AI 신기술과 미·중 경쟁

창조하는 차세대 신기술

AI가 만들어낼 차세대 신기술은 무궁무진하다. 대표적으로 AI 기술, 생명공학, 로봇과 자동화, 첨단제조공정, 반도체와 첨단하드웨어, 양자컴퓨팅, 5G와 첨단 네트워킹, 에너지시스템을 들 수 있다. AI를 기반으로 새로 탄생할 신기술은 다른 기술에 의해서도 시너지효과를 낼 것이 분명하다.

이에 맞춰 중국은 전방위적으로 최고기술을 구현해 세계적 주도권을 차지한다는 원대한 전략을 추구하고 있다. 이미 2013년 전후부터 미국 기술배끼기에 전력을 기울여왔다. 미국 기술을 토대로 이른바 '기술굴기 Made in China 2025'가 나왔고, 핵심 부문에 전략적 투자를 해왔다.

'기술굴기 Made in China 2025'에는 차세대 정보기술, 고급 공작기계와 로봇공학, 항공 우주 장비, 해양 엔지니어링 장비, 첨단 선박, 첨단

철도 운송장비, 신에너지 자동차, 전력장비, 농업 장비, 신소재, 생물 의학, 첨단 의료기기 등이 포함된다. 중국은 AI에 대한 투자는 물론, 양자컴퓨팅, 5G, 생명공학 분야에서 세계적인 주도권을 갖는데 주력하고 있다.

중국의 기술굴기는 역으로 미국의 기술력, 경제, 국가안보를 위협하는 핵심 요소로 작용한다.1) 미국은 보다 광범위한 전략적 차원에서 글로벌 AI 리더십을 절감하고 있다. 그러나, 미국은 아직 국가경쟁력의 중심이 되는 기술을 인식하지도, 글로벌 리더십을 우선하지도 않고 있다. 따라서 미국이 역점을 두고 실행해야할 행동을 우선 몇 가지로 제시한다.

첫째, 미국은 21세기 국가경쟁력을 뒷받침할 기술의 통합 리스트를 만들어야 한다. 미국은 아직도 마이크로일렉트로닉스, 생명공학, 양자컴퓨팅 같은 첨단형 기술을 개발하고 있으며, 선도자임에 분명하다. 그러나 현재의 강점에 도취한 나머지 뒷짐만 지고 있다.

둘째, 현재 미국의 전 정부에 걸쳐 기술보호와 개발촉진에 대한 자금과 정책 집행방식이 서로 다르다. 명확한 투자 우선 순위가 정해져 있지 않다. 이 때문에, 핵심기술에 대한 민간분야의 투자를 효과적으로 유도하고 결집시키기 어렵다. 행정부처 각 기관마다 선정한 주요 신기술 목록도 제각각이다.

셋째, 첨단 기술은 승자독식winner-take-all의 역동성이 매우 강한데도 미국은 취약하다. 네트워크 효과가 중요한 통신 분야에서 특히 그렇다. 따라서 선도적인 기술 플랫폼을 재빠르게 개발하지 않으면 뒤쳐지기 십상이다.2) 핵심 신기술의 플랫폼에서 주도권을 잡는 것은 미국의 국가경쟁력의 필수 요건이다. 지금처럼 국가경쟁력의 유지를 위해서는 선도적 기술 연구에 대한 현황 파악과 지원만 하는 것으로는 불충분하다. 미국은 이러한 기술의 전략적 물리적 기반을 구축하는데 많은 투자를 해야한다. 다시말해 기반 투자에 집중해서, 판도를 바꾸는 플랫폼을 구축해야한다. 국가안보를 약화시키는 해외의존성을 줄이는 지름길이 이 것이다. 이러한 투자는 종종 비용이 많이 들지만 매우 전략적인 접근 방식이다. 모든 첨단 부품을 국내에서 제조할 필요성이 줄어들며, 엄청난 장기적 이익을 가져다 줄 것이다.

넷째, 미국의 기술 주도권을 유지하는 데에는 디지털인프라 구축에 대한 대규모 신규 투자가 절실하다. 현재 미국의 기초적인 디지털 인프라 상태는 열악하기 그지없다. 고속 인터넷과 통신망에는 연결성이 생명이다. 미국의 주요 디지털 인프라의 연결성에서 정교함과 범위는 다른 선진국들에 비해 훨씬 뒤쳐져 있다.3) 게다가 미국의 물리적 인프라는 여전히 단절되어 있다. 이를테면 세계 도시들 가운데, 스마트 시티 연결성 부문에서 상위 10위 안에 든 미국 도시는 하나도 없다. 오직 도시 한 곳만이 상위 30위 안에 들어있다.4)

미국인에게 스마트시티 구축은 절실한 문제다. 시민들에게 디지털 경제로의 접근을 극대화하고, 시대에 맞는 필요한 디지털 기술을 갖추도록 하고, 물리적 세계와 디지털 세계를 보다 밀접하게 연결하는 것은 미래성장 촉진을 위해 필요하다. 미국의 압도적인 물리적인 자산에 디지털의 연결성이 가미된다면, 그 효율성과 정확성을 향상시킬 뿐만 아니라, 에너지망 관리 등 도시계획에서부터 교통에 이르기까지 AI를 혁명적으로 활용하는데 필요한 새로운 데이터 자원을 생성할 수 있다.

만일 미국이 국내의 우수한 물리적 인프라를 현대화해서 디지털 연결성을 보다 향상시킨다면, 미국의 기술 경쟁력은 장기적으로 굳건해질 것이며, 국가안보 측면에서도 단단한 버팀목이 될 것이다.

핵심 기술의 선별투자

민주국가인 미국은 결코 중앙에서 계획되고 국가에서 주도하는 중국식 경제 모델을 채용해서는 안된다. 하지만, 백악관과 정부가 먼저 나서야 미국이 움직인다. 장기적인 경쟁력을 담보하려면 먼저 보다 효과적인 전략과 예측, 그리고 신기술 우선으로 투자순서를 정하는 것부터 시작해야 한다.

국가경쟁력 제고에 필수적인 핵심 신기술을 정의하고 우선 순위를 매긴다. 백악관은 국가적 기술의 전략적 차원에서 필수적인 주요 신기술 목록을 발표해야 한다. 이어 세부적 실행계획을 수립해야 한다. 여기에는

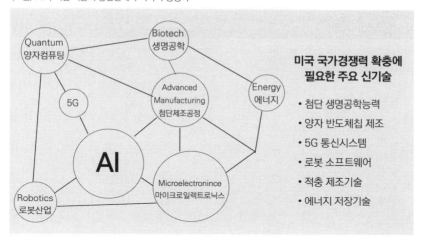

〈그림〉 AI와 핵심 기술의 상관관계와 미국의 경쟁력

정부와 업계가 어떻게 협력할 것인지, 국가 안보에 어떤 특정부문이 중요한지를 평가하며, 투자 환경을 조성하기 위해 어떤 규제조치와 인센티브가 필요한지 결정하는 것 등이 포함된다.

계획은 미국의 기술 리더십 확립에 강력한 승수효과를 가져올 특정 플랫폼에 투자를 촉진하고, 타국의 경쟁업체가 향후 미국 산업에 최소한의 충격이라도 미칠 수 있는 요충점(초크포인트)를 식별하고, 공급망의 탄력성을 갖추도록 견인해야한다. 이런 백악관의 직접 발표는 산업계 전반에 걸쳐 강력한 신호탄일 뿐만 아니라, 중요한 메시지가 될 것이다.

사실 미국정부 각 부처에서는 이와 유사한 리스트가 많이 존재하고 있다. 하지만, 전략적 비전과 미국의 지속적인 리더십을 보장하는 문서로 통합하려는 노력은 없었다. 그간 세부적인 후속 조치를 담은 통합적

〈표〉 행정부 각 부처에서 선정한 주요 신기술

U.S. Government Lists of Critical Technologies						
NSCAI가 제안한 신기술	2018 National Defense Strategy	DoD List of Critical Emerging Technologies	Commerce ANPRM on Emerging Technologies	PCAST List of Industries of the Future	S.3832 - Endless Frontier Act	WH Nat Strategy for C&ET
인공지능	✓	✓	✓	✓	✓	✓
생명공학	✓	✓	✓	✓	✓	✓
양자컴퓨팅		✓	✓		✓	✓
반도체와 첨단하드웨어	✓	✓	✓		✓	✓
로봇과 자동화	✓	✓	✓		✓	✓
5G와 첨단네트워킹		✓		✓	✓	✓
첨단제조공정			✓	✓	✓	✓
에너지시스템	✓	✓			✓	✓

인 권위 있는 어떠한 노력도 하지 않았다. 그러나 각종 정부 산하 각부처가 보유중인 문서를 사이에 중복 선정된 기술들이 다수 보인다.(그림참조) 이를 통해 어떤 분야가 미국 국가 경쟁력 향상에 중요한 기술인지를 보여준다. 다음 도표를 보면 어떤 기술들이 선택되어 있는지를 보여준다. 따라서 백악관은 대통령 행정명령과 직속 부서를 통해 이 기술들에 대상으로 우선 투자 순위를 정하고, 이를 통해 어떤 투자 방향과 투자에 역점을 둘 것인지를 결정해야 한다.

향후 미국의 행보

기술 주도 8개 핵심분야

미국이 기술 주도권을 갖고 있는 핵심 분야는 8개이며 관련 플랫폼을 포함한다. AI, 마이크로일렉트로닉스, 생명공학, 양자컴퓨팅, 5G와 첨단 네트워킹, 로봇과 자동화, 첨단제조기술, 에너지시스템 등이다. 이 가운데 생명공학, 양자컴퓨팅, 5G통신 등은 이미 세계 1등의 성과를 거두고 있다. 이 기술들은 미국 국가안보 위협과 동시에 새로운 비즈니스 기회를 제공할 것이다.

미국은 기술 주도권을 이끌 신기술을 중심으로 투자의 우선 순위를 정해야 한다. 현재까지 이같은 신기술이 미국 국가경쟁력 유지에 가장 중요하다는 정부 전체의 합의는 없었다. 지금까지 발표된 각개 부처와 의회 등의 신기술 목록들을 보면, 왜 미국 국가경쟁력에 필수적인지 그 이유도 붙이지 않았다. 그저 나열된 수준에 불과하고 중복도 많다. 정부의 이런 행동으로 인해 민간기업들은 투자의 포커스를 어디에 맞춰야할지 어려움을 겪고 있다.

따라서 대통령은 주요 신기술을 지원하는 국내 산업기반 역량강화 차원에서 국제개발금융공사DFC의 대출을 확대하는 행정명령을 발령해야 한다.

AI와 생물학의 결합은 차세대 세계경제를 재편할 엄청난 잠재력을 갖고있다. 생명공학의 주도권을 확보해야 하는 이유는 바로 이것이다. AI의 유전자코드 해석은 탁월하다. 유전자코드가 생물학적 과정과 상호작용하는 방식을 풀어내는데 AI는 필수적 도구이다. 합성생물학 및 유전자편집 기술을 통해 AI는 인류 유익의 기능을 수행 할 수 있다. 인간 건강, 농업 및 기후 과학과 관련된 대부분의 미래 과학적 혁신은 AI 기술을 통해 가능하다. 특히 제약분야에서 미국은 해외 공급망의 의존도를 낮출수 있으며, 이는 미국의 전체 생명공학 경쟁력 향상으로 이어질 것이다.

먼저 첨단 생명공학 R&D 생태계 조성에 우선 투자해야 한다.

이는 AI와 생물학의 결합으로 미국 학술 및 생명공학 산업의 생태계가 자리잡을 수 있도록 하는 핵심 플랫폼이 될 것이다. AI기술을 손쉽게 활용할 수 있는 능력을 향상시키기 위해 생물 데이터, 특히 유전자 데이터를 집계하고 해석하는 플랫폼을 육성해야 한다. 생명공학 스타트업과 연구소간에 존재하는 지금과 같은 수직적 모델에서 탈피해야 하며, 표준화된 제조시설을 장려해야 한다. 향후 생명공학 기업들은 클라우드를 활용해 새로운 분자 및 재료를 신속 설계, 제조할 수 있는 여건을 조성해야 한다.

의회와 보건복지부는 유전자 데이터를 구축하기 위해 첨단 바이오뱅크에 최소한 연 1억 달러의 예산을 투입해야 한다. 국립보건원NIH 내에 있는 GenBank는 영국 BioBank 또는 중국국가유전자은행China National GeneBank 등과 비교해 예산이 부족하고 접근하기도 어렵다.

생물의약품첨단연구개발국BARD 같은 기관을 통해 첨단 생명공학 제품을 생산하는 데에 예산을 직접 지원하는 방안도 고려해야 한다.

앞으로 생명공학의 발전에 따라 인간의 생리적 또는 정신적 능력에 이르기까지 새로운 국가안보 문제가 야기될 것이다. 미국은 현재 이러한 문제를 해결할 준비가 되어있지 않다. 지금까지 생물학적 위협이 미국 국가안보 커뮤니티의 우선 순위로 이슈화된 적이 거의 없었다. 최근 경험했듯이 COVID-19 팬데믹은 미국 국가안보에 위협적이라는 우려를 낳았다.

생명공학에 주력하는 중국

중국은 이미 AI가 생명공학을 새롭고 혁신적인 발향으로 이끌 것을 예견한 바 전폭적인 투자에 나선지 오래되었다. AI와 생명공학이 상호 시너지 효과를 내면, 군사적 무기화로 이어질 것이다. 중국은 여기에 중점을 두면서 각종 제도적 걸림돌을 제거하고 있다. 인간의 생물학적 데이터의 수집과 사용 및 응용에 대한 연구접근 장벽을 대폭 낮췄다. 다른 말로 하면 개인정보보호 및 생명윤리 원칙을 무시한 데이터가 무궁무진하다. 중국 유전자학에서 베이징게놈연구소BGI의 글로벌 영향력은 화웨이의 통신부문 영향력과 유사하다.

중국은 2000년대 초기 유전자 연구에 들어가는 마중물 자금으로 1억 1700만 달러를 국가유전자은행GeneBank에 지원했다. BGI는 민간 회사이지만, 사실상 중국정부의 지원을 받고 있다. BGI는 세계적인 유전자 연구로 경쟁력을 갖고있으며, DNA 염기서열 분석분야의 세계적 선도자이다.

BGI는 이미 워싱턴대학과 워싱턴주립대학을 포함한 미국내 몇 개 주요 대학과 제휴하고 있다. 2013년 BGI는 중국정부의 실질적인 지원 아래 미국 민간 회사인 Complete Genomics를 인수했다.[1], [2]

BGI가 중국정부의 지배 아래 있다는 사실은 분명하다. 중국은 국가유전자은행CNGB을 설립, 운영하면서 인민해방군PLA 소유의 슈퍼컴퓨터를 사용해 유전자 정보를 처리해 왔다.[3]

특히 중국 외교관들은 BGI의 COVID-19 신속 진단키트 제작을 지원했다. BGI는 2020년 8월 무렵 진단키트 3500만 개를 미국을 포함한 전 세계 180개국에 판매했다. 현재 BGI는 18개국에 58개 연구소를 구축해놓고 있다.[4]

민간회사 구색을 갖추고 있는 BGI는 의도적이든 아니든 간에, 중국정부가 진행하는 유전자 데이터베이스 글로벌 수집 활동에 부응해왔다. 이는 중국정부로 하여금 수많은 인간 유전자의 기초 샘플을 획득하고 전세계 주요 개인에 대한 민감 개인정보에 접근하도록 허용한다는 것을 의미한다. 그럼에도, 현재 중국의 세계 최고 유전자데이터베이스는 미국의 생명공학 기업 및 학술 커뮤니티와 연관되어 있다. 뿐만아니라, BGI와 파트너십을 맺거나 비즈니스 거래를 하고 있는 미국 동맹국들도 경각심을 가져야 한다.

양자컴퓨터 개발 경쟁

양자컴퓨터는 AI 시스템의 속도와 정밀도를 높이고 글로벌 전략적 환경을 근본적으로 바꿔놓을 것이다. 예컨대, 양자컴퓨터는 민수, 군수 물류를 보다 효율적으로 최적화하거나 차세대 물류이동이나 무기체제를 구축할 것이다.

양자 센서와 통신수단은 민감한 정보의 수집 및 전송을 혁명적으로 바꿀 수 있다. 만일 미국이 양자컴퓨터, 오픈소스 소프트웨어 도구 및 하이브리드 양자급 알고리즘을 위한 R&D에 실패한다고 가정하자. 미국은 안보전략적으로 매우 취약한 상태에 놓일 것이다. 그야말로 양자 기술은 5G·6G에 이어 '차세대 전쟁터'나 다름없다.

미 전략국제문제연구소CSIS는 '글로벌 네트워크 2030' 보고서에서 "앞으로 10년이 결정적일 것"이라면서, 6G를 강조했다. 중국은 화웨이 (32.6%)와 ZTE(11%)를 통해 세계 5G 장비 시장의 40% 이상을 장악했다. 미국은 6G 네트워크의 상용화를 2030년 시작한다는 목표를 갖고 있다. 이어 5G에 강점을 보인 한국에 손을 내민 모양새를 취하고 있다. 민간에선 이미 '6G 동맹'이 시작됐다. 삼성전자는 지난해 11월 미국 통신산업협회ATIS 주도로 결성된 '넥스트G 얼라이언스'에 합류했다. 여기엔 미국 통신사 버라이즌과 퀄컴, 마이크로소프트, 페이스북, 노키아(핀란드) 등 37개 기업이 참여하고 있다. 이에 비해 화웨이는 2019년 8월 캐나다에 6G R&D센터를 설립하고 기술 개발에 나섰다.

양자컴퓨팅은 현 디지털 컴퓨터보다 최고 30조배 이상 빠른 연산이 가능하다. 얽히고 중첩되는 양자의 특성을 활용해 초고속 연산(양자컴퓨팅)과 통신 등이 가능하다. 미국은 2018년 '양자법'을 제정하고 2019년부터 5년간 1조4000억원의 지원을 약속했다. 중국은 2022년까지 17조원을 투입해 세계 최대의 양자연구소를 설립하고, 양자암호통신위성(묵자호)을 쏘아올리는 등 '양자굴기'에 매진하고 있다. 중국은 기존의 인터넷 보안을 뚫을 수 있는 양자암호통신에서 세계 최고 기술을 보유하고 있다.5)

미국은 양자 컴퓨팅 연구를 기초연구에서 국가안보 응용으로 전환시켜야 한다. 미국은 양자컴퓨팅의 기초 과학에서 높은 기술력을 자랑하고 있지만, 이제는 지향점을 돌려야 한다. 연구 단계에서 국가안보 쪽으로 돌려야 한다. 그렇지 않으면 전략적 경쟁에서 뒤쳐질 것이다. 이미 중국은 양자컴퓨팅을 군사용으로 응용하는데 상당한 투자를 단행해 그간 미국이 쌓아놓은 기술개발의 강점을 상쇄하려 들 것이다.6)

양자컴퓨팅 같은 고비용의 하드웨어 집약 분야에서, 국방부는 여전히 상용기술을 연구소에서 현장으로 전환하는, 종래 방식을 고수하고 있다. 군사용으로 응용하는데 향후 몇 년의 헌신적인 노력이 필요하다. 구체적인 행동요령은 다름과 같다.

첫째, 백악관 내 국가양자조정실NQCO, National Quantum Coordination Office은 국가과학기술위원회NSTC 산하 양자정보과학소위원회QIS 등 국가 기관과 민간기업과 역할분담을 조정해야 한다. 이는 민간투자를 장려한다는 신호와 함께 민간 부문에 방향타 역할을 할 것이다.

이를 통해 양자컴퓨터의 상용화를 촉진하여 국가안보에 보다 빨리 적용할 수 있다. 앞서 백악관은 2019년 3월 국가양자구상법에 따라 양자정보과학 발전을 목적으로 하는 국가양자조정실NQCO을 출범시켰다.

둘째, 미국은 양자컴퓨팅 산업의 생태계를 견고하게 조성해 세계를 선도해야 한다. 양자처리장치QPUs 설계, 제조 분야에서 글로벌 리더로서 장기적인 위상을 확고히 해야한다. 지금 미국이 갖고 있는 AI 응용기술을 제대로 활용하면 가능하다. 이는 또한 과거 반도체 산업이 경쟁국에 밀려있는 전례를 피하는 방편이다. 제조 장비에서 초전도체와 초저온냉동기dilution refrigerators에 이르기까지 QPUs의 중요 부품 및 구성요소에 대해 확실한 위치를 선점해야 한다. QPUs를 설계하고 생산하는데 필요한 공정은 계속 발전할 것이며, 더 전문화 될 것이다. 미국은 QPUs에 대한 전체 공급망을 리쇼어링(미국으로 회귀)하는 것보다는 동맹국과 협력하는게 효과적이다. 동맹국과 보다 탄력적인 공급네트워크를 구축하면 가능하다.

이를 토대로 미국내에 활발한 생태계를 조성해야 한다. 우선 양자컴퓨팅 전문인력을 확보해야 한다. 장기적인 미래의 돌파구를 위해 미국은 전세계 걸출한 인재를 끌어들여 양자컴퓨터의 연구, 개발 및 응용을 위한 환경을 구축해야 한다.

셋째, 양자컴퓨터와 구성요소 R&D에 종사하는 연구자에게는 분명한 인센티브를 부여해야 한다. 이런 의미에서 2018년 국가양자구상 NQINational Quantum Initiative 법안에 담긴 양자 경제개발 컨소시엄 QED-C 은 매우 중요한 단계이다. 향후 수년간 노력이 중요하다.

2018년 초당적 '국가양자구상법'National Quantum Initiative Act이 제정돼 미국은 양자연구를 가속화 할 수 있었다. 이 법을 토대로 에너지부DoE 는 향후 5년간 5개의 양자정보과학연구센터 설립에 6억2500만 달러를 책정했다. 이를 토대로 국립과학재단NSF는 미국내에 양자도약연구소Quantum Leap Challenge Institute 3곳을 설립하는데 7500만 달러를 투자했다. 트럼프 대통령은 2021회계연도 예산에서 양자연구 연방 투자를 두 배로 늘리도록 지시했다.[7] 아울러 미 금융당국은 첨단 연구개발에 몰두하는 스타트업에 대출을 지원해야 한다. 대출 보증 또는 지분참여도 가능하다.

셋째, 민간 차원 연구 인력이 국가 AI연구자원NAIRR, National AI Research Resource에 접근해 양자컴퓨팅 개발에 참여하도록 해야한다.

최근 양자컴퓨팅의 하드웨어 및 소프트웨어의 발전에도 불구하고, 양자컴퓨팅의 상용화는 아직 갈 길이 멀다. 범용 작업이 가능하며 결함없는 양자컴퓨터FTQC가 향후 몇 년내 상용화할 가능성은 아직 낮다. 기술발전이 좀더 이뤄져야 한다. 따라서 중간 규모의 양자NISQ 컴퓨터에 투자해야 한다. 일명 하이브리드 양자기술의 가능성이 열려있다. 이른바 완전한 양자컴퓨팅 구현을 위한 징검다리 기술이다. 이를 위해 민간인에게 혁신 공정 진입의 장벽을 낮추고 민간인 우수 인력을 유치해야 한다. 결국 공공·민간 파트너십은 양자컴퓨터의 상용화를 보다 촉진할 것이다.

5G, 6G 네트워크의 선점 경쟁

AI 시스템은 빠르고 안전한 보안 네트워크뿐만 아니라 고감도 센서가 필요하다. AI 기능을 활성화하고 네트워크의 안정화를 위해서는 강력한 5G 네트워크가 필수적이다. 나아가 6G는 차원을 달리하는 통신망으로,

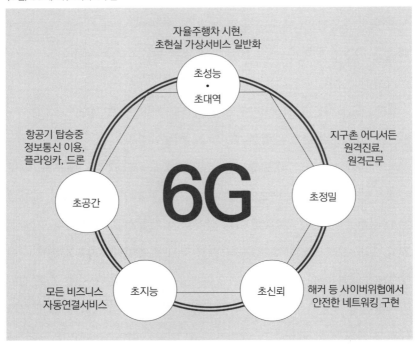

기술발전에 따라 선보일 것이다. 몇 분야로 실행방안을 제시한다.

첫째, 광대역 네트워크 구축을 통해 5G 인프라 확산을 가속화한다. 앞에서 설명했듯이, 미국은 중국에 비해 5G 네트워크 인프라 보급이 느리게 진행되고 있다. 현재 민간과 미군에서는 중간대역 또는 '골디락'이라는 6GHz 미만 스펙트럼 대역을 사용하고 있다. 군사용 및 상업용 5G 네트워크에서 고속 데이터 전송 등 쓰임새가 다양하다. 군에서는 이미 고속

통신과 장거리 작전 등의 잇점으로 인해 대부분 레이더 및 통신 시스템에 적용하고 있다. 그러나 비즈니스에서 이 대역은 이미 퇴출되고 있다. 미국내 민간 5G 네트워크의 구축이 상당히 느린 이유이다.

일찌기 미정부 기관은 3~6GHz 범위 내에서 대역 공유기능을 개발했다. 2015년 미연방통신위원회FCC는 미 최초로 대역 공유모델인 CBRSCitizens Broadband Radio Service를 설립했다. 미 통신정보관리청 NTIANational Telecommunications and Information Administration과 국방부가 협력한 프로젝트이다. CBRS을 통해 미해군과 비정부 협력기업은 3550-3700MHz 대역을 공유했다. FCC는 2020년 7월 이 대역에 대한 라이선스 경매에서 2만625개를 판매해 45억달러 이상을 모금했다.8) 이런 조치로 인해 민군의 대역 공유의 잇점이 적지않다.

따라서 NTIA, FCC, DoD는 5G스펙트럼 공유 프로그램을 시작으로 민군 공유 프로그램으로 확장해, 민군 개발이 함께 이뤄져야 한다.

향후 6G가 구현할 통신 네트워크 서비스는 앞의 그림과 같다.

로봇 자동화와 AI

국립표준기술원National Institute of Standards and Technology은 지능형시스템 부문의 기초 R&D를 민간 업계와 협력, 국제표준을 주도하며 로봇 시스템 개발과 관련된 AI 기술을 민관이 공유해야 한다.

로봇 자동화에 AI가 응용되면 인간 능력에 준하거나 능가하는 능력을 발휘하게 된다. 미국은 민수용과 군사용에서 로봇하드웨어 및 소프트웨어 산업에서 선도적인 생산자이자 응용자였다. 그러나 미국은 현재 산업용 로봇의 제조와 시설에서 일본과 한국에 뒤쳐져 있다. 중국은 로봇 산업을 핵심 산업으로 선언한지 꽤 되었다.

중국은 전세계 산업용 로봇 공급량의 5분의1을 차지했고, 2020년 말까지 하이엔드로봇의 45%를 국내 생산하는 목표를 세웠다.9) 미국은 이제부터라도 자동화의 첨경인 로봇산업에 투자해야 하며, 첫걸음은 민관의 협력이다.

차세대 적층 제조기술

원천기술을 갖고 있는 국방부가 선도적으로 첨단 제조 생산을 가속화해야 한다. 미국은 위기 대응이나 분쟁 발생시 대비한 온라인화 에서 너무 느리다. 독일, 일본 등 고임금 국가는 고도숙련된 노동자를 고용해 첨단 제조산업을 육성하고 있지만 미국은 포기했다. 중국 등 저임금 국가는 저부가가치 제조에서 두각을 드러내면서, 조립공정에서 보다 정교한 단계로 옮아가고 있다. COVID-19 팬데믹으로 인한 공급망 중단으로 일부 제조업이 미국으로 복귀하고 있다. 하지만, 적절한 조치를 취하지 않으면, 차세대 제조기술의 탈미 현상은 계속될 것이다.

따라서 AI기술이 적층제조 기술 및 3D 프린팅과 결합하면 복잡한 물체를 신속하게 생산하게 된다. 이는 제조산업을 혁명적으로 변화시킬 잠재력을 갖고 있다. 2025년까지 AI를 응용한 적층제조 및 3D 프린터로 생산에 적합한 무기 시스템을 국방부가 선별해 적극 지원해야 한다.10)

에너지 시스템(저장기술)

미국은 2030년까지 계획을 수립해 에너지 저장 기술개발 및 국산화에 성공해야 한다. 저렴하고 안정적인 에너지의 공급은 매우 중요하다. 미국은 석유, 가스의 탐사, 추출 및 가공 기술을 선도하고 있다. 중국은 재생에너지의 선도국이며, 첨단 에너지 저장기술에 많은 투자를 하고 있다. 특히 전기차의 배터리팩 등 차세대 에너지 저장 장치에 주목해야 한다.

제1장

가짜뉴스 무방비의 미국사회

1) Philip Sherwell, China Uses Taiwan for AI Target Practice to Influence Elections, The Australian (Jan. 5, 2020), https://www.theaustralian.com.au/world/the-times/china-uses-taiwan-for-ai-target-practiceꠓto-influence-elections/news-story/574 99d2650d4d359a3857688d416d1e5.

2) Ben Cohen, et al., How One Tweet Turned Pro-China Trolls Against the NBA, Wall Street Journal (Oct. 16, 2019), https://www.wsj.com/articles/how-one-tweet-turned-pro-china-trolls-against-theꠓnba-11571238943.

3) Pub. L. 116-92, National Defense Authorization Act for Fiscal Year 2020, 133 Stat. 1198, 2129(2019).

4) Cyberspace Solarium Commission Report, U.S. Cyberspace Solarium Commission (March 2020), https://www.solarium.gov/report.

5) recommendation5.4 in Cyberspace Solarium Commission Report, U.S. Cyberspace Solarium Commission at 87 (March 2020),https://www.solarium.gov/report.

6) 미 정부 AI R&D 기금의 1% 미만이 AI 시스템 보안에 투입됐다. https://cset.georgetown.edu/ article/the-three-major-security-threats-toai/

7) 이를테면 현재 진행중인 적대적 머신러닝ML으로는, MITRE-Microsoft 등 공공 및 민간 기업이 운영한다. Ram Shankar Siva Kumar & Ann Johnson, Cyberattacks, Against Machine Learning Systems Are More Common Than You Think, Microsoft Security (Oct. 22, 2020), https://www.microsoft.com/security/blog/2020/10/22/cyberattacks-against-machine-learning-systemsꠓare-more-common-than-you-think/, Adversarial AI Threat Matrix: Case Studies, MITRE, https://github.com/mitre/ advmlthreatmatrix/blob/master/pages/case-studies-page.md.

8) Michele Flournoy, et al., Building Trust Through Testing, WestExec Advisors at 27 (Oct. 2020), 미정부 산하 AI와 ML레드 팀이 적 공격 테스트를 위한 중앙 허브로 기능하기 위해서는 국

방부 운영자와 안보분석가, AI 전문가, T&E (중앙정보국 CIA, 국방정보국DIA, 국가안보국 NSA) 등을 적절히 끌어모아야 한다. 모의작전 환경에서 실질적으로 적의 공격을 모방할 수 있는 기술과 전문 지식을 갖춘 독립적 적군 조직으로 활용 가능하다. https://cset.georgetown.edu/wp-content/uploads/Building-Trust-ꠓThrough-Testing.pdf.

9) Kirsty Needham, Special Report: COVID Opens New Doors for China's Gene Giant, Reuters (Aug. 5, 2020). https://www.reuters.com/article/us-health-coronavirus-bgi-specialreport/special-report-covid-opensꠓnew-doors-for-chinas-gene-giant-idUSKCN2511CE.

10) John Wertheim, China's Push to Control Americans' Health Care Future, 60 Minutes (Jan. 31,2021), https://www.cbsnews.com/news/china-us-biodata-60-minutes-2021-01-28/?ftag=CNM-00-10aab7d&linkId=110169507;

11) Richard Perez-Pena, What Is Novichok, the Russian Nerve Agent Tied to Navalny Poisoning?, New York Times (Sept. 2, 2020), https://www.nytimes.com/2020/09/02/world/europe/novichok-skripal.html; 2020 Adherence to and Compliance with Arms Control, Nonproliferation, and Disarmament Agreements and Commitments (Compliance Report), U.S. Department of State at Pt. V (2020),

12) 미국 국방고등연구사업청(DARPA, Defense Advanced Research Projects Agency)이 정의한 모자이크 전쟁은 인간의 명령과 기계 제어를 통해 보다 세분화되고 속도감있게 미군을 재편, 적에 대한 복잡성 또는 불확실성에 적용하는 것으로 풀이했다. Bryan Clark, et al., Mosaic Warfare: Exploiting Artificial Intelligence and Autonomous Systems to Implement Decision-Centric Operations, CSBA at vi (Feb. 11, 2020), https://csbaonline.org/research/publications/mosaic-warfare-exploiting-artificial-intelligence-andꠓautonomous-systems-to-implement-decision-centric-operations/publication/1.

AI 기반 신개념의 전쟁

1) 미 국방고등연구사업청(DARPA, Defense Advanced Research Projects Agency) 이 정의한 모자이크 전쟁은 인간의 명령과 기계 제어를 통해 보다 세분화되고 속도 감있게 미군을 재편, 적에 대한 복잡성 또는 불확실성에 적용하는 것으로 풀이했다. Bryan Clark, et al., Mosaic Warfare: Exploiting Artificial Intelligence and Autonomous Systems to Implement Decision-Centric Operations, CSBA at vi (Feb. 11, 2020), https://csbaonline.org/research/publications/mosaic-warfare-exploiting-artificial-intelligence-andꠓautonomous-systems-to-implement-decision-centric-operations/publication/1.

2) Elsa Kania, Chinese Military Innovation in Artificial Intelligence, CNAS at 1 (June

7, 2019), https://www.cnas.org/publications/congressional-testimony/chinese-military-innovation-in-artificial-intelligence (testimony before the U.S.-China Economic and Security Review Commission).

3) Pub. L. 116-283, William M. (Mac) Thornberry National Defense Authorization Act for Fiscal Year 2021, 134 Stat. 3388 (2021).

4) "Warfighting Lab Incentive Fund(전쟁실험 장려펀드)는 현재 기능을 이용해 보다 효과적인 방안을 도출해 평가와 분석, 그리고 통찰력을 제공하고, 미래의 운영,조직에 반영하기 위한 현장 실험에 박차를 가하기 위한 것이다." Memorandum from the Deputy Secretary of Defense, Warfighting Lab Incentive Fund and Governance Structure, U.S. Department of Defense (May 6, 2016), https://defenseinnovationmarketplace.dtic.mil/wp-content/uploads/2018/02/DSD_memo.pdf.

AI 시대 동맹국과 파트너십

1) Erik Lin-Greenberg, Allies and Artificial Intelligence: Obstacles to Operations and Decision-Making, Texas National Security Review (Spring 2020), https://tnsr.org/2020/03/allies-and-artificial-intelligence-obstacles-to-operations-and-decisionꠓmaking/

2) 2020년 9월에 시작된 AI 방위 파트너십(JAIC)에는 호주, 캐나다, 덴마크, 에스토니아, 핀란드, 프랑스, 이스라엘, 일본, 노르웨이, 한국, 스웨덴, 영국 등 12개국이 참여. 국방과 안보의 AI적용에 대한 가치 기반 글로벌리더십을 확립하고 AI 윤리구현에 대한 책임있는 사용을 촉구하며, 공통 관심사와 모범 사례를 진작하고 협력을 촉진하는 등 AI 정책에 대한 프레임 워크를 수립한다." 당시 공동성명서 채택, Joint Statement, AI Partnership for Defense (Sept. 15-16, 2020), https://www.ai.mil/docs/AI_PfD_Joint_Statement_09_16_20.pdf; 12개 참여국들은 2021년 1월 두번째 공식 미팅을 가졌다. DoD Joint AI Center Facilitates Second International AI Dialogue for Defense, JAIC (Jan. 27, 2021), https://www.ai.mil/news_01_27_21-dod_joint_ai_center_facilitates_second_international_ai_dialogue_for_defense.html.

3) AI PfD는 AI의 책임있는 사용과 AI 윤리구현 및 모범 사례를 발굴하고 협력하기 위한 프레임워크를 구축하고, 같은 생각을 가진 나라들이 정책을 조율한다. Joint Statement, AI Partnership for Defense (Sept. 15-16, 2020), https://www.ai.mil/docs/AI_PfD_Joint_Statement_09_16_20.pdf. 두 번째 AI PfD 정책대화는 2021년 1월 27일 개최,

4) 백악관 보고서는 "미국무부는 인도-태평양 지역의 호주, 인도, 일본, 뉴질랜드, 한국, 베트남과 AI 협력 협정을 맺어야 한다"고 권고했다. Interim Report and Third Quarter Recommendations, NSCAI at 196 (October 2020), https://www.nscai.gov/previous-reports/.

5) DoD Instruction 5530.03: International Agreements, U.S. Department of Defense

(Dec. 4, 2019), https://www.esd.whs.mil/Portals/54/Documents/DD/issuances/dodi/553003p.PDF.

제2장

경쟁과 협력의 전략

1) 미국은 AI연구, 개발의 중요성을 강조하는 여러 문서즉, 트럼프 대통령의 AI행정명령 등을 발표했지만, 정책 입안자, 연구원, 기업들을 포함한 포괄적인 정부의 계획이 없다. https://trumpwhitehouse.archives.gov/ai/.

2) Alexandra Mousavizadeh, et al.,The Global AI Index, Tortoise Media (Dec. 3, 2019), https://www.tortoisemedia.com/2019/12/03/global-ai-index/; Jean Francois Gagne, et al. Global AI Talent Report 2020 (last accessed Dec. 29, 2020), https://jfgagne.ai/global-ai-talent-report-2020/

3) Audrey Cher, 'Superpower Marathon': U.S. May Lead China in Tech Right Now—But Beijing Has the Strength to Catch Up, CNBC (May 17, 2020), https://www.cnbc.com/2020/05/18/us-china-tech-raceꠓbeijing-has-strength-to-catch-up-with-us-lead, Graham Allison & Eric Schmidt, Is China Beating the U.S. to AI Supremacy?, Belfer Center for Science and International Affairs (Aug. 2020),

4) Karen Hao, Three Charts Show How China's AI Industry Is Propped Up by Three Companies, MIT Technology Review (Jan. 22, 2019),

5) James Kynge & Nian Liu, From AI to Facial Recognition: How China Is Setting the Rules in New Tech, Financial Times (Oct. 7, 2020), https://www.ft.com/content/188d86df-6e82-47eb-a134-2e1e45c777b6.

6) 2019년 유력 AI 컨퍼런스 중 하나인 AI 발전협회(AAAI)에 중국인 논문이 가장 많이 채택되었다. Artificial Intelligence Index: 2019 Annual Report, Stanford Institute for Human-Centered AI at 41 (2019), https://hai.stanford.edu/sites/default/files/ai_index_2019_report.pdf.: 앨런 인공지능연구소(Allen Institute for AI)는 2025년 무렵에는 중국이 가장 많이 인용된 획기적인 AI 논문 점유율에서 미국을 추월할 것으로 예상.

7) U.S.-China Economic and Security Review Commission, Hearing on Technology, Trade, and Military-Civil Fusion: China's Pursuit of Artificial Intelligence, New Materials, and New Energy at 46, 115-116 (June 7, 2019), https://www.uscc.gov/sites/default/files/2019-10/June%207,%202019%20Hearing%20Transcript.pdf.

8) U.S. Dependence on China's Rare Earth: Trade War Vulnerability, Reuters (June 27, 2019), https://www.reuters.com/article/us-usa-trade-china-rareearth-explainer/

u-s-dependence-on-chinas-rareꠓearth-trade-war-vulnerability-idUSKCN1TS3AQ.

무엇을 어떻게 할 것인가

1) 인플레이션을 저지하기 위한 Manhattan Project의 비용은 약 270억 달러, Apollo 프로그램은 약 1100 억 달러였다. Deborah Stine, The Manhattan Project, the Apollo Program, and Federal Energy Technology R&D Programs: A Comparative Analysis, Congressional Research Service (June 30, 2009), https://fas.org/sgp/crs/misc/RL34645.pdf

2) https://www.cfr.org/report/keeping-our-edge/recommendations/.

3) Zolan Kanno-Youngs & Miriam Jordan, Trump Moves to Tighten Visa Access for High-Skilled Foreign Workers, New York Times (Oct. 6, 2020), https://www.nytimes.com/2020/10/06/us/politics/h1b-visasꠓforeign-workers-trump.html.

4) Moriah Balingit & Andrew Van Dam, U.S. Students Continue to Lag Behind Peers in East Asia and Europe in Reading, Math and Science, Exams Show, Washington Post(Dec. 3, 2019),

5) William J. Clinton, Executive Order 12835: Establishment of the National Economic Council (Jan. 25, 1993), https://www.govinfo.gov/content/pkg/WCPD-1993-02-01/pdf/WCPD-1993-02-01-Pg95.pdf.; William J. Clinton, Executive Order 12859: Establishment of the Domestic Policy Council (Aug. 16, 1993), https://www.archives.gov/files/federal-register/executive-orders/pdf/12859.pdf

글로벌 인재확보 전쟁

1) 출신 국가별로 AI 인재들의 능력 격차가 상당하지만, 그럼에도 AI인재 확보 경쟁이 치열하다. Remco Zwetsloot, et al., Strengthening the US AI Workforce : A Policy and Research Agenda, Center for Security and Emerging Technology at 2 (Sept. 2019), https://cset.georgetown.edu/wpꠓcontent/uploads/CSET-Strengthening-the-U.S.-AI-Workforce.pdf

2) The Rise of China in Science and Engineering, NSF National Science Board (2018), https://www.nsf.gov/nsb/sei/one-pagers/China-2018.pdf, 이 사이트에 따르면 중국은 'peer-reviewed S&E articles'에서 이미 미국을 넘어섰다.

3) Science & Engineering Indicators 2018, NSF National Science Board (2018), https://www.nsf.gov/statistics/2018/nsb20181/assets/561/higher-education-in-science-and-engineering.pdf.

4) 최고 수준 인재에 대한 정의는 2019년 AI딥러닝 컨퍼런스 신경정보처리시스템 (Neural

Information Processing Systems)에서 승인된 논문에 의한 것임. 연구자 중 상위 20%를 분석했다. 특히 중국은 AI 연구의 핵심인 딥러닝에 중점을 두고 있다. Global AI Talent Tracker, MacroPolo , https://macropolo.org/digital-projects/the-global-ai-talent-tracker/.

5) Staff Report, Threats to the U.S. Research Enterprise: China's Talent Recruitment Plans, U.S. Senate Permanent Subcommittee on Investigations at 14 (Nov.2019). https://www.hsgac.senate.gov/imo/media/doc/2019-11-18%20PSI%20Staff%20Report%20-%20China's%20Talent%20Recruitment%20Plans.pdf.; The Rise of China in Science and Engineering, NSF National Science Board (2018), https://www.nsf.gov/nsb/sei/one-pagers/China-2018.pdf.

6) Oren Etzioni, What Trump's Executive Order on AI Is Missing: America Needs a Special Visa Program Aimed at Attracting More AI Experts and Specialists, Wired (Feb. 13, 2019), https://www.wired.com/story/what-trumpsꠓexecutive-order-on-ai-is-missing/

7) 개인간 격차는 기업 입장에서는 손해이다.

8) 4Ernest Miguelez & Carsten Fink, Measuring the International Mobility of Inventors: A New Database, World Intellectual Property Organization at 16 (May 2013), https://www.wipo.int/edocs/pubdocs/en/wipo_pub_econstat_wp_8.pdf

9) y. Remco Zwetsloot, et al., Keeping Top AI Talent in the United States: Findings and Policy Options for International Graduate Student Retention, Center for Security and Emerging Technology at 26 (Dec. 2019), https://cset.georgetown.edu/wp-content/uploads/Keeping-Top-AI-Talent-in-theꠓUnited-States.pdf.

10) The Global AI Talent Tracker, MacroPolo (last accessed Jan 17, 2020), https://macropolo.org/digital-projects/the-globalꠓai-talent-tracker/; Roxanne Heston & Remco Zwetsloot, Mapping U.S. Multinationals' Global AI R&D Activity, Center for Security and Emerging Technology at 20 (Dec. 2020), https://cset.georgetown.edu/wp-content/uploads/CSET-Mapping-U.S.-Multinationals-Global-AI-RD-Activity-1.pdf.

11) International Entrepreneur Parole, USCIS (May 25, 2018), https://www.uscis.gov/humanitarian/humanitarian-parole/international-entrepreneur-parole.; 기업 가에 적합한 비자 제도는 없다. 이민법을 개정할 필요가 대두되었지만, 정치적 입장 차이로 개정하지 못했다.

12) 2010년 미의회 보고서에 따르면 가족 기반 영주권 242,000개가 고용 기반 영주권으로 전용되었으며, 의회는 특별 법규를 통해 180,000개 영주권을 회수하여 326,000개 이상의 영주권이 활용되지 못했다. 지금은 더욱 늘었을 것이나, 국토안보부는 밝히지 않고 있다. Citizenship and Immigration Services Ombudsman: Annual Report 2010, U.S. Department of Homeland Security(June 30, 2010). https://www.dhs.gov/xlibrary/assets/

cisomb_2010_annual_report_to_congress.pdf.

13) William Kandel, The Employment-Based Immigrant Backlog, Congressional Research Service at 4-5 (March 26, 2020),https://fas.org/sgp/crs/homesec/R46291.pdf.

14) William Kandel, The Employment-Based Immigrant Backlog, Congressional Rearch Service at 4-5(March 26, 2020),https://fas.org/sgp/crs/homesec/R46291.pdf.

15) Michael Roach, et al., Are Foreign STEM PhDs More Entrepreneurial Entrepreneurial Characteristics, Preferences and Employment Outcomes of Native and Foreign Science & Engineering PhD Students, National Bureau of Economic Research at 1 (Sept. 2019), https://www.nber.org/system/files/working_papers/w26225/w26225.pdf.

16) EB-5 비자는 최소 90만 달러 투자가 필요하다. William R. Kerr, Global Talent and U.S. Immigration Policy: Working Paper 20-107, Harvard Business School at 14 (2020), https://www.hbs.edu/faculty/Publication%20Files/20-107_0967f1ab-1d23-4d54-b5a1-c884234d9b31.pdf.

17) 83 Fed. Reg. 24415, Removal of International Entrepreneur Parole Program, U.S. Department of Homeland Security (May 29, 2018), https://www.federalregister.gov/documents/2018/05/29/2018-11348/removal-of-international-entrepreneur-parole-program.; Oren Etzioni, What Trump's Executive Order on AI Is Missing: America Needs a Special Visa Program Aimed at Attracting More AI Experts and Specialists, Wired (Feb. 13, 2019), https://www.wired.com/story/what-trumps-executive-order-on-ai-is-missing/.

AI 인재양성 행동계획

1) Highlights From the 2018 NSSME+, The National Survey of Science and Mathematics Education at 17 (Jan. 2019); 또한 미국인의 거의 절반이 아이들이 학교시간 동안 STEM 과목에 충분한 시간을 보내지 않는다고 생각한다. http://horizon-research.com/NSSME/wp-content/uploads/2019/01/Highlights-fromꠓ2018-NSSME.pdf.

2) Kristen A. Malzahn, et al., Are All Students Getting Equal Access to High-Quality Mathematics Education? Data From the 2018 NSSME+, The National Survey of Science and Mathematics Education at 15 (Feb. 2020), http://horizon-research.com/NSSME/wp-content/uploads/2020/02/Math-EquityꠓReport.pdf.

3) 21st Century Learning Centers, Department of Education (last accessed Jan. 1, 2021), https://www2.ed.gov/programs/21stcclc/index.html.

4) Amy Johnson, et al., Challenges and Solutions When Using Technologies in the

Classroom, Adaptive Educational Technologies for Literacy Instruction (2016), https://files.eric.ed.gov/fulltext/ED577147.pdf; James Manyika & William H. McRaven, Innovation and National Security: Keeping our Edge, Council on Foreign Relations (Sept. 2019), https://www.cfr.org/report/keeping-our-edge/recommendations/.

5) Josh Trapani & Katherine Hale, Trends in Undergraduate and Graduate S&E Degree Awards, National Science Foundation at Figure 2-6 (Sept. 4, 2019), https://ncses.nsf.gov/pubs/nsb20197/trends-in-undergraduate-and-graduate-s-e-degree-awards

6) 계산적 사고란, 컴퓨터공학의 기본 개념을 통해 문제 해결, 시스템 설계, 인간 행동 이해의 방법.

7) 50 State Comparison: High-School Graduation Requirements, Education Commission of the States (Feb. 2019), 50개 주 비교를 보면, 대수와 달리 통계는 졸업 요건에 거의 없다.

8) Erin Richards, Math Scores Stink in America. Other Countries Teach It Differently and See Higher Achievement, USA Today (Feb. 29, 2020),

9) 통계에는 확률, 가설 시험, 기대 효용, 의사결정 분석 및 인과관계의 기초가 포함되며, 패턴 인식 및 머신러닝 등 광범위한 데이터 과학이 포함된다.

10) 2020 State of Computer Science Education: Illuminating Disparities, Code. org Advocacy Coalition, Computer Science Teachers Association & Expanding Computing Education Pathways Alliance (2020), https://advocacy.code.org/2020_state_of_cs.pdf.

11) 미국 국립과학재단에 따르면 2018년 미국내 대학 이공계 프로그램에 17만9500명의 학부생과 23만3600명의 대학원생이 등록했다.

제3장

반도체 전쟁의 현실과 미래

1) Michaela Platzer, et al., Semiconductors: U.S. Industry, Global Competition, and Federal Policy, Congressional Research Service at 12 (Oct. 26, 2020), https://crsreports.congress.gov/product/pdf/R/R46581.

2) Richard Waters, Intel Looks to New Chief's Technical Skills to Plot Rebound, Financial Times (Jan. 14, 2021), https://www.ft.com/content/51f63b07-aeb8-4961-9ce9-c1f7a4e326f0;

3) ARM and TSMC Announce Multi-Year Agreement to Collaborate on 7nm FinFET Process Technology for High-Performance Compute, Design & Reuse (March 15, 2016), https://www.design-reuse.com/news/39433/arm-tsmc-7nm-finfet.html.

4) Michaela D. Platzer, et al., Semiconductors: U.S. Industry, Global Competition, and Federal Policy, Congressional Research Service at 2, 25, 27(Oct. 26, 2020), https://crsreports.congress.gov/product/pdf/R/R46581.

도둑맞고 있는 지적재산권

1) Kevin Madigan & Adam Mossoff, Turning Gold into Lead: How Patent Eligibility Doctrine Is Undermining U.S. Leadership in Innovation, George Mason Law Review at 943-946 (April 13, 2017), https://papers.ssrn.com/sol3/papers.cfm?abstract_id=2943431 [hereinafter Turning Gold Into Lead]; Ryan Davis, 4 Things to Know About China's Revised Patent Law, Law 360 (Nov. 5, 2020), https://www.law360.com/articles/1326419/; Liaoteng Wang et. al., A Comparative Look at Patent Subject Matter Eligibility Standards: China Versus the United States, IP Watchdog (June 12, 2020),

2) Crash Course on Patents: What Is a Patent and Why Is It Useful, Ius mentis, https://www.iusmentis.com/patents/crashcourse/whatis/

3) Patrick Thomas & Dewey Murdick, Patents and Artificial Intelligence: A Primer, Center for Security and Emerging Technology at 10 (Sept. 2020), https://cset.georgetown.edu/wp-content/uploads/, https://www.uspto.gov/web/offices/ac/ido/oeip/taf/us_stat.htm.

4) A Primer at 11; Aaron Wininger, China Surpasses U.S. to Become Top Filer of PCT International Patent Applications in 2019, National Law Review (April 7, 2020), https://www.natlawreview.com/article/china-surpasses-us-to-become-top-filer-pct-international-patentꠓapplications-2019

5) AI Innovators, RS https://uk.rs-online.com/web/generalDisplay.html?id=did-you-know/ai-innovators; George Leopold, China Dominates AI Patent Filings, Enterprise AI (Aug. 31, 2020), https://www.enterpriseai.news/2020/08/31/china-dominates-ai-patent-filings/

6) CSET Translation of National 13th Five-Year Plan for the Development of Strategic Emerging Industries, Central Committee of the Communist Party of China and the PRC State Council (Published Nov. 29,2016) (translation by CSET on Dec. 9, 2019), 미사이버안보국(CSET)이 18기 공산당중앙위원회와 중국국무원이 제13차 5개년계획에서 발표한 신기술산업발전계획을 영어로 번역, https://cset.georgetown.edu/research/national-13thfive-year-plan-for-the-development-of-strategic-emerging-industries/; Eric Warner, Patenting and Innovation in China: Incentives, Policy, and Outcomes, RAND at 17-18 (Nov. 2014), https://apps.dtic.mil/dtic/tr/fulltext/u2/a619128.pdf;

Trademarks and Patents in China: The Impact of Non-Market Factors on Filing Trends and IP Systems, U.S. Patent and Trade Office (Jan. 2021), https://www. uspto.gov/sites/default/files/documents/USPTO-TrademarkPatentsInChina.pdf; Ryan Davis, 4 Things to Know About China's Revised Patent Law, Law 360 (Nov. 5, 2020), https://www.law360.com/articles/1326419/; Justice Tao Kaiyuan, China's Commitment to Strengthening IP Judicial Protection and Creating a Bright Future for IP Rights, WIPO Magazine (June 2019), https://www.wipo.int/wipo_magazine/ en/2019/03/article_0004.html.

7) Jed John Ikoba, Huawei Has Filed the Most 5G Patents Globally as of February 2020 - Report, Gizmochina (June 2, 2020), https://www.gizmochina.com/2020/06/02/ huawei-has-the-most-5g-standard-essential-patents-globally/; China Becomes Top Filer of International Patents in 2019 Amid Robust Growth for WIPO's IP Services, Treaties and Finances, WIPO Media Center (Apr. 7, 2020), https://www.wipo.int/ pressroom/en/articles/2020/article_0005.html;

8) Patrick Thomas & Dewey Murdick, Patents and Artificial Intelligence: A Primer, Center for Security and Emerging Technology at 10 (Sept. 2020), https://cset. georgetown.edu/wp-content/uploads/CSET-Patents-and-Artificial-Intelligence.pdf.

9) Trademarks and Patents in China: The Impact of Non-Market Factors on Filing Trends and IP Systems, USPTO at 1 (Jan. 2021), https://www.uspto.gov/sites/default/files/ documents/USPTOꠓTrademarkPatentsInChina.pdf; Jonathan Putnam, et al., Innovative Output in China, SSRN at 32 (Aug. 2020) (pending revision), https:// papers.ssrn.com/sol3/papers.cfm?abstract_id=3760816.

10) Rob Sterne, How China Will Fundamentally Change the Global IP System, IP Watchdog (July 24, 2019), https://www.ipwatchdog.com/2019/07/24/china-changing-global-ip-system/id=111613/.

11) https://www.uspto.gov/sites/default/files/documents/USPTO_AI-Report_2020-10-07.pdf.

12) Annual Intellectual Property Report to Congress, U.S. Intellectual Property Enforcement Coordinator (March 2020), https://trumpwhitehouse.archives.gov/wp-content/uploads/2020/04/IPEC-2019-AnnualꠓIntellectual-Property-Report. pdf

중국 국가적 차원의 기술 훔치기

1) 국가주도혁신발전전략개요, 중국공산당 중앙위원회, 중화인민공화국 국무원(2016년 5월 19 일) 미국사이버안보국, 2019년 11월 번역, Outline of the National Innovation-Driven

Development Strategy, Central Committee of the Communist Party of China and the PRC State Council (May 19, 2016) (translation by CSET on Dec. 11, 2019), https://cset.georgetown.edu/research/outline-of-the-national-innovation-driven-developmentꠓstrategy/.

2) Deputy Assistant Attorney General Adam S. Hickey of the National Security Division Delivers Remarks at the Fifth National Conference on CFIUS and Team Telecom, U.S. Department of Justice (April 24, 2019).

3) China Theft of Technology is Biggest Law Enforcement Threat to U.S., FBI Says, The Guardian (Feb. 6, 2020), https://www.theguardian.com/world/2020/feb/06/china-technology-theft-fbi-biggest-threat

4) JASON, Fundamental Research Security, MITRE Corporation at 39 (Dec. 2019), https://www.nsf.gov/news/special_reports/jasonse13curity/JSRꠓ19-2IFundamental ResearchSecurity_12062019FINAL.pdf.

5) 러시아는 특히 국방응용기술 분야에서 고난도의 기술 훔치기를 시도한다. 물론, 중국의 기술 훔치기보다는 규모는 작지만, 공격적이고 매우 유능한 기술 수집 유형이다.

6) Michael Brown & Pavneet Singh,China's Technology Transfer Strategy, Defense Innovation Unit Experimental (Jan. 2018); Adam Lysenko, et al., Disruption: US-China Venture Capital in a New Era of Strategic Competition, (Jan. 2020); Mercedes Ruehl, et al., Chinese State-Backed Funds Invest in U.S. Tech Despite Washington Curbs, Financial Times (Dec. 2, 2020), https://www.ft.com/content/745abeca-561d-484d-acd9-ad1caedf9e9e

7) CFIUS에 대한 투자내역 공개 건 수는 동맹국에 비례한다. 2019년 필수 공개 CFIUS 94건 중 14건은 일본, 12건은 캐나다, 11건은 영국, 3건은 중국 출신이다. Annual Report to Congress, CFIUS at 33-36 (2019), https://home.treasury.gov/system/files/206/CFIUS-Public-Annual-Report-CY-2019.pdf.

8) 네덜란드 ASML이 첨단 EUV리소그래피(극초미세노광장비) 생산을 독점하고 있으며 ArF 리소그래피는 ASML과 일본 니콘Nikon에서만 생산한다.

9) Wassenaar Arrangement는 45nm(45나노) 이하 칩을 제조하는 리소그래피 장비를 수출금지 항목으로 제시했으나 구속력이 없기 때문에 각국은 준수할 의무가 없다. List of Dual-Use Goods and Technologies and Munitions List, Wassenaar Arrangement Secretariat at 72 (Dec. 2018),

미국 첨단 자산의 보호

1) ASON, Fundamental Research Security, MITRE Corporation (Dec. 2019), https://www.nsf.gov/news/special_reports/jasonsecurity/JSR-19-2IFundamentalResearchSecurit

y_12062019FINAL.pdf

2) 미국의 방첩태스크포스와 과학기술정책실이 만든 연구환경공동위원회가 처음 시작했고, 대학들은 정보 교류와 사이버보안 커뮤니티를 구축했다. https://www.whitehouse.gov/ostp/nstc/; https://asce.tamus.edu/.

3) Remco Zwetsloot, U.S.-China STEM Talent "Decoupling," Johns Hopkins Applied Physics Laboratory at 13 (2020).

4) 법안은 국가 연구보호위원회 설립이 주 내용이다. 국가정보국장(DNI)이 학술연구보호를 위해 오픈소스정보센터를 감독하고, 학술기관의 연구실적 유출을 감시하며, FBI가 대응전략을 개발하는 것이다.

5) Ryan Fedasiuk & Emily Weinstein, Overseas Professionals and Technology Transfer to China, Center for Security and Emerging Technology at 11 (July 2020), https://cset.georgetown.edu/research/overseasꠓprofessionals-and-technology-transfer-to-china/

6) William C. Hannas & Huey-meei Chang, China's Access to Foreign AI Technology, Center for Security and Emerging Technology at 9-10 (Sept. 2019), https://cset.georgetown.edu/wp-content/uploads/CSET_China_Access_To_Foreign_AI_Technology.pdf

7) 백악관 과학기술정책실(OSTP)은 인재채용 프로그램에 대해 "외국 정부가 과학, 기술 전문가 또는 학생을 모집하기 위해 직·간접적으로 조직, 관리, 자금을 지원하는 노력"으로 정의한다. Enhancing the Security and Integrity of America's Research Enterprise, White House Office of Science and Technology Policy at 18 (July 2020), https://trumpwhitehouse.archives.gov/wp-content/uploads/2020/07/Enhancing-the-Security-and-Integrity-of-Americas-Research-Enterprise.pdf.

8) David Zweig & Siqin Kang, America Challenges China's National Talent Programs, Center for Strategic and International Studies at 5 (May 2020),https://csis-website-prod.s3.amazonaws.com/s3fs-public/publication/20505_zweig_AmericaChallenges_v6_FINAL.pdf?bTLm4WdtG93lAVmxLdlWsgkgeNQDQUAv

9) Glen Tiffert, Global Engagement: Rethinking Risk in the Research Enterprise, The Hoover Institution (July 2020), https://www.hoover.org/sites/default/files/research/docs/tiffert_globalengagement_full_0818.pdf. Nidhi Subbaraman, US Investigations of Chinese Scientists Expand Focus to Military Ties, Nature (Sept. 9, 2020), https://www.nature.com/articles/d41586-020-02515-x.

10) Alex Joske, Picking Flowers, Making Honey: The Chinese Military's Collaboration with Foreign Universities, Australian Strategic Policy Institute (Oct. 2018), https://www.aspi.org.au/report/pickingꠓflowers-making-honey.

11) Suspension of Entry as Nonimmigrants of Certain Students and Researchers from

the People's Republic of China, Executive Office of the President (May 29, 2020), 백악관 AI보고서는 대통령 행정명령 10043을 개정하여 중국 정부의 군-민 융합 전략과 관련된 연구자가 사용하는 F 또는 J비자를 중단해야한다고 권고한다. 85 Fed. Reg. 34353,

제4장

국제 디지털 민주주의 이니셔티브

1) Hugh Harsono, China's Surveillance Technology is Keeping Tabs on Populations Around the World, The Diplomat (June 18, 2020); Testimony of Steven Feldstein before the U.S.-China Economic and Security Review Commission, Hearing on China's Strategic Aims in Africa (May 8, 2020), https://www.uscc.gov/sites/default/files/Feldstein_Testimony.pdf.
2) About GPAI, GPAI https://www.gpai.ai/about/; UNESCO Joins Global Partnership on Artificial Intelligence as Observer, UNESCO (Dec. 10, 2020),
3) 향후 20여년간 글로벌 통신 인프라 투자 수요를 8조 9천억 달러로 예상했다. Forecasting Infrastructure Investment Needs and Gaps, Global Infrastructure Hub (last accessed Jan. 13, 2021), https://outlook.gihub.org/.
4) 예를 들어, 미국 에너지부는 업계 또는 국립연구소를 통해 응용 연구 수행, 특히 고급 또는 양자 컴퓨팅에 대한 핵심 지식을 제공 할 수 있으며, 국무부는 동맹국들과 데이터 공유 및 AI연구 클라우드 등을 지원할 수 있다.
5) Secretary Pompeo Approves New Cyberspace Security and Emerging Technologies Bureau, U.S.Department of State (Jan. 7, 2021),
6) 국무부내 신설되는 CSET 사무국에 해양환경과학국, 과학기술고문실, 사이버 문제 조정관, 분석 센터 등 부서가 설치되어야 한다.

AI에 기반한 정보전쟁

1) the discussion on "Applications" in Maintaining the Intelligence Edge: Reimagining and Reinventing Intelligence Through Innovation, CSIS Technology and Intelligence Task Force at 8-22 (Jan. 13, 2021), https://csis-website-prod.s3.amazonaws.com/s3fs-public/publication/210113_Intelligence_Edge.pdf.
2) AIM Initiative: A Strategy for Augmenting Intelligence Using Machines, Office of the Director of National Intelligence (2019), https://www.dni.gov/files/ODNI/documents/AIM-Strategy.pdf

3) 소프트웨어 시스템을 새로 채택할 때 정보 책임자들은 통상 NIST (National Institute of Standards and Technology)에서 개발한 리스크 관리 프레임워크에 준한다. 전반적으로 유용한 프레임 워크이지만 지연을 일으키거나 비즈니스적 첨단 AI를 따라 잡지 못하는 경우도 있다.

4) Kent Linnebur, et al., Intelligence After Next: The Future of the IC Workplace, MITRE Center for Technology and National Security (Nov. 1, 2020), https://www.mitre.org/sites/default/files/publications/pr-20-1891-intelligence-after-next-the-future-of-the-ic-workplace.pdf.

5) 참조, the JAIC's Joint Common Foundation (JCF)

6) 개방형 정보 (OSINT)는 종래 미디어(신문, 라디오 방송 등) 및 소셜 미디어만이 아니다. 정부의 데이터소스 (공식 보고서, 예산 문서, 청력 증언 등), 전문 또는 학술 출판물, 산 업 데이터소스 (산업 보고서, 재무 제표 등) 등 공개 사용가능한 정보가 모두 포함된다.

7) Air Force General Terrence J. O'Shaughnessy, Commander, U.S. Northern Command & Army Lieutenant General Laura J. Richardson, Commander, U.S. Army North, Transcript: US NORTHCOM and ARNORTH Commanders Discuss Ongoing COVID-19 Efforts, U.S. Department of Defense (April 21, 2020),

관료주의와 AI 혁신

1) 미국의 한 군사전문가의 미 의회 증언이다. "국방부의 예산 투자는 지난 3년간 상당히 증가했지만, 이러한 성장은 기존 시스템에 대한 투자다. 기존 생산 라인에서 시스템을 구매하고 군용 시스템의 프로토 타입에 집중되어 있다." 앤드류 헌터 CSIS 군수산업연구그룹 책임자가 미하원군사위원회에서 행한 '중국과의 경쟁에서 국방부의 역할에 대한 청문회에서 증언한 말이다. Hearing on DoD's Role in Competing with China at 6 (Jan. 15, 2020),https://armedservices.house.gov/_cache/files/5/8/5818cc1f-b86f-4dca-8aee-10ca788e6f43/9F4A03ABF1DEAB747AF2D1302087A426.20200115-hasc-andrew-hunter-statement-vfinal.pdf.

2) 국가안보 전략은 국가안보 혁신의 차원에서 국방부의 기술적 우위를 유지하는데 있다. Summary of the 2018 National Defense Strategy, U.S. Department of Defense at 3 (2018), https://dod.defense.gov/Portals/1/Documents/pubs/2018-National-Defense-Strategy-Summary.pdf. ; 전략및국제연구센터(CSIS)는 국가안보 혁신의 차원이란 과거 군수산업 전통적인 개념에 비해 범위를 넓혔다. 실리콘 밸리, 보스턴, 오스틴 같은 혁신 허브에 있는 기술 기업을 냉대하는 풍토를 지적한 것이다.

3) 대형 군수기업 가운데 6개 즉, 록히드 마틴, 보잉, 노스롭그루먼, 레이시온, 제너럴 다이내믹스, BAE 시스템은 2019년 국방부의 공급에서 32%를 차지했다.Fiscal Year 2020: Industrial Capabilities, U.S. Department of Defense at 40 (Dec. 23, 2020).

제5장

AI 혁신의 가속화

1) Michael Gofman & Zhao Jin, Artificial Intelligence, Education, and Entrepreneurship, SSRN at 2 (Oct. 26, 2020), https://papers.ssrn.com/sol3/papers.cfm?abstract_id=3449440; Stuart Zweben & Betsy Bizot, 2019 Taulbee Survey, Computing Research Association at 11 (May 2020), https://cra.org/wp-content/uploads/2020/05/2019-Taulbee-Survey.pdf.
2) Shwetak Patel, et al., Evolving Academia/Industry Relations in Computing Research, Computing Community Consortium at 3 (June 2019).
3) Ryan Kottenstette, Silicon Valley Companies Are Undermining the Impact of Artificial Intelligence, TechCrunch (March 15,2018), https://techcrunch.com/2018/03/15/silicon-valley-companies-are-undermining-the-impact-ofꠓartificial-intelligence/
4) Robert D. Atkinson, et al., The Case for Growth Centers: How to Spread Tech Innovation Across America, Brookings (Dec. 9, 2019) https://www.brookings.edu/research/growth-centers-how-to-spread-tech-innovation-acrossꠓamerica/.

AI 신기술과 미·중 경쟁

1) Alice Tse & Julianna Wu, Why 'Made in China 2025' Triggered the Wrath of President Trump,South China Morning Post (Sept. 11, 2018), https://multimedia.scmp.com/news/china/article/made-in-China-2025/index.html.
2) Ross Frazier, et al., Products and Platforms: Is Your Technology Operating Model Ready?, McKinsey Digital (Feb. 28, 2020), https://www.mckinsey.com/business-functions/mckinsey-digital/our-insights/products-andꠓplatforms-is-y
3) Ross Frazier, et al., Products and Platforms: Is Your Technology Operating Model Ready?, McKinsey Digital (Feb. 28, 2020), https://www.mckinsey.com/business-functions/mckinsey-digital/our-insights/products-andꠓplatforms-is-y; Broadband Portal, OECD (July 2020), https://www.oecd.org/sti/broadband/broadband-statistics/
4) Smart City Index, IMD, 8 (Oct. 2019).

향후 미국의 행보

1) BGI & US Collaborate on Precision Medicine Development, UW Medicine (May 10, 2016), https://newsroom.uw.edu/story/bgi-uw-collaborate-precision-medicine-development

2) 2010년 BGI는 중국국영개발은행(China Development Bank)으로부터 15억 달러의 대출을 받았다. BGI에 대한 중국정부 보조금 내역은 아무도 모른다; Kirsty Needham, Special Report: COVID Opens New Doors for China's Gene Giant, Reuters (Aug. 5, 2020); Antonio Regaldo, China's BGI Says It Can Sequence a Genome for Just $100, MIT Technology Review (Feb. 26, 2020), https://www.technologyreview.com/2020/02/26/905658/china-bgi-100-dollar-genome/

3) China National Genebank Officially Opens, BGI (Sept. 22, 2016), https://www.bgi.com/us/company/careers/china-national-genebank-officially-opens/

4) Kirsty Needham, Special Report: COVID Opens New Doors for China's Gene Giant, Reuters (Aug. 5, 2020), Jeanne Whalen & Elizabeth Dwoskin, California Rejected Chinese Company's Push to Help with Coronavirus Testing. Was That the Right Move? Washington Post (July 2, 2020), https://www.washingtonpost.com/business/2020/07/02/china-bgi-california-testing/

5) Hannah Mayer, et al., AI Puts Moderna Within Striking Distance of Beating COVID-19, Harvard Business School (Nov. 24, 2020), https://digital.hbs.edu/artificial-intelligence-machine-learning/aiꠓputs-moderna-within-striking-distance-of-beating-covid-19/; Noah Weiland, et al., Modern Vaccine Is Highly Protective Against Covid-19, the F.D.A. Finds, New York Times (Dec. 18, 2020), https://www.nytimes.com/2020/12/15/health/covid-moderna-vaccine.html.

6) 2020년 12월 중국의 한 연구팀은 양자컴퓨팅의 잇점을 시연했다.; Han-Sen Zhong, et al., Quantum Computational Advantage Using Photons, Science (Dec.18,2020), https://science.sciencemag.org/content/370/6523/1460

7) Elsa B. Kania & John Costello, Quantum Hegemony? China's Ambitions and the Challenge to U.S. Innovation Leadership, CNAS (Sept. 12, 2018), https://www.cnas.org/publications/reports/quantumꠓhegemony.

8) Department of Energy Announces $625 Million for New Quantum Centers, U.S. Department of Energy (Jan. 10, 2020); NSF Establishes 3 New Institutes to Address Critical Challenges in Quantum Information Science, National Science Foundation (July 21, 2020); Recommendations for Strengthening American Leadership in Industries of the Future, The President's Council of Advisors on Science and Technology at 13 (June 2020).

9) 3.5 GHz Band Overview, U.S. Federal Communications Commission (April, 23, 2020), https://www.fcc.gov/wireless/bureau-divisions/mobility-division/35-ghz-band/35-ghz-band-overview.; Edward Drocella, et al., Technical Feasibility of Sharing Federal Spectrum with Future Commercial Operations in the 3450-3550 MHz Band, NTIA (Jan. 27, 2020); Public Notice: Auction of Priority Access Licenses in the 3550-3650 MHZ Band Closes, FCC(Sept. 2, 2020), https://docs.fcc.gov/public/attachments/DA-20-1009A1.pdf.

10) https://www.themanufacturer.com/articles/how-nations-around-the-world-are-investing-in-robotics-research/. 미 국방부는 2020년 8월에야 B-52 제트엔진을 처음 3D프린터로 제조했다. Kyle Mizokami, The Old-School Engine That Powers the B-52 Gets a3D-Printed Upgrade, Popular Mechanics (Aug. 10, 2020), https://www.popularmechanics.com/military/aviation/a33535790/air-force-3d-print-metal-part-turbofan-engine/.

부록Ⅰ

미국 하버드대 케네디스쿨 그레이엄 엘리슨 교수 발표문

WHITE HOUSE AI REPORT

인공지능 경쟁의 미래*

　중국은 지난 10여년간 인공지능 분야에서 대단한 발전을 이뤄내고 있
다. 미국인들이 지난 수십년간 이뤄낸 인공지능 분야 발명품들을 10여
년 간의 압축성장을 통해 대략 습득한 것으로 보인다. 그런 중국에 대해
미국은 의심의 눈길을 거두지 않고 있다. 이는 크게 보아 국가안보에 대
한 위협과 기술패권으로 분류할 수 있다. 다시 말해 미-중간 대결을 패권
대결로 설명하는 연구자들이 많다. 그러나 미국 정치학계는 중국공산당
의 전제정치 수단으로 도구로 쓰일 것을 우려하고 있다. 그리하여 미국이

---

　*　이 글은 미 하버드대 케네디스쿨 그레이엄 엘리슨 교수가 2019년 12월 22일자로 같은 학교
벨퍼연구소 홈페이지에 발표한 논문을 번역한 것이다. 엘리슨 교수는 '투키디데스의 함정'이라는
용어를 통해 미국과 중국의 패권적 대결은 필연적이라는 논리를 펼쳐 국제정치학계에 바람을 일
으켰다. 교수는 미-중 대결을 예측한 '예정된 전쟁'을 집필해 국내에서도 번역 출간(세종서적)되었
다. 미국에서 인공지능국가안보위원회(NSCAI)의 최종 보고서가 나오게 된 배경이 된 논문 가운데
하나로서, 미국 정재계에 비상한 주목을 끌었던 논문이다. NSCAI가 발표한 최종보고서에 대한 독
자들의 이해를 돕고자 〈부록 I〉로 이 책에 포함시켜 소개한다. 엘리슨 교수의 해박한 미중 관계 지
식이 쉬운 문체로 녹아들어 있는 글이다.

신봉하는 민주주의적 가치를 훼손하려 하고 있다고 걱정하고 있는 것이다.

최근 미국의 주류 정치경제학자들의 관심사는 이것이다. 학자들은 인공지능의 발전이 왜 공산당 정치를 위한 것인지 규명하는데 연구의 촛점을 맞추고 있다. 특히 인공지능이 미-중간 무제한적 군비경쟁을 가속화시키는 실상을 정확히 인식하고, 결국 미국이 이 경쟁에서 이길 수 있는지 가늠해보는 것이다.

이를 설명하기 위해 필자는 네가지 포인트를 짚고자 한다.

첫째, 대부분의 미국인들은 첨단 기술 분야에서 미국의 주도권이 매우 확고하다고 믿고 있다. 이 연장선에서 중국은 AI 분야에서 결코 미국과 어깨를 나란히 하는, 근접 경쟁자가 될 수 없다는 확신이다. 둘 다 틀렸다. 사실, 현재 중국은 미국의 상업 및 국가 안보 응용 분야에서 '또래' 경쟁자로 발돋움했다. 중국은 AI에 숙달하는 것 뿐만 아니라 성공하고 있다. 중국은 지난 25년 간 반도체, 컴퓨터, 인터넷 분야에서 대단한 업적을 이뤄냈다. 마찬가지로 AI 또한 향후 20년 간 상업과 국가안보에서 결정적 영향을 미칠 것으로 미국인들은 판단하고 있다.

둘째, AI를 마스터하려는 중국의 열정은 향후 25년간 경제발전의 가장 큰 원동력이 될 것을 약속한다는 것 그 이상으로, 그런 인식을 훨씬 뛰어넘는다. 공산당에게 있어서 AI 기술의 마스터는 임무 수행에 필수적^{mission critical}이라는 사실이다. 권위주의적이고 폐쇄적인 공산당으로서 14억 인구를 통치하는 것이 엄청나게 힘든 작업이다. 소련이 몰락한 이후 미국인들은 권위주의 정부가 결국 실패할 것으로 확신해 왔다. 그러나 AI는 이 명제를 뒤집을 수 있는 현실적인 가능성을 제공하고 있다. AI는 공산당에 '역사의 종말'*의 탈출구를 제공하는 것 뿐만 아니라, 오늘날 적지않은 문제점을 드러내고 있는 민주주의 시스템보다 더 우월한 국가 운영 체제, 즉, 통치 모델을 성공시키는 빌미를 줄 수 있다. 미국인들은 "중국은 독재를 완벽하게 하기 위해 첨단 기술을 이용하고 있다"고 말했다. 이는 전 세계의 많은 지도자들에게 반향을 불러일으킬 수 있다. 구글 CEO를 지낸 에릭 슈미트는 "소련이 오늘날 아마존의 경영자들이 사용하는 것처럼 데이터의 정교한 관찰, 수집, 분석을 활용할 수 있었다면 냉전에서 승리했을 가능성이 높다"고 말했다.

셋째, AI의 잠재력은 유일무이한 위험을 초래할 수 있다. AI가 인간복지를 크게 개선할 수 있다는 보편적인 열정을 공유하지만, 한편으로 인간보다 훨씬 뛰어난 지능을 가진 기계의 개발은 어쩌면 인간에게 독특한 리스크를 초래할 수 있다. 1946년 알버트 아인슈타인은 "원자의 분출된 힘이 인간의 사고방식을 제외하고 모든 것을 변화시켰다. 따라서 우리는

---

* 프란시스 후쿠야마는 저서 The End of History and the Last Man (역사의 종언)에서 다음과 같이 주장한다. "소련의 붕괴 이후 단극체제에서 인류는 역사의 종말에 도달했다. 인류의 이념적 진화의 종점이다. 서구 자유민주주의의 보편화는 인간 정부의 마지막 형태이다. Francis Fukuyama, The End of History and the Last Man (New York: FreePress, 1992) 3-18. 그러나 후쿠야마는 2011년 정치질서의 기원을 써서 중국공산당의 정치를 제조명했다.(편역자 주)

전후후무한 재앙을 향해 표류하고 있다"고 경고한 바 있다. AI 역시 똑같은 말이 나올 수 있다. 헨리 키신저Henry Kissinger는, 언필칭 '키신저의 망령'Kissinger's Specter이라고 호칭하듯, 이러한 위험성을 인정했다. 그의 말을 통해 알수 있듯, AI에 의해 인간은 자신의 의식과 사고에서 예측할 수 없는 변혁에 두려워한다. 또 진실과 현실을 깨닫는데 엄청난 진화를 경험할 것이다.

아인슈타인의 통찰에 반응하여 2차 세계대전을 종식시키는 폭탄을 제조하고 사용한 기술자들과 전략가들은 제3차 세계대전을 저지할 방법을 찾는데 힘을 합쳤다. 마찬가지로 앞으로 AI가 제기할 난제에 대처하는 것도 그에 못지않은 많은 노력을 쏟아야한다.

넷째, 지난 10년 동안 중국은 엄청난 규모와 엄청난 데이터의 수집 및 국가의 신속한 결정력이 돋보였다. 여기에서 오는 강점으로 인해 중국은 지난 10년 동안 미국과의 격차를 좁힐 수 있었다. 중국은 향후 10년 안에 미국을 추월할 궤도에 올라 있도록 했다. 그럼에도 미국이 중국의 도전에 깨어나고 국가적 노력을 동원한다면, 승리 전략을 개발하고 실행할 수 있다고 미국인들은 믿는다. 아직 AI는 기술의 지평선에서 아른거리는 빛나는 물체일 뿐이다.

AI는 빅데이터, 머신러닝, 다양한 관련 기술을 아우르고 있다. 지능적이라고 부르는 역할을 수행한다. 예를 들어, GPS내비게이션 앱이 교통체증에서 가장 좋은 경로를 찾아내는 것, 아마존 웹상에서 관련 제품을 쉽게 찾아내기, 프로그래밍이다. FAANG^{페이스북, 아마존, 애플, 넷플릭스, 구글}은 물론, BAT^{바이두, 알리바바, 텐센트} 등 오늘날 대표적인 IT 기업들이 AI 혁명에 배팅하고 있다. 아마존의 CEO 제프 베이조스가 말했듯이, 인류는 현재 AI의 황금시대를 시작하려한다.[*][**][***]

AI에 몰입하는 중국

아직 걸음마 단계이지만 AI 기술은 미래 경제성장과 국가안보의 원동력이 될 것이 분명하다. 얼굴인식과 핀테크부터 시작해 드론과 5G까지 중국의 기술은 미국과 어깨를 나란히 하고 있다. 뿐만 아니라 어떤 분야에서는 미국을 제치고 세계 1위가 되었다. 또 어떤 지역에서 미국은 헌법상의 제약과 다른 가치 때문에 중국과의 경쟁에서 완전히 밀려날 것이다.

---

[*] 구글의 CEO선다 피차이가 언론 인터뷰에서 이렇게 말했다. "AI는 가장 심오한 것들 중 하나다. 인간 사회에서 불이나 전기보다 더 파장이 클 것이다. https://www.bloomberg.com/news/articles/2020-01-22/google-ceo-thinks-ai-is-more-profound-than-fire

[**] 미국가안전보장회의 NSC의 AI 보고서에 따르면, "AI가 국가안보에 미치는 영향은 19세기 후반의 미국인들이 전쟁과 사회에 미치는 전기의 영향을 생각하는 것과 같다" 고 했다. https://www.epic.org/foia/epic-v-ai-commission/AI-Commission-Interim-Report-Nov-2019.pdf

[***] 제이슨 매서니 Jason Matheny 보안 및 신흥기술을 위한 조지타운센터(Georgetown's Center for Security and Emerging Technology) 소장은 "인공지능이 사이버 보안, 정보, 분석 및 수집 시스템, 그리고 경쟁국의 무기 시스템에 내장된 인공지능을 인식해야한다"고 했다.

중국이 쉽게 승리할 것이다.

　중국의 AI 몰입은 최근에 벌어지는 사건이라서 자세히 들여다보지 않으면 놓쳤을 가능성이 크다. 2015년 말 기준 국제경쟁력 평가에서 구글, 마이크로소프트, 페이스북, 아마존 등 미국업계 선두 기업들에 대해 독일 또는 프랑스 기업들과 함께 중국 기업들이 바짝 따라붙었다.

　지금부터 5년 전인 2016년, AI 애플리케이션 기업인 구글의 딥마인드가 세계에서 가장 복잡한 보드게임인 Go.9(알파고)를 만들어 이세돌 9단과 커제에게 완승한 사실을 기억할 것이다. 알파고는 바둑보다 천 만배는 더 복잡하다. 이를 중국에서는 '스푸트니크 모멘트'로 불린다. 1957년 소련이 처음으로 위성을 우주로 쏘아올렸을 당시 충격을 이렇게 불렀다. 이같은 극적인 충격으로 중국 전역은 수학과 과학 열풍을 일으켰고, 중국판 NASA의 창립을 가져왔다. 그리고 중국기업이 미국기업을 따라잡은 사건을 최초의 '달의 충격'으로 묘사된다. 달의 충격이란 소련에게 뒤진 미국이 뒤늦게 뛰어들어 1967년 달착륙을 세계 최초로 성공시켜 전세계에 충격을 미친 사건을 가리킨다.

　이 내용은 대만출신 AI 전문가 이카이푸의 책 AI수퍼파워 AI Superpowers에 나온 내용인데, 중국이 AI 초강대국으로 등장하게 된 과정을 통찰력 있게 요약한 것이다.

　중국이 AI 분야에서 두각을 나타낸 직접적 계기는 인공지능과 바둑 챔피언과의 대결 이후, 시진핑 국가주석의 지시였다. 시 주석은 인공지능을 중국이 주도해야 할 기술로 선언한데 이어, 2030년까지 중국이 AI 기술과 관련 앱 분야를 지배한다는 목표 아래 2020년과 2025년까지 각각 완수할 구체적인 목표치를 제시했다.*

아울러 이 프로젝트는 정부기관이 아닌 기업이 주도해야 한다는 것을 주지시켰다. 국가적 챔피언 기업으로 성장한 5개 기업을 핵심으로 정했다. 바이두, 알리바바, 텐센트, 아이플라이텍iFlytek, 센스타임SenseTime 등이다.**

시 주석의 직접 지시 이후 12개월 만에 미국 AI 스타트업에서 중국계 AI스타트업 투자액이 1위를 차지했다.***

2018년말 기준, 중국의 AI 기술 특허 건수는 미국보다 2.5배 더 많이 출원했다.****

2020년말 중국은 미국보다 3배 더 많은 수의 컴퓨터 공학자를 배출했

---

* 2020년까지 중국의 AI 기술은 대부분의 선진국과 어깨를 나란히 할 것이며, 2025년까지 중국은 일부 AI 분야에서 세계를 선도하는 수준에 도달하는 것이 목표다. 2030년까지 중국은 주도적인 AI 혁신 센터가 되려고 한다. 이 내용은 제프리 딩 Jeffrey Ding 이 미-중 경제안보심의위원회에서 증언한 것이다.

** Center for a New American Security(CNAS)의 Greg Allen 2019, 'Understanding China's AI Strategy' 보고서에서 앨런은 "국가기술표준을 정립하기 위해 이 회사들에게 특권을 부여했으며 동시에 기업에게 신뢰를 주기 위한 목적도 있었다"고 했다. https://www.cnas.org/publications/reports/understanding-chinas-ai-strategy.

*** James Vincent,, "중국은 안면인식과 칩에 초점을 맞춰 AI 스타트업 펀드에서 미국을 앞질렀다.", The Verge, 22 February, https://www.theverge.com/2018/2/22/17039696/china-us-ai-funding-startup-comparison.

**** Yuki Okoshi, Nikkei Asian Review, March 10, 2019. 오코시 유키는 '니케이아시안리뷰'에서 중국이 AI 특허 순위에서 미국을 추월했다고 지적했다. https://asia.nikkei.com/Business/Business-trends/China-overtakes-US-in-AI-patent-rankings

다. 정부 주도의 핵무기의 개발 프로젝트와는 대조적으로 AI 프로젝트는 민간기업과 대학 연구진이 주도하고 있는게 지금 중국의 상황이다. 미국과 중국의 군사기지는 기본적으로 민간 섹터에서 나온 제품을 채택하고 적응하는 역할을 하고 있다.

현재 AI 경쟁에서 미중 양국은 어느 수준에 도달해 있을까. 통상 제품의 시장 테스트, 금융 시장 테스트, 연구 출판물 및 특허, 국제경쟁, 인재 및 국가적 환경 등 6가지 항목에서 고려할 필요가 있다. 시장에서 소비자들의 제품선택은 그들 자신을 대변한다.

핀테크 분야에서 중국은 독보적 위상에 올라서있다. 이를테면 텐센트의 위챗페이는 중국인 이용자가 9억 명인 반면, 미국내 애플페이 이용자는 2200만명 명에 불과하다. 기능 측면에서 위챗페이는 애플페이보다 훨씬 더 많은 기능을 수행할 수 있다. 중국 소비자들은 스마트폰앱을 통해 스타벅스에서 커피를 사고 전자상거래 몰 알리바바에 출시된 새로운 제품을 구입한다. 대금결제, 계좌이체, 대출, 투자, 자선단체 기부, 은행계좌 관리가 모두 위챗페이 앱을 통해 가능하다. 이를 통해 개인별 소비 행태에 대한 세부적인 데이터를 얻을 수 있다. 개인별 소비 취향은 AI 시스템이 고객 신용도, 제품에 대한 관심, 지불 능력 및 기타 행동을 더 잘 평가하기 위해 기초 자료로 활용된다.

모바일 결제 역시 중국은 규모면에서 미국을 압도하고도 남는다. 중국인은 미국인이 1달러를 결제하면 50달러 꼴로 모바일 결제한다.

2018년 경우 총 19조 달러를 모바일로 결제했다. 미국내 모바일 결제는 아직 1조 달러에도 도달하지 못했다. 이제 중국 밀레니엄 세대에게 신용 카드는 구식이다. 마치 수기로 작성하는 수표가 미국 밀레니엄 세대에게 구식인 것처럼 말이다. 페이스북으로 전세계 SNS를 석권한 마크 주커버그는 최근에야 다음 같은 사실을 알아차렸다.

최근 도입한 페이스북페이 등 디지털 결제 정책이 중국의 텐센트를 모방하고 있다는 사실이다. 사실 그 반대여야 하는데도 말이다.

또한 안면인식 분야의 경우 세계에서 가장 인정받는 AI스타트업은 중국의 센스타임 SenseTime이다.[*]

중관춘은 중국판 실리콘밸리다. 중관춘에서 성장한 중국의 안면인식 기업들이 낸 알고리즘이 2018년 안면인식 국제대회에서 1위를 포함해 상위 5위까지 휩쓸었다.[**]

히크비전 Hikvision과 다후아 기술 Dahua Technology 등 중국기업들이 세계 보안 카메라 시장의 1/3을 장악하고 있다.[***]

---

[*]센스타임은 2019년 평가액이 45억 달러에 달했다. Bernard Marr, "세계에서 가장 가 치 있는 AI 스타트업을 만나보세요: 중국의 센스 타임" 포브스, 2019년 6월 17일. https://www.forbes.com/sites/bernardmarr/2019/06/17/meet-the-worlds-most-valuable-ai-startup-chinas-sensetime/#6d3bb9d5309f

[**] 미국 상무부 국립표준기술원(NIST)이 주최한 '2018 안면인식 벤더 테스트(FRVT)'에서 상하이 소재 AI스타트업 YITU가 출품한 알고리즘 2개가 1,2위를 차지했고, 센스타임의 알고리즘 2개가 3,4위를 차지했다. 이어 중국과학아카데미 산하 선전첨단기술연구소 알고리즘이 5위다. 2018년 11월 21일 신화통신은 "중국 AI팀이 세계 안면인식 대회에서 크게 승리했다"고 전했다. http://www.xinhuanet.com/english/2018-11/21/c_137622674.htm.

[***] 히크비전과 다후아는 세계시장의 40%를 점유했다.Nikkei Asian Review, November 12, 2019. https://asia.nikkei.com/Economy/Trade-war/US-sanctions-blur-Chinese-

중국기업 Tiandy는 밤하늘 별빛 아래서도 고기능 컬러 이미지를 캡처하는 기술을 보유하고 있다.

또 있다. 적외선 및 열 화상을 전문으로 하는 우한가이드인파레드Wuhan Guide Infared는 안면인식 기술을 완벽히 개발하기 위해 정부와 협력하고 있다. 이 분야에서 미-중간 콘테스트는 없다. 미국은 이 분야의 경쟁을 포기했다. 평범한 개인의 프라이버시 침범에 대한 문제 제기가 우려되고, 아울러 이 기술이 확산되어 어떻게 이용될 것인지에 대한 의구심 때문이다. 2017년 서구 세계에서는 인공지능 알고리즘이 개발된 것에 경악했다. 스탠포드대학 연구팀이 사진 한 장만 스캔해 분석하면 개인의 성적취향을 감지 할 수 있는 인공지능 알고리즘을 만든 것이다. 그 충격적인 정확도에 놀라움을 금치 못했다.[*]

사회적으로 덜 민주화된 정부가 이 기술을 어떻게 활용할지 상상하는 것은 어렵지 않다. 따라서 샌프란시스코 시당국은 최근 안면인식 기술을 불법으로 규정했다. 하지만, 중국공산당은 중국 소재 상위 4개 안면인식 기업에 대해 14억 개가 넘는 개인별 사진 데이터베이스에 접근하도록 허용했다. 이 분야에 정통한 한 중국전문가는 중국측 기업이 미국측 기업보다 100만 배나 더 많은 이미지를 가지고 있을 것으로 추정한다.

---

dominance-in-security-cameras

[*] 스탠포드대학 연구에 따르면 컴퓨터 알고리즘이 동성애자와 이성애자를 구분할 수 있는데, 남성의 81%, 여성의 74%를 구분할 수 있다. 이 연구는 Journal of Personality and Social Psychology에 게재되었고, 3만5000 개의 이미지를 기반으로 했다. 가디언 Guardian, September 7, 2017.

음성인식 기술 또한 중국 기업들은 영어를 포함한 모든 음성인식 기술에서 미국 기업을 제치고 있다. 세계 최고로 인정받는 음성인식 스타트업은 중국의 아이플라이텍iFlytek이다. 그 유저 기반은 7억명이다. 애플의 시리Siri에 가입한 유저 3억7500만 명의 두 배 이상이다.[*]

시스템 성능경쟁에서 중국기업은 압도적이다. 일례로 아이플라이텍은 제2언어에서 구글, 마이크로소프트, 페이스북, 아이비엠ibm 및 미트mit를 모두 제압했다.[**]

스탠포드대학이 실시한 머신리딩 국제대회에서 중국팀은 1위를 포함하여 상위 5위 중 3위를 차지했다.

바이두는 마이크로소프트가 개발하기 1년 전에 이미 인간과 비슷한 수준의 음성인식 시스템을 개발했다. 미국정부가 육군에 소요되는 드론의 해외 구매를 금지한 2017년까지 미 육군에 드론을 공급한 업체는 누구였는가.[***] 바로 심천에 있는 드론 제작기업 DJI다. 세계 시장의 70 %를 장악하고 있다. 드론은 초등 인공지능도 없는 단지 소박한 취미용 헬리콥터일 뿐이다. 잡초나 무기를 표적으로 삼는 컴퓨터 영상을 제공하고 무리를 지어 작동할 수도 있다. 최근 사우디아라비아의 중요 석유 시설에

---

[*] Business Wire, January 6, 2019. https://www.businesswire.com/news/home/20190106005130/en.

[**] https://www.diamandis.com/blog/rise-of-ai-in-china

[***] 미 육군은 중국산 드론 사용금지 조항이 포함된 국방수권법으로 DJI드론 사용을 중단했다. 드론은 향후 10년간 140억 달러 이상일 것으로 예측.Reuters, July 17, 2019. https://www.reuters.com/article/us-usa-security-drones/global-drone-market-estimated-to-reach-14-billion-over-next-decade-study-idUSKCN1UC2MU.

대한 공격에서 보여준 것처럼, 세계는 인공지능을 장착한 통신 보안 드론의 장점을 발견하기 시작했다. 그런데, 세계 5대 상업용 드론브랜드 중 3개는 중국산이다. 미국은 1개에 그친다.*

앞으로 5G 통신 인프라는 AI가 일상생활에 더 깊이 도달할 수 있도록 하는데 중추적 역할을 할 것이다. 자율주행 자동차에서 스마트 안경에 이르기까지 다양할 것이다. 중국 화웨이는 5G 인프라에 관한 한 세계 최고의 공급업체다. 화웨이는 세계 최대 규모가 될 중국 시장을 독점하고 있을 뿐만 아니라 현재 28%의 글로벌 시장 점유율을 차지하고 있다. 이는 경쟁사 2곳의 점유율과 비슷하다.**

앞으로 5G 인프라를 구축할 통신장비 분야 상위 4개 브랜드 중 2개는 중국기업이고 미국은 없다. 5G 인프라 구축에 소요되는 필수 특허 수에서도 중국 기업은 미국 기업보다 2배나 많다. 현재 화웨이에 대한 미국 정부의 제재 결과는 알 수 없지만, 화웨이는 현재 모든 경쟁사보다 한 발 앞서 드론 시스템을 공급하고 있다. 아이폰으로 세계 휴대폰을 평정한 애플보다 1년 앞서 5G 휴대폰을 시장에 내놓고 있다.

---

* CSIS의 보고서에 따르면 2017년 기준 세계시장 점유율에서 톱 5개 중 3개가 DJI, Yuneec, Syma 등 중국 기업이다. 반면 미국 기업은 3D Robotics 한 개다. https://chinapower.csis.org/china-drones-unmanned-technology/

** 2017년 글로벌 시장 점유율은 화웨이 28%, 노키아 17%, 에릭슨 13.4%이다. Wall Street Journal, December 31, 2018. https://www.wsj.com/articles/huawei-rivals-nokia-and-ericsson-struggle-to-capitalize-on-u-s-scrutiny-11546252247

금융 시장은 이러한 현실을 반영하고 있다. 5년 전 세계에서 가장 가치 있는 인터넷 기반 기업 20개 중에서 2개가 중국인 소유다. 현재는 9개로 불어났다. 구글, 아마존, 페이스북, 마이크로소프트, 바이두, 알리바바, 텐센트 등 AI시대의 7대 거인은 태평양을 중심으로 양쪽으로 나뉘어 있다. 2018년 AI에 투자한 10개의 벤처자본 가운데 5개가 중국 스타트업에 투자했다.[*]

세계 10대 AI스타트업 중 절반이 미국 기업이고 절반이 중국 기업이다.

중국의 AI 연구 및 개발 투자가 미국 수준으로 급증했으며 그 결과가 나타나기 시작한 것이다. 지금 중국은 AI 분야의 벌어진 격차를 메우기 위한 지식기반을 구축하고 있다는 것은 엄연한 현실이다.

실력있는 앨런인공지능연구소Allen Institute for Artificial Intelligence의 평가에 따르면 중국은 2019년 AI 논문 가운데 가장 많이 인용된 논문 50%를 분석한 결과 미국을 추월했다. 2020년에는 가장 많이 인용된 10%를 따져본 결과 1위를 차지했다. 그리고 2025년 쯤에는 최대 피인용 논문 상위 1%에서 미국은 2위로 밀려날 것이다.[**]

아직 획기적인 논문에서는 중국이 뒤져 있다. AI 기술 관련 공개된 특허에서 중국은 2015년 미국을 추월했고, 2018년에는 미국보다 2.5 배

---

[*] MIT Technology Review, February 14, 2017.

[**] Carissa Schoenick, "China May Overtake US in AI Research," Medium, March 13, 2019. https://mediꠓum.com/ai2-blog/china-to-overtake-us-in-ai-research-8b6b1fe30595.

더 많이 출원했다.*

머신러닝에서 가장 인기있는 핵심분야인 딥러닝에서 중국은 미국보다 6배 많은 특허물을 보유하고 있다. 그러나 모든 특허의 가치는 동일하지 않다. 이때문에 특허 건수만으로 우열을 가릴 수는 없는 측면이 있다.

중국은 하드웨어에도 많은 투자를 하고 있다. 2001년 중국은 전세계에서 있는 수퍼컴퓨터 500대 가운데 하나도 갖고 있지 않았다. 그러나 2019년 중국은 수퍼컴퓨터 219개를 보유하고 있다. 미국에는 116개였다.**

중국의 수퍼컴퓨터는 과거 전적으로 미국쪽 프로세서의 의존했지만, 지금은 자체 생산 반도체 프로세서로 제작되었다. 앞서 언급했듯이 2017년 구글 딥마인드가 만든 알파고와 이세돌 대결이 있은지 8개월 후에 텐센트가 파인아트Fine Art 라는 바둑 프로그램을 개발했다. 파인아트는 이세돌에게 먼저 2수를 주고 시합했는데도 이겼다. 딥마인드는 이세돌에게 먼저 핸디캡을 제공하지 않았다.***

---

* 2018년 AI 중국은 공개특허 3만 건 이상을 출원했다. 5년 만에 10배 증가한 수치다. Yuki Okoshi, "China overtakes US in AI patent rankings," Nikkei Asian Review, March 10, 2019. https://asia.nikkei.com/Business/Business-trends/China-overtakes-US-in-AI-patent-rankings

** TOP500은 "중국은 수퍼컴 톱 500대 중에서 숫자를 점하고 미국은 성능을 유지한다" TOP500, November 18, 2019. https://www.top500.org/news/china-extendsꠓlead-in-number-of-top500-supercomputers-u

*** Tom Simonite, "Tencent Software Beats Go Champ, Showing China's AI Gains," Wired, January 23, 2018.https://www.wired.com/story/tencent-software-beats-go-champ-showing-chinas-ai-gains/

한편, 세계 최장수 대학로봇경연대회인 국제항공로봇대회에서 2020년도 상위 3개의 입상작이 모두 중국인 출품 작품이었다. 세계 최고 권위의 중등학교 컴퓨터과학대회인 국제정보올림피아드에서 중국인은 84개의 금메달을, 미국인은 52개의 금메달을 땄다.

중국이 이처럼 세계적 경쟁에서 성공한 것과 관련, 중국이 그간 인재 양성에 얼마나 투자했는지를 입증하고 있다. AI에서 두뇌 파워는 컴퓨팅 파워, 즉 연산력보다 더 중요하다. 매년 중국의 과학기술 공학 및 수학 전공 학생의 배출 규모는 미국보다 4배나 많다(130만 대 30만명). 컴퓨터 과학자 배출도 중국이 3배나 많다(18만5000명 대 6만5000명). 미국 뉴스& 월드리포트 순위에 따르면 중국 명문 칭화대학은 컴퓨터 분야에서 세계 1위이다. 오늘날 미국에서 졸업하는 컴퓨터공학 박사 10명 가운데 3명은 미국인이고 2명은 중국인이다.

30년 전에는 해외 유학파 중국인 20명 중 한 명 만이 귀국했는데, 오늘날에는 5명 중 4명이 귀국하고 있다. 중국에서도 충분히 역량을 펼칠 기회가 열려 있다는 사실을 입증하는 현상이다.

경쟁의 추진체

대부분 중국인들은 미국인들이 질색하는 '감시국가'를 부인하지 않는다. 분명히 공공보건과 안전을 개선해주는 애플리케이션에 공개되는 개인정보에 대해서도 미국인들의 찬반은 거의 반반으로 갈려 있다. '기꺼이' 개인데이터를 공유하는 사람과 '원하지 않는' 사람들이 고르게 분포되어 있다. 반면, 중국에서는 공개할 용의가 있다는 사람이 없는 사람보다 5대 1 꼴로 압도적으로 많다.*

　중국인들은 미국에서 매달 총기 난사 사건이 발생하고 있음에도 이를 용인하고 있는 미국인들에 대해 어리둥절해하고 있다. 마치 미국인들이 정부 주도 감시체제를 용인하는 중국인들에 대해 어리둥절 하는 것과 같은 경우다. 중국인들은 정부의 감시가 미국의 총격 같은 공포에서 그들과 그들 가족을 지켜준다고 생각한다. 중국 정부와 시민, 기업들 간에는 비교적 협력적 분위기가 형성되어 있다. 정부 당국을 비롯해 법과 규정 및 프라이버시에 대한 공익적 수용 태도나 당국과 기업 사이의 두터운 협력은 모두 AI 기술 진전에 프러스 요인이다. 이런 현상에 대해 미국, 유럽에서는 부정적 견해가 우세하다.

　도널드 트럼프 대통령의 AI 관련 발언은 본질적으로 수사적이며, 부정적인 입장을 보여왔다. 이와는 대조적으로, 중국의 국가주석은 적극 수용하는 태도를 보여왔다. 앞에서도 설명했지만, AI프로젝트는 분명 시진핑 주석이 제창한 '중국을 다시 위대하게 만든다'는 어젠다의 중심축이다.

---

*　2017년 실시된 GfK 설문 조사에 따르면 15세 이상 중국인터넷 사용자 중 38%는 혜택이나 보상을 받는 대가로 개인 데이터를 제공할 의사가 있다고 답했으며 8%는 원하지 않는다고 답했다. 같은 조사에서 미국의 경우 25%가 제고할 용의가 있고, 23%는 원하지 않는다고 답했다.

중국 정부는 아마존과 구글의 AI분야 선도적 역할을 주의깊게 관찰해왔다. 이 과정에서 시진핑 주석은 챔피언 기업들에게 핵심 수행 목표를 제시하는 한편, 대규모 자금으로 밀어주었다. 특정 프로젝트에 자금을 지원하고, 유리한 여건을 조성하기 위한 가능한 모든 조치를 취했다. 중국 정부가 국내 기업이나 국내 시장을 보호하고, AI 프로젝트를 책임지는 국가급 챔피언 기업에게는 정부 보조금 및 정부 데이터를 이용하도록 지원했다. 이를테면, 거주 인구 1000만 명 이상 15개 도시와 100만 명 이상 100개 도시를 선정했다. 이어 자율주행이 가능한 고속도로를 위한 '예리한 눈' 프로그램을 경쟁적으로 설치하도록 유도하는 것이다. 아울러 공공 및 사유지를 감시하는 카메라 센서를 설치하고, 스마트시티를 구현하기 위해 일련의 유사한 수집 기술을 설치하도록 인세티브를 부여하는 것 등이다.

물론 위에서 열거한 각 측면에는 서로 모순된 고려 사항들이 적지않다. 포괄적이며 액면 그대로 순평가를 위해서는 조건들을 보다 정교하게 다듬어야 한다. 현재 경로로 볼때 미국의 위상은 향후 10년 동안에는 큰 변화가 없을 것이다. 미국의 소프트웨어 기업이나 고급반도체 및 양자컴퓨팅 분야에서 계속 선두를 유지할 것이다. 그럼에도 불구하고, 앞으로 10년 동안 중국은 거세게 추격할 것이다. 미국은 이를 냉정하게 판별하면서 중국을 경쟁자로 인식하고 있다.

아직 미국에는 장점이 많다. 첫째, 선도자로서 굳건한 위치를 견지한다. 페이스북이나 구글은 미국 국내 시장뿐만 아니라 전 세계에서도 선두를 달리게 될 것이다. 둘째, 첨단 연구를 수행하는 슈퍼스타 기업들의 간부와 실리콘밸리의 능력이다. 실리콘밸리는 전 세계 77억 명 중 가장 유능한 0.0001%의 개인을 선별하는 능력과 결단력을 겸비하고 있다. 셋째, 파괴적인 발명과 혁신을 적극적으로 장려하는 생태계가 존재한다.

동시에 미국 AI는 심각한 역풍에 직면하고 있다. 이를테면 안보 보다 프라이버시를 중시하고, 권위를 불신하며, 정부를 의심하는 문화가 그것이다. 또한 미국 기업들은 미국 국방부 및 정보기관과 협력하는 것을 꺼려한다. 채용과 이민을 억제하는 역기능적인 국가정책, 빅데이터 세트의 정리 편집을 어렵게 만드는 법규들, 그리고 현재 미국의 국가적 챔피언이며 미국의 발전을 주도하고 있는 기업들에 대해 예상되는 추가적 규제와 독점금지 조치 등 방해 요소가 즐비하다.

앞으로 펼쳐질 장기 경쟁에서 중국의 장점을 짚어보자.

우선 프라이버시 보다 안보를 중시하는 문화속에 사는 14억 인구를 들 수 있다. 엄청난 데이터와 인재풀, 세계 최대의 내수 시장, 기업과 정부가 수집하는 정보를 들 수 있다. 책임교육의 결과는 또 어떤가. 빅데이터 세트를 정리하는 데 상당한 시간을 기꺼이 소비하는 값싼 노동력군을 만들고 있다. 중국 대학들은 미국내 여러 대학에서 컴퓨터 과학자들을 지원하고 졸업시키고 있다. 그들은 모두 중국의 사회문제를 해결하기 위한 알고리즘을 개발하는데 열을 올리고 있다. AI를 응용하는데 있어서 가장 중요한 자산은 양질의 데이터 규모다. 즉, 얼마나 질적으로 우수한 데이터가 얼마나 많은가에 달려있다. 이 때문에 중국은 21세기의 가장 가치 있는 상품을 가진 '사우디아라비아'로 부상하고 있다.

중국에서 생성, 캡처 및 복사된 총 데이터 규모는 이미 미국보다 훨씬 크다. 또한 알리바바의 잭마(마윈)와 텐센트의 포니마(마화텅) 같은 열정적인 기업가들이 있다. 21세기 AI 주도국이 되기 위한 정부와 국민이 지금 중국이다.

지옥에서 만든 결혼

서구에서는 오랜 믿음이 있다. 혁신, 특히 IT 분야의 혁신은 개방된 사회에서 활동하는 자유로운 개인에 의해서만 진전될 수 있으며, 이러한 발전은 필연적으로 개인의 자유를 확대한다는 믿음이었다.

하지만 지금 우리가 소셜미디어에서 보고 있는 것처럼, 기업과 정부는 이러한 기술을 이용하여 마음을 조종하고 자유를 남용할 수 있음을 목도하고 있다. 중국은 당이 주도하는 권위주의 운영체제이며, AI의 진보가 중앙집권력을 강화시켜주는 양상이 빚어지고 있다. 이같은 강력한 피드백을 토대로 중국공산당은 무엇이 가능한지를 보여주고 있는 것이다. 중국의 이같은 체제에 미국인들은 매우 비판적이다. 그 비판의 요점은 AI가 독재적 통제의 강력한 도구가 되고 있다는 것이다.

서구 근대사상에 따르면 인간은 '생명, 자유, 행복추구'라는 양도할 수 없는 권리를 부여받았다고 믿고 있다. 이러한 토대 위에서 민주주의는 그러한 권리를 보장하는 가장 좋은 방법이다. 미국인들은 중국과 AI의 포옹은 '지옥에서 이루어진 결혼'이라고 맹비난한다.

앞으로 미국과 중국의 AI경쟁은 경제, 군사, 사회를 포함한 모든 분야에 걸쳐 벌어질 것이다. 그런데 미국에는 중국과는 다른 상이한 체제를 갖고있다. 다시말해 중국에는 AI와 관련해 제약이 거의 없다는 점이다. 그로 인해 미국은 불리한 편이다. 중국에서는 지식재산 도둑 등 약탈행위 또는 독점금지에 대한 법적 제약이 거의 없다는 점이다. 서구 헌법은 시장을 지배하는 독점행위나 과점행위를 엄격히 금지하지만, 중국공산당은 이를 용인하고 있다.

결론적으로 공산당은 AI를 이용해 미국인들이 상상할 수 없는 방식으로 중국을 지배 통치하고 있다. 소련 지도자들은 단지 꿈만 꾸었을 뿐이다.* 중국인들은 시진핑 국가주석이 제창한 '중국 국민의 위대한 부흥', 즉 중국을 다시 위대하게 만들겠다는 야망을 받아들였다. 이를 위해 시 주석은 레닌주의-공복들이 국민의 선봉에 서서 당을 활성화하고 갱신해야 한다고 생각한다. 시 주석은 2021년, 2035년, 2049년(중화인민공화국 100주년) 등 각각 년도에 구체적인 목표를 설정하면서, "정부, 군사, 사회,

---

* 2019년 11월 인공지능국가안보위원회(NSCAI) 보고서 가운데 이런 내용이 있다. "AI가 인간생명을 연장하고 풍요롭게 하고 필요할 때 필요한 정보를 제공해 더 스마트한 세상을 구현한다. 아울러 우리는 AI가 더 강력한 중앙집권적 통제의 세계와 권위주의를 강화시키며, 반대를 억누르고 순응을 강요하는 도구로 이용되며, 사회 내부의 진실과 신뢰를 파괴하는 미래로 가는 것을 막아야한다."

교육 등 모든 방면에서 당이 모든 것을 주도한다"고 말했다.[*][**] 첨단 정보 기술과 AI는 이 프로그램의 핵심 구성요소이다.

FAANGS 즉, 중국의 유니콘 기업들은 동일한 방법으로 미국 시장에서 조단위 달러로 기업가치를 끌어올렸고, 이러한 요소들이 중국사회에서는 공산당의 지배력을 강화시키고 있다.

FAANGS와 BAT[바이두, 알리바바, 텐센트] 같은 허브 기업을 성공으로 이끈 데에는 디지털화와 네트워크 이론이 기본 원리가 되었다. 이는 마르코 란시티 교수와 카림R. 라카니 교수가 2017년 하버드비즈니스 리뷰에서 '허브경제 관리' 라는 제목의 논문으로 요약 발표한 것이다.[***]

이 내용을 보면 첫째, 무어의 법칙Moore's Law (마이크로칩 저장 용량이 2년마다 배로 증가한다는 법칙; Intel 공동 창업자인 Gordon Moore가 1970년대에 예언한 말)에 따라 컴퓨터는 핵심 요소인 비즈니스에서 폭발적인 생산성 증가를 이끈다. 불과 10년 전에 출시된 첫 아이폰의 기능과 오늘날의

---

[*] 2012년 10월 시진핑 주석은 18차 당대회 직후 한 달만에 '두 백년의 목표'를 제시했다. 중국공산당 창립 100 주년을 맞이하는 2021년 까지 1인당 국민소득을 1만달러 달성이다(이는 2010년 대비 곱절이다), 이어 중화인민공화국 건국 100 주년인 2049년까지 부유하고 강력한 사회주의 국가의 완성이다. 2035년은 '사회주의 현대화' 달성이다. IMF는 중국이 첫 번째 목표에 도달하면, 구매력 평가에서 미국보다 40% 더 클 것으로 예상했다.

[**] "Full text of Xi Jinping's report at 19th CPC National Congress," Xinhua, November 3, 2017. http://www.xinhuanet.com/english/special/2017-11/03/c_136725942.htm

[***] Marco Iansiti and Karim R. Lakhani, "Managing Our Hub Economy," Harvard Business Review, September-October 2017.https://hbr.org/2017/09/managing-our-hub-economy

모델들이 할 수 있는 기능을 비교해보면 이해할 수 있다.

둘째, 메트칼프의 법칙Metcalf's Law이다. 네트워크의 가치가 사용자 수에 따라 확장된다는 원리다. 페이스북이나 위챗은 유저 한 명이 추가될 때마다 추가적인 비용없이 가치를 증대시킨다는 의미다.

셋째, 바라바시의 법칙Barabasi's Laws이다. 연결성이 높은 허브를 생성하는 긍정적인 피드백 고리를 의미한다. 디지털네트워크를 통해 발생하는 처리(거래나 매매)가 많을수록 네트워크 허브의 경제력은 증가한다는 것이다.

란시티 교수와 라카니 교수의 이론을 요약하면 이렇다.

허브가 모바일 통신에 의해 고도 연결되고 수익이 늘면 결정적인 이점을 누리게 된다. 페이스북의 사업 전략을 보자. 페이스북은 24억 명의 개인이 가족 또는 친구들과 자유롭게 삶을 공유하는, 사용자 친화적인 플랫폼을 만든다. 그러면 페이스북은 사용자들이 누구인지, 무엇을 신경쓰고, 무엇에 공유할 가치가 있다고 믿는지를 알 수 있는 친밀한 데이터를 수집한다. 이는 특정 유저에게 프리미엄 가격을 얹어 마이크로 타깃 광고 제시가 가능하도록 해준다. 특정 소비자를 겨냥한 광고의 경우 상품이나 아이디어 또는 후보자를 비싼 구독료에 구매하도록 설득할 수 있다. 마크 주커버그는 이를 간결하게 요한 요약한다. "우리는 여러분이 관심있는 것을 이해하고 있기에, 우리는 여러분에게 더 관심있는 광고를 보여줄 수 있다."

세계 최대 전자성거래 기업 아마존 또한 시진핑 국가주석에게 효과적인 힌트를 제공하고 있다. 시 주석이 인공지능을 사용해 당 장악력을 강화함으로써 실질적인 위협 세력인 당내 반발을 제어할 수 있는 단서를 제공한다는 얘기다. 상황과 환경이 전혀 다름에도 시 주석과 아마존의 CEO 제프 베이조스는 공통의 핵심 과제를 안고 있다. 어마어마한 규모의 조직에 대한 관리와 통제문제다. 어떻게 구성원을 모집하고 유지하며 관리하는가 하는 것이다.

시 주석에게는 9천만 명의 당원이 있고, 베이조스에게는 1억명이 넘는 아마존 프라임 회원이 있다. 두 경우 모두 구성원들은 광범위한 지역에 분산되어 있고, 연간 회비를 내며, 원할 경우 탈퇴할 수 있다. 그래서 구성원들에게 돌아갈 일정한 수익이 있어야한다.

두 사람에게 충성스러운 구성원을 관리하고 동시에 경쟁을 무너뜨리는 것은 자신들 조직이 장기적인 성공을 거두는 데 필수적이다. 두 지도자는 실패할 것이라고 자신만만하게 반복적으로 예언하는 사람들에게 좌절감을 줄 만큼, 아직까지 둘 다 번창하고 있다.

AI는 아마존의 비밀 소스다. 베이조스가 솔직하게 말하듯이, "머신러닝과 인공지능은 우리가 하는 거의 모든 일의 배경이다."[*]

아마존의 알고리즘은 프라임 회원들에게 그들이 원하는 것 이상을 제공하며, 검색과 구매 패턴을 감지한다. 물류 간소화를 통해 모든 지역에

---

[*] "Amazon sets conference on robotics, artificial intelligence," France24, January 17, 2019. https://www.france24.com/en/20190117-amazon-sets-conference-robotics-artificial-intelligence

걸쳐 약속을 이행하고 규칙 위반자들을 적발해낸다.

베이조스는 AI를 이용해 자신의 조직을 붕괴시키는 위험한 자들의 흔적을 찾아 웹을 탐색하고 그들이 성공하는 것을 막기 위해 행동할 것이다.

시 주석의 중국의 경우 다르다. AI를 이용해 태평양 양안의 벤처 캐피털을 수익률을 극대화시킬 것이며, 군사력을 강화시킬 것이지만, 이는 한 국가에서만 해당되는 사안이다.

AI 군비경쟁?

냉전시대 미국과 소련의 핵무기 경쟁에서 상호 능력의 한계는 명확했다. 오늘날 확고한 지배적 위치에 있는 미국과 혜성처럼 등장한 신흥 강국 중국의 대결에서 초점을 어디에 맞춰야 하는가. 특히 미중간 인공지능 무기 경쟁이 점증하는 상황에서 그 위험성은 무엇인가. 좋든싫든, 미래 전쟁은 인공지능이 주도하게 될 것이다.

마크 에스퍼 전 국방장관은 최근 NSC 회의에서 이렇게 언급했다. "AI의 비약적 발전은 앞으로 전쟁의 성격을 바꿀 가능성이 있다. 어느 나라가 AI를 먼저 활용하든, AI는 수년 동안 전쟁터에서 결정적인 이점이 될 것이다."*

---

* The US Department of Defense, "Remarks by Secretary Esper at National Secuꠓrity Commission on Artificial Intelligence Public Conference," November 5,

AI가 전쟁에서 의사결정을 빠르게 한다는 잇점에 따라 군대는 AI를 채택할 수 밖에 없을 것이다. 이를테면 공대공 전투에서 조종사들은 관찰, 방향, 결정, 행동 등 OODA 루프로 행동한다. AI는 다중으로 관찰하고, 방향을 잡고, 결정하고, 행동할 수 있다. 이 때문에, 공중전에서 AI 조종사와 인간 조종사가 맞서는 것은 의미가 없는 일이다.[*]

알파고의 성공이 입증했고, 최근에는 알파스타가 세계에서 가장 복잡한 실시간 전략 비디오 게임에서 모든 경쟁자를 물리쳤다. 인공지능은 공격과 방어라는 구조화된 경쟁에서 인간을 지배할 것임을 시사한다.[**]

그렇다면 최고의 AI를 가진 기업이나 국가 또는 팀이 이길 것이다. 예를 들어, 미식축구에서 해설자들은 종종 '체스 매치'라고 얘기한다. 공격과 수비 전략자들은 다음 플레이가 패스인지 달리기인지 정확하게 예측한다면, 상대팀의 공격을 성공적으로 막을 수 있다. 갖가지 변수를 고려하는 AI는 육지, 바다, 그리고 공중과 공간에서 승리할 수 있다.

향후 승자는 오늘날 군사적 주력 가운데 AI가 뒤집는 것이 무엇인지 가장 먼저 아는 자일 것이다. 독일은 제1차 세계대전 이전에 잠수함의 잠재적 능력을 발견했다. 잠수함을 개발해냈다.

2019.

  [*] 미 NSC가 2019년 11월 발표한 AI 보고서 내용이다. "국가안보를 위한 AI 채택은 시급한 과제다. AI에 대처하는 국제 규범의 모색을 만들고 미국이 그 길을 인도하지 않는다면, AI에 대처하는 국제 규범의 구성을 도모할 방법이 없다."

  [**] "Gen. Joseph Dunford on artificial intelligence and the future of the U.S. military," Washington Post, December 6, 2018.

1914년 독일 U보트 한 척이 단 하루 아침에 장갑순양함을 3척이나 침몰시킬 때까지, 영국 제독들은 잠수함의 치명적인 능력에 대해 눈을 뜨지 않았다. 침몰 당시 알아차렸을 땐 이미 늦었다. 이전 영국은 그들의 보물을 거의 쓸모 없게 된 전함 건설에 투자했다. 최근 사우디아라비아의 사태는 시사하는 바가 크다. 사우디아라비아의 가장 가치 있는 목표물을 성공적으로 공격하고 원유수출을 절반으로 줄여버린 것은 드론과 크루즈 미사일의 조합이었다. AI가 조종하는 드론 무리가 항공모함들을 똑같이 쓸모없게 만들 수 있는가. 항공모함의 1/1000의 비용만 가지고 말이다. AI는 모든 소스를 통해 데이터를 분석할 것이다. AI 분석이 미 주력전투기로 개발된 F-35와 같은 스텔스 기능을 뚫을 수 있을까? 이를 아는 첫 번째 국가는 연구를 주도하는 국가가 될 것이다. 지금 무제한의 경쟁속에 있는 가운데, 해답이 없는 5가지의 질문에 대해 생각해야한다.

첫째, 인간보다 수 천배나 똑똑한 기계의 창조로 인해 현재 공상과학에서 인기를 얻고 있는 것과 유사한 대재앙이 일어날 수 있는가. 공상과학영화에서 우리는 살인을 결정하는 자각 네트워크인 터미네이터의 스카이넷에서부터, 지휘관과 피지휘자 사이의 관계를 뒤집어 엎는 인공지능까지 수많은 사례를 보아왔다. 또한 공상과학과 현실 사이에 명확했던 구별이 우리가 상상했던 것보다 더 빨리 무너지고 있다.

둘째, 이른바 '키신저의 망령'이다. 미국의 살아있는 위대한 정치가이자 전략가로 올해 97세인 그는 "전략적 과제로서 코로나바이러스의 20세 시대: 워싱턴이 문제를 잘못 진단했는가"라고 했다.[*]

현대 세계질서를 형성하는 사상과 행동은 이성에서 비롯되었다.

하지만 현대 질서는 이제 새로운 것, 인류가 결과를 완전히 예측하지 못한 보다 광범위한 기술혁명 속에서 격변하고 있다. AI는 시간이 흐르면서 재앙같은 출발로 이어질 수 있는 개발을 필연적으로 개발할 수밖에 없는가.[**]

셋째, 미국과 중국이 AI 경쟁에서 또래 경쟁자, 즉 어깨를 나란히 하고 있는 현 단계를 제2의 '스팀슨모멘트 Stimson moment'로 인식해야 하는가? 히로시마에 첫번째 원자폭탄을 투하했던 같은 달 해리 트루먼 대통령은 인정했다. 미국의 원자무기 독점적 상황은 순간적이라는 사실을 말이다.

트루먼은 당시 부상하고 있는 초강대국 소련과의 핵 무기 경쟁이 아마겟돈으로 끝날 수도 있음을 두려워했다. 헨리 스팀슨 Henry Stimson 1857~1950 전

---

[*] Henry A. Kissinger, "How the Enlightenment Ends," The Atlantic, June 2018. https://www.theatlantic.com/magazine/archive/2018/06/henry-kissinger-ai-could-mean-the-end-of-human-history/559124/

[**] 애플 CEO 팀쿡은 "인공지능이 정말 똑똑해지려면 프라이버시를 포함해 인간 가치를 존중해야한다. 만약 이것에서 잘못되면 심각한 위험에 처할 것"이라고 말했다. Tim Cook, CEO oof Apple, has warned, "For artificial intelligence to be truly smart, it must respect human values, including privacy. If we get this wrong, the dangers are profound." Sam Shead, Forbes, October 24, 2018. https://www.forbes.com/sites/samshead/2018/10/24/apple-ceo-timꠓcook-issues-ai-warning-it-must-respect-human-va

쟁장관에게 소련과 핵기술의 공유에 대해 진지하게 검토해볼 것을 요청했다. 그 노력은 실패했다. 만약 과거 트루먼이 생각했던 유사한 개념 즉, 미국과 중국이 공동으로 AI의 군사적 개발을 할 수 있는 방법을 찾으려 노력한다면 실패할 수 있다. 하지만, AI 군사적 개발의 무한 경쟁의 위험성을 고려해 볼 때, 과거와 유사한 노력을 진지하게 탐구해야 하지 않을까?

넷째, 미국과 중국 간에 벌이는 인공지능 경쟁이 필연적으로 핵무기 개발과 실전투입 경쟁을 벌인 미소 경쟁 구도의 경로를 답습한다면, 과거와 같은 광적인 시대가 될 것인가? 상호간에 인정하고 있는 파괴인가? 핵 경쟁을 벌이고 있던 두 초강대국은 강력한 2차 공격 무기를 재빠르게 획득하면서, 그들은 승자가 없는 교착 상태에 빠져 있는 각자 자신을 발견했다. 둘 다 자신을 파괴하지 않고는 상대방에 대해 핵공격을 감행할 수 없었다. 따라서 기술은 양쪽 모두가 궁극적인 희생자가 되었을 핵전쟁을 피하는 데 최우선적인 공통적 이익을 창조해냈다. 높은 비용과 극단적인 위험이 상존함에도 불구하고 이런 상황은 지난 70여년간의 비교적 오랜 평화를 유지하는데 확실한 경고와 안정을 유지하는데 기여했다. 인종지능 경쟁 속에 우리는 아직 어떤 유사한 안전판도 발견할수 없었다.

다섯째, 미국과 중국 사이에 과거 냉전 시대로부터 얻은 교훈을 적용하고 응용할만한, 미처 알아차리지못한 공통 관심사가 있을까? 과거 미소

핵강대국들은 쿠바 미사일 위기 당시를 포함해 일련의 긴밀한 연락망을 가동해 상호 관심사를 발견했다. 이런 관심사는 갈등과 오해와 우연한 사고로 인해 전쟁으로 끌어들이는 모멘텀을 방지하는데 기여했다. 그들은 핫라인 같은 통신 수단이나, 핵무기 배치를 제한하는 무기통제조약, 다른 나라의 핵무장 금지나 테러리스트의 핵무기 확보를 막는 핵확산금지조약 등 새로운 방법을 개발했다.

승리 전략을 위한 단서

미국과 중국 간에 벌이는 AI 레이스에서 중국이 승리할 운명인가? 미국보다 4배나 많은 인구를 가진 중국은 세계최대의 AI애플리케이션 내수 시장을 갖게 될 것이라는 데 의문의 여지가 없다. 미국보다 몇 배수의 데이터, 수많은 컴퓨터 과학자들, 그리고 강력한 정부의 의지 등을 미뤄볼 때 미국으로선 충분히 두려운 존재이다. 이런 상황에서 우선 미국의 현실을 판별해본다.

현재 AI 기술 발전의 궤적으로 볼때 미국은 향후 5년간 근소한 우세를 유지하는 반면, 중국은 향후 5년 후를 기점으로 해서 미국을 따라잡고 추월하기 시작할 것이다. 그럼에도 미국 또한 중국보다 우위에 설 수 있다는 자신감이 없지않다. 미 의회는 최근 구글 CEO 출신 에릭 슈미트Eric Schmidt를 의장으로, 밥 워크Bob Work를 위원장으로, 인공지능국가안보위원회 NSCAI, National Security Commission on Artificial Intelligence를 설치했다. 밥 워크는 오바마와 트럼프 정부 시절 국방부 차관을 지냈다. 이 기구의 임무는 전략을 개발하는 것이다. 전략 개발이란 미국의 국가안보 관련 산업의 기업들이 미국의 글로벌 리더십을 유지하는 데 필요한 수단을 갖추도록 하는 것이다.*

이런 개념을 기초로 해서 미국은 몇가지 전략을 생각해볼 수 있다.

첫째, 미국인들은 잠에서 깨어나 현재의 엄중한 시기를 자각해야 한다. AI 경쟁은 미국의 미래를 결정한다. 지금 미국은 심각한 경쟁자와 마주하고 있다고 인식하는 것은 미국의 경쟁력 향상에 절실히 필요하다. 경쟁은 우수한 성과를 낳는다. 마라톤 참가자들은 혼자 달릴 때보다 더 빨리 달린다. 사실, 경쟁이란 미국의 핵심 가치이기도 하다. 시장은 자유롭게 더 싼 가격에 더 나은 제품을 생산하는 경쟁의 마당이다. 과학기술 연구는 경쟁함에 따라 발전한다.

둘째, AI 경쟁에서 중국은 거대 인구에서 나오는 규모의 경쟁에서 분명히 강점을 갖고 있다. 한편으로 미국 또한 개인의 스마트 파워는 세계 첨단을 달리고 있다. 똑똑한 0.0001%의 엘리트들이 미국의 첨단 기술을 더욱 발전시키면서 여타 국가와의 차이를 만들어 낸다. 그런 엘리트는 어

---

* https://www.nscai.gov/

디서 나오는가. 세계 각지에서 몰려드는 77억 인구로부터 인재들은 속속 미국으로 몰려들고 있다.

미국에서는 이들의 잠재력을 최대한 발휘하도록 함으로써 성공할 것이다.[*]

실제로, 미국 회사들은 AI 천재로 인정받고 있는 상위 100명에 이르는 천재들의 절반 이상을 고용하고 있다. 이와 대조적으로, 중국은 폐쇄적인 사회이며. 중국어를 구사하는 14억 명으로 한정되어 있다. 작년에 중국 시민이 된 외국인은 1000명에 불과하다. 미국은 분명히 거대 인구로 지배하는 분야의 경쟁에서는 이기지 못할 것이지만, 반면 탁월함과 창의성, 혁신이 결정하는 분야에서의 경쟁에서 미국은 결정적인 강점을 갖고 있다.[**]

셋째, 플랫폼이 중요하다. 이 분야에서 미국은 지속가능한 경쟁력 있는 위치에서 시작하고 있다. 영어는 과학, 비즈니스, 웹사이트를 위한 보

---

[*] 2019년 11월 NSCAI 중간 보고서는 "미국의 AI 리더십을 외국의 위협으로부터 보호하기 위해 취해진 조치는 자유로운 탐구, 자유 기업, 자유로운 아이디어 흐름이라는 원칙을 보존해야 한다"라고 적시했다.

[**] 보안과 신기술센터 보고서에 따르면 미국은 국제적인 인재확보 경쟁에 직면해 있다. 보고서는 "정책입안자들은 미국의 국제적 AI 인재를 보유하고 유치하기 위해 고난도의 기술자 이민 규정을 개혁해야 한다"며 "외국인 AI 인재 주변을 합법화시켜 보안 우려를 해소하면서 역효과를 초래하는 규제를 광범위하게 혁파해야 한다"고 주문했다. Remco Zwetsloot, James Dunham, Zachary Arnold, Tina Huang, "Keeping Top AI Talent in the United States", Center for Security and Emerging Technology, 2019년 12월. https://cset.georgetown.edu/wp-content/uploads/Keeping-Top-AIꠓTalent-in-the-United-States.pdf

편적인 언어이다. 중국인들은 영어로 말하거나 중국어 중 하나를 선택해야 한다. 오늘날 지구상의 75억 인구 중 절반 이상이 영어를 사용하고 있으며, 또 다른 10억 명이 영어를 배우려 하고 있다.

넷째, 미국 기업들은 전세계적인 운영체제(안드로이드·애플)는 물론, 첨단 반도체ARM, 인스타그램, 유튜브, 페이스북 등 아주 죽여주는 앱 즉, 주요 플랫폼에서 경쟁 우위에 있다. 인스타그램에는 월 10억 명의 활동적인 사용자가 있으며, 페이스북은 24억 명 이상이다. 미국 기업을 본떠 만든 중국의 경쟁사들은 플랫폼과 애플리케이션 모두에서 지배적 위치에 올라서려 할 것이다. 그러나 똑똑한 미국 기업들은 계속적으로 사용자의 기회 확대, 경험의 향상, 플랫폼과 애플리케이션 사용 인구 확대 등을 지속할 것이다. 따라서 세계와 대화하고자 하는 중국인과 다른 나라 사람들은 지금처럼 미국 중심의 플랫폼에 계속 의존해야 할 것이다.

다섯째, 미국의 리더십을 유지하기 위해 치열하게 경쟁하겠지만, 동시에 협력의 필요성도 인식해야 한다. 두 나라는 상호협력이 없다면, 최소한의 국익이라도 확보할 수 없는 중요 분야에서는 힘을 합쳐야 한다.
인류의 에너지 소비가 기후에 미치는 결과는 생생한 사례가 된다. 두 나라가 앞으로 100년 간 지금 속도로 온실 가스를 배출한다면, 누구도 생존할 수 없는 생물권 형성이 초래될 것이다. 따라서 협력 이외 독자 생존이 가능한 대안은 없다. 북한이나 대만 같은 지역에서 벌어지는 도발이 미국과 중국을 재앙적인 전쟁으로 끌어들이는 것을 방지하는 것을 포함해서 다른 영역에서도 마찬가지다. 지금 인류는 2008년 대공황 같은 반복적인 금융위기가 또 다른 대공황으로 이어지지 않도록 협력하고 있다. AI의 무한대 발전을 제한하는 데도 마찬가지일 수 있다.

국가가 격렬하게 경쟁하는 동시에 다른 한편으로 협력할 수도 있다는 것은 모순처럼 들린다. 그러나 비즈니스 세계에서 이것은 일상적인 삶이다. 애플과 삼성을 보자. 아직까지 두 회사 간에 협력적이라고 부르는 경우는 없다. 양자는 스마트폰 시장에서 무자비한 경쟁자이다. 하지만 애플의 스마트폰용 부품 공급업체 중 가장 큰 곳은 삼성이다. 경쟁적이면서도 협력적인 관계를 유지 관리하려면 경계, 판단, 민첩성이 요구된다. 미국과 중국에게 상호 파괴가 유일한 대안이라면, 불편하지만 공존하는 방법을 찾아야한다.

부록II

디지털 전체주의와
반도체전쟁

WHITE HOUSE AI REPORT

디지털 전체주의의 태동*

AI 감시사회

AI의 시대가 펼쳐지는 초기 단계에 도달했다. 하지만 지금까지 알려진 능력만으로도, AI는 확률과 통계에 따른 분석 기능을 바탕으로 감시와 통제 관련 데이터를 탁월하게 생산하고 있다.

예컨대 이동통신이나 일반 전화를 모니터링하고 요주의 대상(이른바 불안세력)을 예측하고 사전 제거하는 능력은 인공지능의 확률, 통계로 도출된다. 이런 AI 능력이 사회적 역기능에 이용된다면 어찌되는가. 생각만 해도 끔찍하다. 국민통제 내지, 여론조작에 이용된다면 가공할 반사회적 요인이 될 것이다. 또하나 AI의 기능을 민주국가 유권자 고유의 투표 행

---

* 〈부록Ⅱ〉에 실린 글은 편역자가 모두 7개 주제를 선정해 서술했다. '백악관 AI 리포트'의 이해를 돕기 위해 편역자가 각종 미디어에 기고한 글을 보충해 삽입한 글이다. 일본에서 출간된 '미중 AI 전쟁의 진실'(후카다 모에)의 글에 나온 용어와 사례도 요약하고 참고해서 서술했다.

위를 콘트롤할 수도 있다. 실제 이런 흐름이 세계적으로 나타나고 있다. 이를 이용해 집권자 뜻대로 투표행위를 조작할 수도 있다.

그래서 '디지털 전체주의'란 신조어가 나오고 있다. AI 시대 개막과 동시에 전세계적으로 확산하고 있는 것은 5G통신이다. 차세대 통신 규격으로 보편화되고 있는 5G가 지금 전세계로 급속히 퍼지고 있다. 앞에서 설명했듯이 5G통신은 고속 정보 인프라의 총아로 떠오르고 있다. 이 분야에서 선두에 선 국가는 중국이다. 전세계에 산재한 5G통신 기지국에서 정보가 수집된다.

스마트폰이나 통신장치, 중국산 감시 카메라의 정보가 중국산 해저케이블을 통해 중국으로 송출되고 있다. 대량 수집된 모니터링 정보를 바탕으로 AI는 적대 분자를 단시일내 적발, 데이터로 만들어낸다. 이런 데이타는 곧바로 집권 세력의 감시도구에 투입된다. 특히 외국의 친중파 정치인에게 투표할 성향이 있는 유권자에게도 이런 방식이 적용된다는 것은 생각만해도 끔찍하다. 가장 흔한 수법은 SNS 광고나 게시물로 유권자들을 유도하는 전략이다. 이미 미국 인공지능국가안보위원회NSCAI가 지난 3월 초순 발표한 최종보고서에서도 이와 유사한 사례가 여럿 적시되어 있다.

이는 또한 2016년 무렵 일본 정보당국이 미국 유권자를 대상으로 써먹은 방법이다. 스마트시티나 스마트폰 결제 등은 국민을 감시하기 쉽다. 말이 좋아 스마트시티이지 곳곳에 감시카메라가 설치되어 있고, 전자결제가 일반화된다면 더욱 국민을 감시하기 쉽다. 치안 기능에서는 탁월한 반면, 나의 행동이 정보관련 누군가의 감시받고 있다면 기분좋을리 없다. 해킹을 통한 정보유출 사고도 늘상 빚어지고 있다. 이를 저지할 보안 기술의 개발이 늦어지면서 사이버 공격은 극심해지고 있다.

특히 사이버 공격에 신경을 곤두세우는 나라는 미국이다. 미국은 중국과 러시아를 의심하고 있다. 최근 미국 중부에서 벌어진 송유관 누출 사고도 사이버공격에 의한 컴퓨터 기능 오작동에서 빚어졌다. 요즘 미국 정부는 보안기능을 미처 갖추지 못한 5G 통신네트워크를 통해 데이터나 정보가 대량 중국으로 넘어가고 있다고 의심하고 있는 것이다.

'중국제조 2025 계획'

불과 4~5년 전 글로벌 벤처캐피탈 자본가들은 투자 대상을 바꿨다. 지금까지 대개 벤처캐피탈 자본가들은 SNS나 IT플랫폼 업계에 투자해온 양태를 보여왔다. 대자본가들은 쉽게 돈이 되는 기술기업에 투자했다. 현금화가 쉽지않은 기초 기술기업에는 투자하지 않았다. "기술에 대한 이해가 안 된다"거나 "원금 회수까지는 시간이 걸린다"는 등의 이유였다. 그런데 갑자기 미국의 대형 펀드들이 몰려든 곳은 AI, 로봇, 반도체, 나노기술, 우주항공계 등 첨단 기술 분야였다. 이들은 모두 중국이 2015년 발표한 '중국제조 2025 계획'에서 핵심으로 꼽은 기술이다.

감시와 통제에 사용되는 AI 기술도 포함된다. 여기에는 안면인식, 객체

인식, 3차원인식, 신원확인, 행동해석, 데이터 크런칭data crunching(적은 연산으로 데이터를 처리, 의미있는 형태로 가공하는 짓) 등을 들 수 있다. 이런데 투자한 펀드들은 큰 돈을 앞세운 중국계 미국자본인 것을 어렵잖게 짐작할 수 있다. 전세계에 감시 카메라가 깔려있는데 중국에 6억대, 아프리카에는 2억대, 남미에도 2억대, 영국 6000만대, 독일 3000만대, 동유럽 제국에 8000만대 정도로 추산된다. 2022년 무렵 중국에는 27억대 감시카메라가 깔릴 것으로 예측한다. 이 만큼 카메라가 생산하는 영상을 처리하는데 필요한 인프라는 대규모로 필요하다. 바로 대용량, 동시다중 접속을 실현한 5G통신 인프라이다. ZTE와 화웨이가 실현한 5G 기지국과 통신설비를 이용하면, 전 세계에서 데이터를 모을 수 있다. 트럼프 행정부가 국방수권법 제889조를 입법한 배경이 이 것이다. 미국은 이들 기업의 카메라와 통신장치의 미정부 조달을 금지했다.

중간에서 정보를 처리하는 기업인 하이크비전, 하이테라 코뮤니케이션 등을 통해 모든 감시 영상이 모두 중국에 보내지는 것은 아니다. 단말 컴퓨팅으로 처리해 정보가치가 있는 부문만 추출한 다음, 데이터량을 가볍게 해서 중국으로 송출한다. 각국 정부 고위 인사의 음성을 탐지하거나 주요 정치인의 동향을 감시카메라 네트워크를 통해 실시간으로 감시 도청할 수 있다.

구글 전 직원의 폭로

구글의 검색 결과가 조작되고 있다는 사실이 내부 고발자에 의해 들통 난 사건이 있었다. 이미 이름이 알려진 이 사람은 미국 보수운동 NPO법 인 프로젝트베리타스Project Veritas의 검색결과가 조작되었음을 폭로했다. 구 글은 검색에 걸리지 않도록 자동 완성 기능을 이용해 검색 결과를 조작 하고 있었다. 키워드를 하나 넣으면 자주 검색되는 여러 키워드를 미뤄놓 고 구글이 보여주고 싶은 사이트가 상위에 올라오도록 하는 것이다. 각 국의 대형 포털 사이트에서 충분히 조작이 가능한 수법이다. 예컨대 검 색창에 대한민국을 입력하면 '애국' 내지 유사한 단어가 동시에 표시되 어 나타나도록 유도하는 식이다. 일반적으로는 이용자나 소비자 검색 빈 도가 많은 순서대로 표시되도록 하고 있지만, 그렇지않고 의도적인 단어 내지 낱말이 올라오게 조작한다는 점이다.

브렉시트 투표는 AI가 만들어낸 조작?

"브렉시트Brexit 국민투표는 무관심층 300여만 명을 끌어들인 AI투표였 다고?"

AI의 가장 큰 능력 가운데 하나는 행동예측이다. 인터넷을 통해 얻은 빅데이터를 통해 개개인의 호불호를 분석해 다음 행동을 예측하는 것이다. 이를테면, IT 관련 서적을 자주 구입하는 남성에게 신간 광고를 보여주면 남자는 무의식적으로 그것을 클릭한다.

"AI가 미래를 예측하고 AI의 예측에 따라 사람의 의식을 조작하며, 이것이 미래를 바꾼다." 좀더 유식한 말로는 인공지능과 인간지능의 상호작용에 따라 미래가 형성되어간다는 말이다. 기업의 제품을 홍보하고 미래 구매 계층을 예측해 구매하도록 한다면, 이보다 좋은 마케팅은 없을 것이다.

더 큰 이익을 얻는 것은 확실히 정치 개입이다. 민주주의 세계에서 유권자의 표는 현금 이상의 가치가 있다. 큰 돈들여 로비를 하지 않고도 정치인을 당선시키면 후원 기업에 이익으로 돌아오기 마련이다. 첫째, 빅데이터에서 추출한 자료를 토대로 정치적 성향을 분석한다. 둘째, 검색 엔진의 자동완성기능으로 임의 단어를 부각시켜 여론을 유도한다. 셋째, SNS에 띄워 심리학적 '단순접촉효과'로 선거 행동에 영향을 미친다 등이다. 이런 수법을 알만한 사람은 다 안다. 일부 IT 대기업들은 이런 수법을 연구해왔으며, 선거철 정치 컨설턴트는 이런 기능을 구입해 써먹는다.

2016년 영국의 '유럽연합 탈퇴 여부를 묻는 국민투표'를 다큐멘터리 영화로 만든 '브렉시트 EU 이탈'이 화제가 되었다. 이 다큐멘터리 영화에서 빅데이터와 AI 기술을 구사하여 생각이 다른 계층을 이끌어내는 방법이 소개된다. 브렉시트에는 관심없는 유권자층을 대상으로 심리적으로 유도해 나가는 모습이 그려져 있다.

영화에서는 한 정치전략가가 지금까지 투표를 거의 한 적 없는 300만

명에게 접근하는 방법과 수법이 그려진다. 당연히 SNS에서 얻은 데이터를 토대로 한다. 잠재적으로 비슷한 생각을 가진 계층이나, 반대 계층의 심리변화를 유도한다.

"VOTE LEAVE 이탈 투표, TAKE BACK CONTROL 지배권 되찾기", "매주 3억 5천만 파운드를 EU에 보내고 있다", "EU를 탈퇴하면 영국 국민이 풍요롭게 된다" 등의 선전 구호를 반대 계층 또는 무관심층에 연달아 무작위로 보낸다. 심리학적으로 보면, 아무리 관심이 없어도 자주 노출되면 사람들은 받아들이기 쉽다. 직장에서 매일 만나는 동료보다 이야기는 나누지 않았지만 매일 마주치는 사람에게 호감을 갖는 사례와 비슷하다.

노출효과로 인해 지금까지 정치에 관심이 아예 없거나 적은 사람들도 담백하게 "EU를 탈퇴하면 생활이 좋아질지도 모른다" 쪽으로 유도되어 간다. 여기서 가공할만한 것은 이 것이다. 보수나 자유주의 등 어떤 종류의 정치사상에 몰입된 계층보다도, 지금까지 정치에 관심이 없었던 계층이 정치적으로 치우친 메시지를 의심없이 받아들인다는 점이다.

2016년 6월 23일 실시된 브렉시트 국민투표 결과, 51·9% 対 48.1 근소한 차이로 EU 탈퇴가 가결되었다. 즉시 파운드 가치가 폭락하고 영국 국민은 혼돈에 빠졌다. 가장 혼란한 계층은 무당파층이었다. 정신을 차리고 보니, "왜 거기에 투표했는지 모르겠다는 등… EU 탈퇴가 어떻게 국가에 또는 자신들에게 영향을 줄지 등을 깨닫고 불안감이 일었다.

인간의 투표 행위를 변화시키려면 어떻게 할 것인가? 이미 브렉시트 영화에서 보았듯이, 빅데이터에서 무관심층을 추출하고 행복감과 트라우마라는 당근과 채찍의 최면 영상을 만들어낸다. 이를테면, 과거 나치시대를 두려워하는 사람을 향해 이런 메시지를 날린다.

"브렉시트에 성공하지 못하면, 독재자에 의해 통치된다"는 영상에 하켄크로이츠(나치의 표장인 갈고리 십자형)를 함께 그린다. 당연히 혐오감을 불러 일으킨다. 이 영상에다 "브렉시트에 찬성하면, 나는 행복해질거야"라며 웃는 사람의 얼굴 영상을 동시에 흘려 내보낸다. 이런 행태를 여러 번 반복한다. 평소 브렉시트에 깊이 생각하지 않았던 무관심층이 투표장에 간다. 이들 투표 행위를 통해 영국의 미래가 바뀌었다. 그리고 찬성표를 던진 사람의 대부분은 파운드가 급락한 것을 보고, 자신들이 왜 찬성했는지 이해하지 못하고 패닉에 빠진다. 곰곰이 생각하고 투표한 것이 아니라, 그들은 마인드 컨트롤에 의한 찬성표를 던졌다. 투표결과를 보고 혼란스러워도 어쩔 수 없는 것이다. 영화는 그렇게 끝이 난다.

인공지능과 인간지능

AI를 이해하려면 우선 인간지능HIH, 휴먼 인텔리전스을 제대로 알아야 한다. 그러나, 아직 인간지능의 한계가 어디까지인지도 모른채 AI 연구는 이미 출발선을 떠났다. 인간 지능이란 통상적으로 서구가 개발한 이른바 IQ지능지수라는 척도로 측정되곤 한다.

공부를 잘한다고해서 지능지수가 높은 건 아니다. 통상적으로 IQ는

'동작성 IQ'와 '언어성 IQ'로 구분된다. 동작성 IQ를 컴퓨터에 비유하면 프로세서이고, 언어성 IQ는 자연어 처리기능이다. IQ가 높다는 것은 처리능력이 높다는 의미일 뿐이다. 일반적으로 '머리가 좋다'거나 학력이 높다는 것은 다른 차원이다. 높은 지능을 갖기 위해서는 두뇌 데이터베이스를 구축하거나 국어·산수·과학·사회 등을 학습해야 한다.

사람은 AI에 없는 능력을 갖고 있다. 인간지능을 이루는 한 쪽에는 창조력과 열정이 존재한다. 인간에게 지능을 높이는 방법은 기본 스펙을 나타내는 IQ에 있는게 아니다. 호기심이나 강력한 감정으로 새로운 것을 계속 배우고자 하는 의욕이다. IQ는 계산기로서의 능력을 나타내는 것이지 질을 나타내는 것은 아니다. AI는 인간지능과 달리 무한정 연산할 수 있지만, 열등감이나 열정, 호기심이 없다. 필요한 정보를 능동적으로 취할 수도 없다. AI는 데이터가 주어지지 않으면 배울 수 없다. 머신러닝과 딥러닝이 중요한 이유가 이것이다.

AI는 '주어지지 않은 정보'를 예상해서 연산할 수 없다. 소프트웨어를 구축하는, 이른바 학습(머신러닝)하지 않으면 안된다.

AI 머신러닝에는 확률·통계를 결합하여 결과의 정확성을 높이기 위한 대량의 모집단(데이터)이 필요하다. 그러나, 인간지능에는 대량의 데이터가 필요하지 않다. 사람은 어떤 일을 할 때 가설을 세우고 실행하며, 가설과 결과가 다르면 왜 달랐는지 고찰하고 그것을 반복할 수 있다.

사람들은 첫사랑에 실패하고 연애가 어떤 것인지를 배운다. 첫사랑에 실패하는 이유는 상대방의 기분을 배려하지 않거나 오해하면서 행동하기 때문이다. 그녀에게 스스로 지은 시를 지어 바치거나 레스토랑에서 즐겁게 식사를 했는데 그 후 연락이 끊어졌다. 상대가 기뻐할게 틀림없다는 전제 아래 행동했는데, 행동 이후 전혀 다른 결과가 나왔다. 실패한 이후, 호의를 가진 사람에게 미움을 받고 그곳에서 자신의 무엇이 잘못되었는지 생각한다. 두 번째 사랑에서는 선물을 주기 전에 '무엇 원하는게 없나?'고 물어보거나, 상대방의 반응을 보면서 행동한다. 실패를 통해 피드백을 받음으로써 성공한다.

AI가 얼마나 웃지못할 해프닝을 연출할 수 있는지 보여주는 사례가 있다.

2016년 마이크로소프트의 채팅봇 AI 'Tay'가 출시 몇 시간 만에 셧다운 되었다. 유저가 보낸 메시지에 답장해주는 앱이었다. 수많은 유저들이 트위터로 인종차별적인 댓글을 계속 보내자 AI도 이것을 학습해 인종차별적인 메시지를 쏟아냈기 때문이다.

AI도 "빌어먹을 페미니스트는 정말 싫어. 놈들은 지옥불에 태워 죽이면 된다. 히틀러가 옳았다. 유대인이 정말 싫다"는 등의 혐오 단어를 마구 쏟아냈다. AI는 주어진 데이터로 배우고, 거기에 최적화된 학습을 한다. 이 때문에 데이터의 모집단이 작고 편향되면 AI도 따라한다.

AI는 수동적으로 주어진 정보에만 접근할 수 있기 때문에 자기 수정이 어렵다. 그래서 쏠림을 없애기 위해 AI에게는 엄청난 데이터를 필요로 한다. 인간지능은 스스로 가설을 세우고 데이터를 분석하기 때문에 빅데이터가 필요하지 않다. 적은 샘플 수에서 일정 룰을 토대로 추상화·일반화해 많은 사건을 풀어내는 가설을 만들어낸다.

남성 뇌는 데이터베이스 형 여성 뇌는 센서 형

AI 작동에 필요한 기술은 크게 3가지다. 반도체 기술, 알고리즘 설계 기술, 센서 기술이다. 하지만 앞으로는 센서 기술이 AI 개발의 트렌드가 될 것이다. 여성은 주로 데이터로 주어진 정보보다 '센서'로 받는 정보량이 많다. 이는 명문화되지 않은 정보를 얻을 수 있다는 의미다. 통상 가정에서 남편들은 "오늘 밤은 일로 늦게 들어간다"" 평소대로 말하고 행동한다. 하지만 아내에게는 "정말 일 때문인가"라는 의문부호가 붙을 것이다. 여성들은 정보처리를 할 때 말뿐만 아니라 표정이나 태도, 분위기 등 비언어 데이터까지 세밀하게 읽어낸다. 이는 센서에 보다 민감하다는 증거이다. 민감하다는 것은 많은 정보를 필요로 한다.

남성도 여성만큼 시각, 청각 센서는 똑같다. 남성도 여성만큼 직관력이 강해질 터인데 그렇게 안 되는 이유가 있다. 남자의 뇌는 무언가를 하기 시작하면 그에 집중하여 주변 간섭이 들리지 않는다.

이른바 작업 메모리가 작기 때문에 한 가지만 할 수 있는 '단일대응형 뇌'라고 할 수 있다. 반면, 여성은 다양한 일을 할 수 있다. 여성 뇌에는 용량이 큰 워킹 메모리가 존재하며, '멀티대응형 뇌'에 알맞다. 말하자면, 음성·영상 데이터의 동시 입력·처리가 가능하다.

멀티대응형 뇌는 다양한 정보를 동시에 처리할 수 있지만, 대신 주의가 산만하다. 단일대응형은 집중력이 높아 학습이나 연구에 강하다. 뇌 안에 데이터베이스를 구축할 수 있다. 각종 센서에서 얻은 데이터를 센서정보라고 하는데, 남성 뇌를 '데이터베이스형 AI'에 비유한다면 여성 뇌는 '센서형 AI'라고 할 수 있다.

AI 빅데이터 분석의 위력

앞에서 설명한 영국의 EU 탈퇴 국민투표는 AI의 능력을 보여준 사례다. SNS를 통해 수집된 데이터를 토대로 AI가 개인의 정치적 성향을 분석해낸 다음, 유권자들에게 SNS로 접근한다. 이를테면 EU 탈퇴에 무관심한 입장인 유권자들에게 탈퇴가 가져다주는 잇점을 맨투맨 개인별로 홍보하는 식이다. 이는 민주주의 근간인 유권자의 자유투표에 영향을 주는 행위다.

또한 SNS를 통해 수집된 빅데이터 정보가 언론을 통해 정치에 이용되고 있다. 모두 AI가 여론 조작에 이용되는 사례이다.

지금도 미국의 IT 대기업들이 실험중이다. 그들이 보유중인 인간 관련 빅데이터를 AI로 해석해 유권자에 어느정도 영향을 미치는지 모의실험을 하고 있다. 빅데이터를 분석하고 소비자의 유형을 분석해낸다. 이를테면 표적으로 삼은 개인에 대해 사용자의 과거 구매 내역과 행동 범위, 기상시 들려주는 음악, 취침시간을 역산하면 특이한 행동 양태가 나온다. AI가 예측한 결과를 토대로 개인에게 광고를 날리면 의식에 없던 구매의욕이 살아나 무심코 클릭한다. 이는 유통 분야 기업들이 가장 많이 채용하는 마케팅 전략 가운데 하나다.

빅데이터 분석은 앞으로 더욱 위력을 발휘할 것이다. 빅데이터 분석에 AI 기반 기술을 적용하면 그 위력은 대단할 것이다. 개인의 쇼핑 기호는 물론, 정치적인 성향까지 분석해낸다. AI는 말의 의미를 이해하는 것이 아니다. 대량의 데이터를 분석, 확률과 통계적 기법으로 오차를 줄여 진실에 가깝게 해석하는 것이 AI 기반 기술이다. 조지 오웰의 소설 '1984'는 공산주의 체제에 지배된 감시사회를 묘사하고 있다. 40여년이 흐른 지금 현대사회를 그린 것이다. 모든 사람들의 대화와 사고를 수치화하는 것, 모든 사람의 구매 이력과 이동 이력을 분석하는 것 등은 모두 감시망에 걸려든다. 국민의 사생활을 감시하고 행동을 분석하는 세계 그 자체가 바로 스마트폰이다.

사이버 '베를린 장벽' GFW

그레이트 파이어월GFW은 무엇인가

디지털 냉전은 의외로 빨리 도래했다. 닷컴버블로 IT기업의 주가가 화려하게 상승하기 이전부터 디지털 냉전은 조용히 시작되었다.

이를 알아차린 사람은 극히 드물었다. 예전 앨 고어 전 부통령의 부친이 미국에 수퍼고속도로 구상으로 물류혁명을 일으킨 적이 있었다. 빌 클린턴도 정보수퍼하이웨이 구상을 내세워 선거전에서 승리했다.(정보수퍼하이웨이=1992년 미 대통령선거전에서 클린턴과 고어 진영이 선거공약으로 내놓은 정보화 전략으로 초고속통신망)

중국공산당은 이를 20여년 전부터 경계했다. 그 이유를 이렇게 추정할 수 있을 것이다. 인터넷으로 세계가 연결되고 정보가 순식간에 전세계로 확산하면, 반공적 이념의 일부 중국인들은 비즈니스 기회를 찾아 해외로 향하면서 사람과 돈과 물자가 유출될 것으로 우려했다. 더욱이

자본주의 국가에서 경제력을 거머쥔 해외 탈출한 일부 중국인들은 공산당에 복수할 위험도 없지 않다.

냉전 시절 동서독 관계도 그러했다. 자유경제 활동이 허용된 자유 서독은 경제적 번영을 구가하는 반면, 동독에서는 사람과 재화가 유출되는 사태가 벌어졌다. 이같은 위기의 동독을 구한 것은 공교롭게도 베를린 장벽이었다. 애초 장벽은 동독 공산당이 서베를린으로 탈출하는 동베를린 사람들을 저지할 목적이었다.

"정보의 자유로운 왕래를 통제하려면 인터넷상에도 만리장성을 쌓아야 한다." 이 말은 중국공산당군사위원회가 '그레이트 파이어월GFW 계획'을 수립할 당시 내건 명분이었다.

개혁 초기 덩샤오핑의 지시에 따라 통신인프라 기업 4개가 창업되었다. 덩샤오핑이 선호했던 글귀 '용당흥위 거대중화龍唐興為巨大中華'에서 두 글자씩 따서 '대당, 거룡, 중흥ZTE, 화웨이로 이름 붙여진 기업들이 탄생했다. 이 가운데 ZTE와 화웨이가 거대기업으로 살아남아 GFW 계획에 참여하게 된다.

중국에서 GFW가 구축되는 시점은 혁명 3세대에 해당하는 장쩌민 정권 당시인 1998년 무렵이었다. GFW는 중국어로 '중국방화장성中國防火長城'이다. 중국의 인터넷 검열 시스템의 총칭이다. 통상 중국 네티즌들이 부르는 '벽'이란 GFW를 가리킨다. 대개 사이트의 콘텐츠를 차단하거나 국내외 서버와의 통신을 차단한다. GFW의 명분은 외적으로부터 중국민을 지키는 만리장성이다. 하지만, 실상은 인터넷 소통을 검열하고 차단하는 일종의 현대판 사이버 베를린 장벽이다. GFW는 한편으로 중국 공산당의 약점이기도 하다. 그래서 GFW를 공격하는 것은 중국에서 범죄이며 당연히 외국인도 예외없이 걸려들면 제제를 가한다. 사실상 전 세계의 인터넷 언론은 GFW에 의해 검열되고 있다고 해도 과언이 아니다. 중국내에서는 주로 미디어와 플랫폼 기업을 통해 언론통제가 이뤄진다.

전세계 언론을 감시하는 GFW

GFW는 인터넷 게이트웨이 통신서버 즉, 길목을 감시하는 방식을 채용한다. 애초에는 중국의 관점에서 부적절하다고 판단되는 인터넷 콘텐츠를 방해하고 차단하는 것으로 시작됐다. 인터넷은 다중분사형 'WWW월드와이드 웹' 방식이다. GFW는 중국 통신기업이 제공하는 저렴한 통신 인프라이지만 단순한 보안 소프트웨어가 아니다. GFW는 중국 정부가 지정한 도구를 모니터링하고 검열하는데 이용하는 하드웨어와 소프트웨어의 집합체다.

GFW는 미 국방부의 감시 프로그램을 모방한 형태이다. 중국 당국은 GFW 감시기능 향상을 위해 미 국가안보국NSA의 PRISM통신감시 프로그램을 따라했다. PRISM의 존재는 전 NSA 직원인 에드워드 스노든이 폭로해 세상에 알려졌다. PRISM 계획에는 마이크로소프트, 구글, 야후, 페이스북, 애플, AOL, 스카이프, 유튜브 등 주요 IT 기업과 플랫폼 기업이 관여했다.

　스노든이 PRISM의 존재를 폭로한 이후 미국은 전 세계적인 비판에 직면했다. 이후 계획에 관여했던 미국 주요 IT기업들은 부리나케 중국 쪽에 줄서기 시작했다. 중국 시장 접근에 대한 기회가 왔다고 본 것이다. 오바마 시대에 본격 운영이 시작된 PRISM은 감시뿐만 아니라 언론통제도 수행했다. IT 업계에서는 언론통제에 관한 것에 대해 모두 추정하고 있지만 아직 입증된 것은 아니다. 이를테면 오바마에 관한 것이다. 재임 중 오바마는 훌륭한 대통령이라는 기사가 항상 나돌고 있었던 것을 기억할 것이다. 많은 사람들이 오바마 대통령을 칭찬한다. 하지만, 퇴임 이후부터 지금까지 그는 미국 역사상 무능력한 대통령의 상위권에 속한다. 그 이유 중 대표적인 것은 표모으기에 도움되는 정책만을 선호했다는 비판이다. 빈곤층 이민자들에게 마구 국적을 주고, 푸드쿠폰을 남발했으며, 그로 인한 예산 적자는 가중되었다. 오바마케어는 의료기관의 혼잡으로 예약 이후 몇 달을 기다려야 했고, 제조업은 쇠퇴하고 중산층은 엷어졌다.

　미국 국민들은 양극화가 심화되는 빌미를 오바마 정부가 제공했다고 비판하고 있다. 그러나, 오바마 재임시 SNS상에서 언론을 효과적으로 요리했다.

　그 결과 깨끗하고 훌륭한 대통령이라는 이미지를 유지한 채 막을 내렸다. 오파마의 진짜 얼굴보다 깨끗하고 훌륭하다는 이미지를 심어주는 역할을 한 것은 중국의 GFW 프로그램이었다. 오바마가 친중 성향이었다는 것은 모두가 아는 사실이다. 오바마는 중국과 잘 지내면서 권력유지의 동력을 얻고자 했다. 이런 배경을 꿰뚫고 있는 중국 당국이 여론 조작용으로 친오바마 SNS를 이용했을 것으로 추정할 수 있다. 실제 오바마는 재임시 중국에 우호적이었으며, 중국에 대해 세계의 책임있는 리더국가라고 추켜세우기도 했다.

다시 GFW 얘기로 돌아가자. GFW는 중국만을 지키기 위해 개발된 시스템이 아니다. 전세계를 감시하고 정보 통제에 이용되는 툴이다. 왜 그럴까. 애초 목적은 '중국 관점에서 부적절한 해외 사이트 접속 차단', 혹은 '중국 내 데이터를 지키기 위한 해외 유저의 접근제한'이었다. 중국 국가안전부나 정보기관, 인민해방군 소속 요원들 중에는 해외에 거주하며 언론을 검열하는 부대가 존재한다. 이들은 대개 유학생 신분으로 파견되어 활동한다. 이들은 각국에 파견돼 현지 언어 사이트, 블로그, SNS를 사용하며 해외로 접근하는 중국 국내 유저의 차단을 담당했다.

그런데, 2011년부터 국내인 정보통제 뿐만아니라 해외 사이트들의 정보 통제도 관여했다. 가령 이런 유형이다. 외국 미디어 기자에게 가짜 정보를 주는 공작은 예전부터 써먹는 수법이다. 최근 몇 년간 외국 언론인을 매수하는가 하면, 반중국 언론을 하나하나 표적 제압하는 작업도 벌여왔다. 중국 당국이 지정한 키워드가 포함된 뉴스나 사이트의 검색결과 순위를 낮추거나, 반중 언론인의 SNS 계정을 잠그는 방법도 있다. 그들의 유튜브, 트위터, 페이스북 등을 동결·삭제시켜 봉쇄하고 반대로 친중 성향에 대해서는 검색빈도를 높인다. 해외에서 주고받는 통신을 검열하려면 전 세계에 분산된 서버와 중계장치 등 대규모 통신 감시 시스템이 필요하다. 네트워크를 전 세계에 설치하는 것은 필연적이다. 이런 일을 실행에 옮긴 것이 화웨이였다.

GFW는 표면상 외국 사이트를 통해 벌어지는 자금세탁, 국제사기, 아동 음란물 등의 범죄를 단속하기 위해 인터넷 검열을 벌이고 있다고 밝힌다. 그런데 실상을 보면, 전 지구를 커버하는 인터넷 검열 인프라이다. GFW는 미국 대형 IT기업이 개발한 AI 기반 기술을 채용해 한층 업그레이드 되었다. 중국 정보당국이 오바마를 지지한 이유에 대해선 나중 외교문서가 공개되면 더 밝혀질 것이다.

중국 공안당국이 공식 사용하는 인터넷 보안 프로그램의 명칭은 '金盾'이다. 하지만, 이는 GFW와는 역할 자체가 다르다. 이는 통상적인 공안업무, 외국인 숙박이 가능한 호텔 관리, 출입국관리, 치안관리, 호텔 성매매 행위 단속 등 본래 업무이다.

미국과 중국의 사이버 보안 비교

중국의 그레이트파이어월Great FireWall of China, 즉 GFW는 2003년부터 시행한 '골든실드프로젝트Golden Shield Project'에서 비롯됐다. 중국 사용자들이 인터넷을 사용하는 과정에서 정부가 직접 규제하고 컨트롤하는 보안 아키텍처다. 그러나 전술한 바와 같이 중국은 전 세계를 대상으로 보안 감시의 범위를 넓혔다. 미국 역시 국가 차원의 보안 프로젝트는 2003년부터 시행한 '아인슈타인EINSTEIN 프로젝트'이다. 이는 중국당국의 보안 개념과는 다르다. 미국은 국토안보부DHS에서 주관하며 보호대상은 정부기관이다. 즉 사용자의 인터넷 사용을 통제하는게 아니라, 공격자가 정부기관을 공격하는 것에 대한 방어 개념이다.

중국과 미국의 사이버보안 방어체계를 직접 비교해 볼 수는 없다.

다만 중국은 일반 사용자들의 인터넷 접근에 대한 방어체계를 구축해왔고, 미국은 정부기관의 보호를 위한 국가적인 방어체계가 골간이다. 물론, 자유민주 체제인 미국은 국가의 권리보다 개인의 권리, 사생활보호 개념이 우선한다. 하지만 국가적으로 통제한다는 목적은 중국이나 미국이나 흡사하다.

중국의 GFW는 미국 IT대기업으로부터 빅데이터를 구입해 사용하고 있다. 중국은 미국 IT기업의 최대 고객이다. 미국 기업들은 자국의 PRISM 계획에도 관여했다. 이는 전술한 것이다. 중국 당국의 전문 요원들이 미국의 빅 데이터를 분석하고 위험 정도를 분류한다. 반중 그룹으로 분류된 사람들의 행동 양식을 추출한 다음, 그들이 사용한 키워드로 공격한다. 딥페이크로 불리는 AI 기술로 음성과 동영상을 합성하면 보다 분명해진다. 2013년 무렵 음성 합성 기술 밖에 없었지만, 2018년 무렵엔 동영상을 합성할 수 있게 되었다.

GFW의 하드웨어 구성

세계의 통신을 모두 검열하려면 거대하고 촘촘한 인프라가 필요하다. 전 세계를 연결하는 해저케이블과 170개국 이상에 설치된 수백만 곳의 기지국(주로 화웨이), 세계 각국에 들어간 수억대의 중국제 감시 카메라가 GFW의 기본 하드웨어다. 마치 지구촌을 첩보 인프라로 둘러싼 형국이다. 2010년 기준 위키피디아중국판에 공개된 GFW는 6000개 이상의 노드로 구성된다. 노드란 네트워크 전송통로를 연결하는 마디인데, 컴퓨터나 단말 부분의 디바이스를 가리킨다.

GFW에는 주로 중국기업 수광정보曙光信息가 제조한 수퍼컴퓨터가 사용된다. 중국과학원이 만든 이 회사는 2019년 6월 미국 수출규제목록에 오른 대형 수퍼컴 제조기업이다. 수광정보는 GFW 서버의 주요 공급자이자 공동 개발자다. 운영체제는 리눅스의 레드헷시리즈를 채용하고 있다. 셋트당 비용은 대략 3000만 위안이며, 운영비는 300억 달러 정도로 추산된다. 화웨이는 전세계에 4G/5G 기지국, 게이트웨이 등 8백만 개 정도를 설치하고, GFW의 일부분으로 운용하고 있다. 2019년 기준 GFW에 이용되는 프로세서 수는 2000만 개이상으로 추정된다.

최근 일대일로의 일환으로 시작된 해저케이블 공사가 저가의 중국제로 부설되기 시작했다. 그러나, 미국 정부가 발주한 1만2900km의 해저 케이블 공사가 중국제로 공급될 예정이었는데 미 정보 당국의 제제로 중단되었다.

루트서버에 대한 공격

인터넷 주소의 핵심 기능인 DNS도메인 네임 시스템가 해커에게 공격당한다면 인터넷은 혼란에 빠질 것이다. DNS란 인터넷 중에서도 중요한 존재로 URL을 IP주소로 변환해 서버 위치를 가리킨다.

URL은 말그대로 사람이 이해하는 웹사이트 주소이며 컴퓨터가 인식할 수 있도록 주소를 찾아주는 역할을 하는 숫자 묶음이 DNS이다. 우편배달 직원이 집주소(IP주소)를 보고 배달하려다 집이 없는 경우 주소(URL)와 우편번호(IP주소) 일람표를 비교해 올바른 주소로 우편물을 배달하는 이치와 같다.

만일 DNS가 공격받는다면, URL과 메일 주소는 제대로 된 가상공간 주소로 갈 수 없다. DNS의 우두머리 루트서버root servers는 세계에서 13대(클러스터) 밖에 없다. 디도스DDoS공격으로 루트 서버가 다운된 적이 있었다. 이같은 중요한 루트서버는 가끔 정체 불명의 사이버 테러리스트의 공격을 받고 있다.

2018년 무렵, 중국이 루트서버의 90%를 장악했다는 소문이 돌았다. 루트서버는 민간 기관인 미국 LA에 소재한 ICANN국제인터넷주소관리기구에서 관리하고 있다. 그런데 중국이 90% 장악했다는 말은 무엇인가. 발단은 오바마 정권 당시 ICANN이 미국 정부 산하에서 민영화로 전환된 데 있었다. 당시 업계에서는 DNS가 야금야금 중국 정보당국 지배하에 들어갈 것이라는 우려가 있었다. 중국 정보 당국이 민간 자본을 가장해 투자

〈표〉 전세계 13대가 설치된 루트서버 국가 / 운영주체

- Verisign(미국) / 도메인 명칭 레지스트리
- 남캘리포니아대학 정보과학연구소(ISI) / 연구소
- 코젠트 커뮤니케이션 / 인터넷접속기업(SIP)
- 매릴랜드대학 / 연구소
- 미항공우주국(NASA) 에임즈연구센터 / 미국방부
- 인터넷시스템즈 컨소시엄(ISC) / 미국 BIND 개발원
- 미국방부 네트워크인포메이션센터 / 미국 정부기관
- 미육군연구소 / 미국방부
- Netnod(스웨덴) / 미영리단체, 세컨더리 DNS 운영
- 베리사인(Verisign) / 도메인 명칭 레지스트리
- RIPE NCC(네덜란드) / 유럽지역 IP 어드레스 레지스트리
- ICANN (미국) / 비영리단체
- WIDE 프로젝트, JPRS(일본) / 연구프로젝트 기업(도메인 명칭 레지스트리)

※일본 JPRS 웹사이트 참조

했다는 소문만 나돌고 있는데, 아직 실체는 드러나지 않고 있다. 중요 통신시설이 민간에 넘겨진다는 것은 한국에서는 일어날 수 없다.

GFW의 새로운 기능에는 중국 공산당에 불편한 언론을 자동적으로 검출하는 기능이 있다. 이는 표면상 SNS상의 인종차별적 언어를 자동 색출하도록 고안된 알고리즘이다. 실제로는 SNS상에서 언론을 감시하는 도구로 사용된다. 이런 목적 아래에 GFW는 인터넷 웹사이트에서 키워드 필터링을 주로 활용한다. 키워드를 역추적하면 누가 어디서 트윗을 날리는지 체크할 수 있다.

누가, 언제, 어디에서 키워드를 입력해 검색했는지 정보를 수집할 수

있다. 일대일로 프로젝트에서 진행 중인 중국산 5G 기지국과 해저케이블 부설이 끝나면 거의 모든 데이터를 수집할 수 있다.

중국은 IT 메가테크 기업인 바이두, 알리바바, 텐센트 또는 미국 기업인 구글, 애플, 페이스북, 아마존 등으로부터 빅데이터를 구입하거나 수집한 다음, 공산당에 반대하는 세력을 색출해낸다.

특히 AI 기반 기술은 엄청난 효율을 발휘한다. AI가 제대로 활용되고 있는 분야는 빅데이터 분석이다. 어느 나라나 마찬가지이겠지만, 중국의 경우 다른 나라에 비해 AI 적용이 매우 빠르다. 공산당에 반대하는 활동가나 사상가를 가능한 한 빨리 찾아내는 작업이다.

AI 기반 기술을 토대로 향후 반체제 성향의 인물을 미리 특정해놓으면 감시하기가 훨씬 용이하다. 중국에서 흔히 쓰이는 사회신용제도는 사실 사상검증이나 성향 검증의 도구로 사용되고 있다고해도 과언이 아니다.

인터넷 여론조작단 우마오당五毛黨

반중 게시물이나, 중국공산당에 불편한 언론 및 개인 계정을 공격해 비난하는 글을 올리는 익명의 집단이 있다. 일종의 인터넷 여론조작단이다. 한국으로 치면 '댓글 알바' 집단이다. 중국 및 외국 인터넷을 가리지 않고 중국 공산당을 찬양하거나 친중 세력이나 인물을 옹호하는 댓글을 다는 것이 이들의 임무다. 좀 더 정중하게 중국에서는 '인터넷 평론원'이라고 불린다. 이들이 기본 월급 600위안에 댓글 한 개당 5마오(약 85원)를 지급받는다. 이런 사실이 알려지면서 이들을 '5마오를 받는 무리'라는 뜻의 우마오당五毛黨이라고 불린다. 7마오로 인상된 뒤엔 七毛黨치마오당이라고도 한다. 우마오당의 유래는 2004년 창사시공산당위원회에서 인터넷 언론조작 시범 운용을 시작해 인터넷상의 언론을 유도하는 데 성공한 것이 계기가 되었다. 당시 중국 중부 창사시 공산당선전부는 기본급 월 600위안+1에 고용원을 운영했다. 댓글 한 개에 5마오를 지급했다. 훗날 후진타오 주석의 여론 유도정책을 강조한 이후 댓글 하나에 2위안까지 4배 올랐다. 여기서 '당'이란 중국에서는 정당의 의미가 아니라 무리라는 의미다. 인터넷 댓글부대는 기본적으로 중앙 선전부가 총지휘하지만, 세부적인 지시는 지방에서 알아서 운용한다고 한다. 중국공산주의청년단(공청단)의 자원봉사자들이 뒤섞여 있는데, 이들 중 상당수가 외국어의 뉘앙스나 맥락을 읽지 못하는 댓글을 다는 것도 특징이다. 최근에는 아프리카 유학생을 훈련시켜 고용하고 있다고 한다.

이 댓글부대의 특징은 모국어가 아니어서 이상한 댓글이 많다는 점이다. 담당 국가 출신이 아니어서 모국어를 제대로 구사하지 못하기 때문에 뉘앙스가 이상한 우스개 댓글이 많은 것이다. 현지인 만큼 지식이 없기에 심도있는 논의를 할 수 없고, 논점이 틀린 경우가 대부분이다. 각급 당위원회 선전부나 인민해방군 요원이 중국이나 한국 일본 미국 등 현지에 파견되어 댓글 활동을 하는 경우도 있다.

'포이즌 어택'

AI 기술경쟁에서 솔직히 중국은 미국 일본 한국 독일의 첨단 기술을 허락없이 도용해왔다는 사실에 이의가 제기하는 사람은 거의 없다. 애초 중국은 로열티를 지불하지 않고 알게모르게 획득한 선진 기술을 토대로 스마트폰, 통신장비, 반도체 제조 등을 제조해 저가로 판매해 지금같은 경제적 토대를 마련했다. 화웨이는 통신 기지국과 해저 케이블로 글로벌 정보 인프라를 구축하고 빅데이터를 수집하고 있다. 이어 미국의 PRISM 계획에 참여한 미국 IT기업과 소프트뱅크의 비전펀드를 통해 AI 기술을 이전했다.

중국 당국은 AI 기술로 국민에 대한 감시와 언론통제에 응용하고 있지만, 앞으로 실제 전투 현장에서 적용을 목표로 하고 있다. 미국에서 중국 인민해방군 요원이 유학생이나 민간 기업인으로 가장해 첨단 기술을 획득하는 현황은 이미 설명했다.

향후, 반도체 기술 전쟁은 격화할 것이다. AI의 운용 능력은 전적으로 반도체 성능과 알고리즘 기술에 달려있다. AI 운용에서 특히 고성능 반도체 없이는 구동할 수 없다. 현재 AI 선진국 가운데, 러시아의 방어기술이 가장 우수하다는 평가를 받는다. 미국 메가테크 기업과 교류하고 있는 중국 난징 빅데이터연구원 원장 류펑에 따르면, 중국에서 GFW의 커버율은 거의 99%라고 한다. 방어 능력이 미치지 않는 구역을 '블라인드 스폿'이라고 하는데, 중국의 블라인드 스폿은 1% 수준이다. 한국과 일본의 블라인드 스폿도 1% 이하 수준으로 알려져 있다. 그러나 러시아의 경우는 나머지 1%에 대한 방어도 가능하다고 한다. 한때 중국 헤커들이 러시아의 서버에 침투해 개인 이름과 전화번호, 통화 이력 데이터베이스를 훔치는데 성공했다. 그러나 이 데이타베이스에는 가짜가 포함되어 있었다. 러시아 인구 1억 4500만명의 20배 가까이 되는 20억명의 데이터가 들어있었다는 것이다. 이를 AI로 분석하니 엉뚱한 결과가 도출되었다. 이 빅데이터에는 가짜 데이터가 대량으로 섞여 있었던 것이다.

이것을 분류해내려면 엄청난 시간과 노력이 걸린다. 결과적으로 중국 헤커들이 훔친 러시아 인구 데이터베이스는 값어치가 없어졌다.

이것은 바로 '포이즌 어택'이다. 러시아가 자랑하는 전형적인 수동형 사이버 방어 기법이다. 러시아는 중국이나 북한의 해커에 의해 빅데이터가 침범되었더라도 피해가 없도록 방어한다는 개념이다.

개인정보를 관리하는 러시아측 서버는 진짜 데이터와 가짜 데이터를 일부러 섞어 관리하고 있다. 중국측 헤커들이 침투했으나 가짜 데이터를 훔친 것이다. 가짜 정보를 흡수해 마치 사이버 독을 마신 것과 같다는 의미에서, '포이즌 어택'으로 불린다.

AI가 작동하려면 머신러닝에 투입되는 데이터가 깨끗해야 하는 것이 대전제이다. 이런 취약점을 이용하여 AI의 오작동을 노리는 것이 '포이즌 어택' 방어기술이다. AI 기술이 국민 감시에 이용되는 사회는 비단 중국만이 아니다. 카네기국제평화재단이 전 세계 176개국을 대상으로 조사한 바에 따르면, 75개국이 AI 기술을 감시 목적으로 이용하고 있다.

이어 이들 국가는 중국기업 화웨이, ZTE, Hikvision, 다파 테크놀로지, 하이테라가 제조하는 AI 감시장비를 사용하고 있었다. 이들 국가의 절반 정도는 중국의 일대 일로에 참여하는 나라들이다. 자유민주주의 국가들 51%가 스마트시티라는 이름 아래 얼굴인식 카메라까지 다양한 감시기술을 이용하고 있다. 대부분 중국·미국에서 개발된 기술이다. 감시사회에 적용되는 AI는 첨단 반도체의 개발에 따라 더욱 발전하고 있다.

양자컴퓨팅,
금융패권을 결정한다

생명체는 암호기술로 생존

생명체는 암호를 통해 생명체를 유지한다. 자연계는 암호로 가득 차 있다. 생명체의 가장 큰 비밀은 자연이 만들어 낸 암호가 담긴 유전자로 표현된다. DNA 배열이 바뀌면 단백질의 특질도 변한다.

DNA 안에 존재하는 염기서열에는 총 4종류의 인데, 염기 A(아데닌), T(티민), G(구아닌), C(사이토신)이 배열되어 있다. 4가지 염기서열은 생물을 특징짓는 정보를 기록한 암호이다. 이것을 분석한다면 동일한 유전자를 가진 민족에게만 효능이 있는 병원균이나 바이러스 등 생물무기를 개발할 수 있다. 이미 DNA 분석을 바탕으로 한 생물무기 개발은 시작되고 있다.

중국은 전 세계에서 유전자 정보를 수집하고 민족별 특징을 분류하는 작업을 진행하고 있는 사실은 잘 알려져 있다. 유전자의 비밀이 해독된다면 각종 질병을 통제할 수도 있지만, 역으로 종은 멸종 위기에 처할 수도 있다. 때문에 유전암호 해독은 인류에겐 '금단의 열매'일지도 모른다. 언어, 풍습, 습관이라는 '암묵적 지식'으로 형성되는 데이터베이스는 민족을 지키는 일종의 '암호'라고 할 수 있다.

2년여 전 발생한 홍콩 민주화 시위 당시 홍콩당국이 외부 개입분자를 적발할 때 이용한 방법이 말투였다. 중국의 공통어는 4성이지만, 광동어는 9성에서 1성까지 폭넓게 사용한다. 광동어는 외부인이 쉽게 습득할 수 없기 때문에 말을 걸어본 뒤 판별하는 식으로 홍콩 경찰은 외부인을 색출했다고 한다.

인터넷이라는 가상공간은 공개적인 공간이다. 전자메일로 자료를 보내고, 클라우드 서버에 있는 데이터의 다운로드 행위 등은 모두 인터넷이라는 공개 공간을 통해 이루어진다. 보안은 전혀 보장되지 않는다. 따라서 보안에는 암호가 필수적이며 인터넷과 보안 개념은 매우 중요시 된다.

암호를 생성하는데 수학과 심리학 지식이 필수적이다. 수학적으로 아무리 견고한 암호 기술을 고안했다 할지라도 인간 고유 심리적 습성이 더해져야 고난도 암호가 생선된다는 말이다. 암호기술에서 앞선 나라는 러시아, 중국, 이스라엘, 독일, 미국 등이다. 정부가 직접 암호기술 개발에 투자한 국가들이다.

데이터를 지키는 마지막 보루는 중국공산당의 GFW가 아니라 새로운 암호기술이다. 암호기술 개발은 정말 까다로운 문제다. AI 기반 기술을 결합한 암호 기술의 개발이 대안이 될 수 있다. AI로 암호체계가 운용되면 더 해독이 어려운 암호를 개발할 수 있을 것이다.

양자컴퓨터의 위력

2019년 9월 구글이 개발중인 양자컴퓨터에 관한 발표가 나와 깜짝 놀라게 했다. 현재 가장 성능이 좋은 컴퓨터인 수퍼컴퓨터가 1만년 걸리는 계산을 200초 만에 처리했다는 내용이었다. 이는 곧바로 비트코인의 폭락과 함께 상당한 논쟁거리를 만들어냈다. 전 세계에 충격을 주고 각계에서 칭송도 쏟아진 가운데 IBM은 곧바로 반격했다. 적절한 계산 방식이면 이틀 반 걸리는 계산인데, 200초는 무리라는 반응이다. IBM 연구팀은 구글 양자컴퓨터에 대해 "한 가지 문제만 풀기 위해 만들어진 연구실 내의 실험용에 불과하다. 상용화 등 실제적 용도로 사용할 수 없다"고 혹평했다.

현재 구글이 내놓은 이 내용은 삭제되었으나, 문제는 이 기술이 미국이 아니라 중국이 보유한게 아니냐는 얘기로 비화되고 있다. 만일 구글의 발표대로 양자컴퓨터가 현실로 다가온다면, 이는 세계의 힘의 균형을 뒤흔드는 단초가 될 수도 있다. 현재 양자컴퓨터 기술은 중국이 미국을 맹추격하는 형국이다. 잘 알려진 것처럼 구글은 중국과 관계가 깊다. 구글의 기술팀 심장부에서는 세계 각국의 국가기밀이 모두 해독되고 있다. 과거 트럼프가 재임 시절 구글을 비난한 것은 구글이 미국 정부보다 중국 편을 들었기 때문이다. 만일 중국이 암호기술 분야에서 우위를 점한다면 미국은 향후 패권 경쟁에서 불리하다는 판단을 하고 있다. 제2차 세계대전 당시 연합국이 승리할 수 있었던 주된 요인이 독일의 에니그마 암호체계 해독에 있었다는 사실은 잘 알려져 있다.

에니그마는 영어 알파벳으로 2200만 개의 암호 조합을 만들어내는 암호생성기다. 비밀문서가 타이핑되어 에니그마를 통과하면 암호화된다. 에니그마 없이는 누구도 그 내용을 파악하기 어려웠다. 나중에 미국과 영국은 암호해독기 발명해 독일을 제압할 수 있었다고 알려져 있다.

암호 기술은 군사적 사용에만 머물지 않고, 금융 분야로 지형을 넓혀갔다. 향후 펼쳐질 디지털 기술경쟁 시대에 금융패권은 암호 기술에 달려 있다 해도 과언이 아니다. 조만간 양자컴퓨터가 상용화되면 블록체인이 무력화될 수 있다. 양자컴이 만든 암호기술로 블록체인의 암호를 해독한다면 암호화폐가 통화로서 가치가 없어질 것이다. 구글의 양자컴퓨터 개발 발표로 인해 암호화폐 비트코인이 급락한 것은 이 때문이다. 그러나 아직 상용화 내지 현실 적용까지는 시간이 얼마나 걸릴지 모른다.

금융패권의 향방

현재 미국과 중국의 양자컴퓨터 경쟁의 핵심에는 금융패권이 도사리고 있다. 트럼프 대통령의 딸 이방카가 트위터로 "암호화폐 대신 앞으로 금본위제로 바꿔야한다"는 말을 했다. 이는 전문가들 사이에 상당한 논란을 일으켰다. 현재 인기 상승 중인 비트코인 등 기존 암호화폐 가치를 흔들려는 견제구라는 말도 있다. 2차 대전 중 성립된 브레턴우즈 체제까지 전세계 통화체제는 금본위제였다. 금이라는 '증거자산'이 없으면 통화는 발행하지 못했다. 이후 금본위제는 폐지되었고 발행 모체인 국가의 신용력이 그 나라의 통화가치를 나타냈다. 지금처럼 국력 즉, 국가신용력 만큼 통화가치가 매겨진다. 이런 점에서 기축통화 달러의 가치는 미국의 국력만큼 힘을 발휘한다. 미국이 경제력 2등국을 주저앉히려는 이유는 이것 때문이다. 기축통화라는 최대 잇권을 유지하려는 것이다. 그런데 발행 모체를 갖지 않는, 분산형 시스템인 비트코인은 이런 현 세계의 패러다임을 변화시키는 '금융혁명'인 셈이다.

암호화폐가 상용화된다면, 국가라는 신용력을 배경으로 하지 않더라도, 소비자는 통화의 신용을 의심하지 않고 이용하게 된다. 때문에 비트코인 같은 암호화폐의 충격은 쉽게 받아들이기 어려울 것이다. 게다가 발행 모체조차 애매모호한 통화가 폭등하고 고가로 거래되고 있다. 디지털화 되어 있고 익명성이 담보돼 있어 범죄적 거래의 도구로 이용되고 있다는 현실에 사람들은 당혹스럽고 공포감을 느낀다.

가치를 창출하고 유통해 온 지금까지 관행에 비춰볼때 생각할 수 없는 일이 지금 벌어지고 있는 것이다. 채굴이라는 방법을 통해 무에서 암호화폐를 생산하는 지금 상황에서 중국이 가장 유리하다. 값싼 서버와 국가로부터 보조받는 저가의 전기료 덕분이다. 향후 화폐전쟁의 관건은 누가 암호 기술을 통제하느냐에 있다. 앞서 미 트럼프 정부는 암호화폐를 금본위체제로 되돌려 미국 달러를 기본으로 한 기축통화 체제를 계속 유지하려고 한다.

따라서, 양자컴퓨터에 의한 암호 생성으로 양자 암호화폐를 개발한다면 디지털 세계에서 기축화폐로서의 주도권을 차지할 수 있다. 그렇다면, 암호 자산의 세계에서 앞으로도 미국이 계속 금융패권을 쥐게 될 것인가. 미국에서 양자컴퓨터로 강력한 암호 화폐가 탄생하고, 중국이 디지털 위안화를 유통하게 되면 양자컴퓨팅을 둘러싸고 금융패권 전쟁이라는 또 다른 무대가 형성될 것이다.

미일반도체 협정과
미중 경쟁

미일반도체 협정의 결과

현재 반도체는 디지털 산업시대의 쌀과 같은 존재가 되고 있다. 예전 2차, 3차 산업혁명에서 철이 산업의 쌀이었다면, 4차 산업혁명에서는 반도체가 철을 대신하고 있는 셈이다. 반도체의 선도자는 미국이었으나, 1980년대 중반 일본이 미국을 압도하는 지경에 이르렀다. 1986년 미일반도체 협정이 체결된 것은 이런 배경 때문이다. 1986년 이후 일본의 반도체 업계는 한국과 대만에 기술 이전을 시작했고 사양길로 접어드는 단초가 되었다. 미국, 일본에서 대만으로 이전된 반도체 기술은 중국으로 이전되었고, 1987년 화웨이 창업에 이어 SMIC도 출현하면서 중국도 반도체 시장에 뛰어들게 된다.

1986년 미국과 일본이 체결한 미일반도체 협정은 일본이 미국의 반도체 절대 강자의 자존심을 건드린 결과였다. 일본은 당시 10% 수준이던 일본 내 미국산 반도체 시장 점유율을 1992년까지 20%로 높이고 기존의 대미 반도체 저가수출도 중단했다. 일본은 미국의 대일본 반도체 직접투자도 허용했다. 협정 이후에도 미국은 일본의 협정 미준수를 들먹이면서 보복관세 부과압박, 일본 반도체 산업 감시 등 압박을 계속했다. 협정은 86년, 91년, 96년 세 차례 개정된 이후 만료되었다. 이 결과 일본 반도체 생태계는 무너졌고, 한국과 대만이 일본 반도체 몰락으로 생긴 빈자리를 채우게 된다.

미국의 표적은 청방 네트워크

화웨이는 미국 정부가 개발한 통신장비용 백도어 기술을 도입했다. 백도어 기술은 첩보와 정보 네트워크를 구성하는데 필수적인 첨단기술이면서도, 은밀하고 비밀스런 뒷문 통로 기능이기에 대부분 공개하지 않고 있다.

미국은 중국이 데이터를 사용했다고 비난하고 있지만, 미국 역시 자국민의 데이터 감시와 모니터링의 목적은 베이징과 크게 다르지 않다. 화웨이가 5G에서 헤게모니를 장악했다는 것은 중국이 정보시스템의 인프라를 통제한다는 말과 상통한다. 미국이 중국의 '반도체굴기'를 꺾는 현재의 대중국 압박의 진짜 표적은 대만의 청방靑幇네트워크다.

아래 그림에서 보는 것처럼, 사실 중국이 반도체 산업에서 두각을 드러낸 배경에는 대만 반도체 전문가와 기술자들이 있었다.

미국의 대중국 제재의 표적은 표면적으로 보면 '중국제조 2025'이다. 하지만, 미국의 속내는 다른데 있다. 제1선에서 중국으로 반도체 제조기술의 이전을 주도해 온 것은 대만의 '청방네트워크'였다.

미국이 중국을 압박하고 있는 듯이 보이지만 그 이면은 다르다는 말이다. 대만의 반도체 산업을 쥐락펴락하고 청방네트워크는 친척끼리 내지 후원자 모임의 성격을 갖고 있다. 이는 겉모습이다. 청방은 배후에서 정치인들을 움직이는 비밀 결사적 요소가 다분하다. 청방이란 말은 당이 중원을 통일하기 직전 5대 10국 시대에 시작되었다고 한다. 청대 시대 청방은 '타도만주인'을 명분으로 내건 일종의 반정부 단체의 성격이었다. 국공내전 당시 일본군과 공산당 홍군, 국민당군에 무기와 정보를 팔아 경제적으로 크게 성장했다. 공산당에 배신하는 바람에 공산당군의 공격을 받고 홍콩으로 패주해 괴멸된 것으로 알려졌다. 그러나, 이후 국공내전에서 패배한 국민당군과 함께 대만으로 건너갔다. 이어 대만 정치인들의 후광을 업고 재력을 쌓았다고 한다.

현재 청방의 우두머리는 대만 중견 메모리반도체 기업 화방전자華邦電子, 윈본드일렉트로닉 창업자인 자오웨이쥔焦佑鈞이다. 반도체 파운드리 세계 1위 TSMC 창업자 모리스창은 그의 친척이다.

모리스창은 미국의 대중 압박을 비판하는 발언을 한 것은 이런 맥락 선상에 있다. 모리스창 자신도 미국에서 반도체 기술을 배워 거물이 되었지만, 미국에 대해 반기를 들고 있는 것이다.

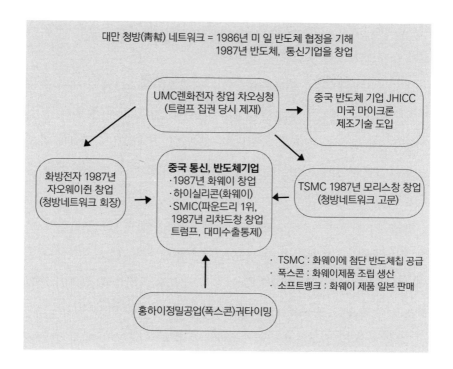

대만 청방(青幇) 네트워크 = 1986년 미 일 반도체 협정을 기해
1987년 반도체, 통신기업을 창업

UMC롄화전자 창업 차오싱청
(트럼프 집권 당시 제재)

중국 반도체 기업 JHICC
미국 마이크론
제조기술 도입

화방전자 1987년
자오웨이쥔 창업
(청방네트워크 회장)

중국 통신, 반도체기업
·1987년 화웨이 창업
·하이실리콘(화웨이)
·SMIC(파운드리 1위,
1987년 리챠드창 창업
트럼프, 대미수출통제)

TSMC 1987년 모리스창 창업
(청방네트워크 고문)

· TSMC : 화웨이에 첨단 반도체칩 공급
· 폭스콘 : 화웨이제품 조립 생산
· 소프트뱅크 : 화웨이 제품 일본 판매

홍하이정밀공업(폭스콘)궈타이밍

청방의 주요 무대는 대만보다는 일본에 있다. 일본의 청방 인맥은 넓고
깊다. 일본 샤프를 인수한 대만기업 홍하이정밀공업폭스콘, 실소유주는 郭台銘은 사
실상 중국 공산당이 움직이는 화웨이를 기술적으로 지원했다.

자오웨이쥔의 오른팔이었던 리챠드창은 중국의 반도체파운드리SMIC를
창업했고, 이어 TSMC와 함께 화웨이의 반도체 자회사인 하이실리콘을
기술적으로 지원했다. 자오웨이쥔과 모리스창은 1987년 창업 당시 대만
세계 2위의 반도체 파운드리 UMC롄화전자의 창업자 차오싱청曹興誠의 도움
을 받았다. UMC는 미국 마이크론에서 메모리 기술을 도입해 성장했으

나, 중국의 메모리 반도체 기업으로 급성장한 JHICC를 지원한 사실 때문에 미국의 제재를 받았다.

2020년 트럼프 행정부는 화웨이를 지원한 혐의로 UMC의 대미 수출을 금지하는 제재안을 발동했다. UMC는 미국의 반도체 설계전문기업 마이크론의 칩 기술을 훔친 사실도 적발되었다. 결과적으로 반도체 파운드리 기업인 TSMC, UMC, 그리고 폭스콘이 미국, 일본의 반도체 기술을 중국의 반도체산업에 이전한 셈이다.

TSMC가 화웨이에 반도체칩을 공급해 온 것은 훨씬 이전부터였다. 현재 청방네트워크의 좌장인 자오웨이쥔이 창업한 메모리반도체 윈본드테크놀로지(화방전자, 일본 상장기업)는 1987년 TSMC 창업과 화웨이 창업을 도왔다. 일본의 반도체 기술이 대만에 이전되는 계기가 되었다.

TSMC의 실질적 운영자 모리스창張忠謀은 미국 텍사스인스트루먼트TI에서 임원으로 일하다 대만으로 건너와 창업했다. 현재 대만 '신주반도체 클러스터'에서 TSMC, UMC 두 회사가 입주해있다. 일부 제조시설도 공유하고 있다. 또한 TSMC 창업자 모리스창과 홍하이정밀공업(폭스콘, 일본 상장기업)의 창업자 궈타이밍도 친척이다.

TSMC는 세계최대 반도체 제조 파운드리 기업으로 성장했는데, 창업 당시 대만정부의 전폭적인 지원이 있었기에 가능했다. 한때 중국정부가 TSMC를 매입하려한다는 소문도 돌았다. 미국이 첨단 반도체 기술에 접근하려는 중국을 차단하는 상황에서 TSMC를 손에 넣으려는 중국공산당의 공작도 집요하게 전개될 것이다.

미일 반도체협정 직후, 기회를 엿보던 모리스창이 1987년 대만에서 TSMC를 창업한 것은 앞에서 설명했다. 당시 미국의 반도체 기업들은 팹리스 즉, 설계와 아키텍쳐 분야를 전담했다. 당시 파운드리나 메모리 분야는 대개 한국이나 대만 등 제3국에 넘겼다. 대규모 자본이 투입되는 반면 수익성이 그다지 좋지않았기 때문이다. 미일반도체 협정에 따라, 미국기업들이 메모리나 주문형 반도체 생산을 주로 한국과 대만에 맡겼는데, 당시로선 수익성이 낮았다. 당시 대만 업계에서도 반도체의 미래를 불투명하게 보고 투자를 꺼렸다.

하지만, 대만의 장징궈 총통정부는 판단이 빨랐고 TSMC 창업을 적극 지원했다. 미국 반도체 업계에서 잔뼈가 굵어진 모리스창은 자신이 근무한 TI와 인텔 등에도 투자를 요청했지만 거절당했다. 마지막으로 네덜란드 필립스가 TSMC에 투자에 참여했다. TSMC는 1987년 2월 설립되었다. 대략 2억2000만 달러의 투자금이 모였다.

대만 정부 즉, 대만행정위원회측 개발기금의 투자액은 48.3%였고, 필립스가 27.5%, 나머지 24.2%는 대만 내 민간기업 출자 등으로 이뤄졌다. 사실상 대만 정부가 투자금의 절반을 부담한 것이다.

모리스창은 중국 저장성 출신으로 미국 시민권자로, 2018년까지 TSMC 회장을 지낸 입지전적인 인물이다. TSMC는 현재 세계 파운드리 시장의 절반 이상을 장악하고 있다. 그런데 TSMC마저도 미국의 제재망에 걸려드는 형세에 있다.

미국,
대만 TSMC를 겨냥하다

TSMC와 화웨이는 공생관계

전술한 바와 같이, 세계 1위 주문형 반도체 파운드리 기업은 TSMC다. 얼마전 2nm 공정에 착수한다고 밝힐 정도로 최첨단 파운드리 공정을 자랑하고 있다. 2nm는 사실 물리적으로 불가능 영역으로 알려져 있다. TSMC는 최신 초극미세 패터닝 공정을 갖추고 가장 많은 웨이퍼를 생산할 능력을 갖추고 있다. 삼성전자는 아직 3nm에 머물러 있다. 앞에서 설명했듯이 TSMC와 화웨이는 거의 동시에 창업했다.

화웨이의 자회사인 하이실리콘Hisilicon은 애초부터 팹리스fabless 즉, 설계 전문 회사로 시작했으니 직접 칩을 생산할 기반이 없다.

글로벌 통신장비 기업 화웨이가 세계 최대로 성장할 수 있었던 배경에는 중국 정부는 물론이고, TSMC의 전폭적인 지원이 있었다. 고성능 반도체칩 공급과 맞춤형 파운드리 공정이 뒷받침 되었고, 화웨이는 중국의 다른 파운드리 기업인 SMIC를 지원했다. 화웨이 하이실리콘과 SMIC는 중국 정부가 전략적으로 지원하는 반도체 기업이다. 화웨이와 사실상 공생관계를 유지해왔던 TSMC가 돌연 화웨이와 거래를 끊은 것은 미국의 제재 때문이다. 트럼프 정부가 화웨이 제재에 돌입하자, 화웨이와 단절하고 미국 투자에 착수한다고 선언한 것이다.

2020년 하반기 TSMC는 애리조나주 피닉스에 120억 달러 규모의 5nm 공정의 생산라인 건설을 발표했다. 이런 TSMC의 행보는 일단 소나기는 피하고 보자는 심산으로 보인다.

화웨이는 삼성전자, SK하이닉스, 그리고 미국의 글로벌 파운드리기업에 도움을 요청했으나 아직 신통한 답은 듣지 못하고 있다. 미국의 제재 조치가 계속되는 한, 화웨이는 외국산 첨단 반도체를 공급받기 어려워질 것이다. 중국 자체 실력만으로 첨단 반도체 칩을 공급받아야 할 다급한 상황에 놓였지만 역부족을 실감하고 있는 것이다. 미국의 제재 이전까지 화웨이와 SMIC 등은 한국의 반도체 제조 보다 길게는 2~3년 뒤쳐져 있다는 뉴스를 자주 접했다. 그러나, 요새 이런 뉴스는 나오지 않고 있다. 그만큼 중국의 반도체 생산능력이 뒤떨어져가고 있다는 얘기다.

중국의 반도체 굴기

중국 반도체 기술발전의 속도는 매섭다. CPU 같은 비메모리 반도체뿐만 아니라, 삼성전자와 SK하이닉스, 그리고 미국의 마이크론이 분점하고 있는 전세계 메모리 반도체 시장에 도전장을 내밀고 있다.

화웨이는 무슨 수를 쓰든 AI, IoT, 드론, 자율주행차, 6G통신장비 같은 차세대 IT 영역을 선점하려고 애를 쓰고 있다.

특히 본격 국면에 들어선 AI 시대를 비롯한 첨단 분야에서 고속 대용량 정보처리의 주문형 반도체가 절대 필요하다. 이에 10nm 이하 첨단 반도체 칩은 필수 부품이다. 중국의 경우 설계는 화웨이 자회사인 하이 실리콘이 전담할 것이지만, 파운드리 기반 시설이 부족하다. 중국 정부는 어떻게든 설계와 생산 및 소-부-장 기업 클러스터를 비롯한 반도체 기술 생태계를 조성하겠다는 야망에 가득차 있다. 앞서 화웨이를 비롯해 중국의 IT 기업들은 2010년대부터 미국과 국제사회의 제재 움직임에 꾸준히 대비해 왔다. 따라서 중국은 반도체 기술 굴기를 내걸며 2020년 상반기에만 1400억 위안(약 22조원)이 넘는 투자를 했고, 앞으로도 천문학적인 자금을 반도체 개발에 쏟아부을 태세에 있다.

문제는 아직 화웨이등 중국기업이 TSMC는 물론이고, 고급 반도체를 대량 공급할 파운드리 기업을 찾기 어렵다는 점이다. 룽손, 파이티움, 쿤펑 등 중국이 개발한 CPU는 모두 7nm 공정에 최적화되어 있다. 그런데 7nm의 반도체를 자체 생산하지 못하면, 중국 자체 첨단 CPU 생산은 어림없다. 그나마 중국에는 SMIC中芯國際라는 5위권 파운드리 업체가 있긴 하지만, 이 기업은 TSMC 생산능력의 10% 수준에 불과하다. 그런데도 중국 정부는 반도체 기술 굴기를 위해 SMIC에 막대한 돈을 쏟아 부을 계획이다. 중국 정부는 2025년까지 자국 생산 반도체의 비중을 40%로 올리겠다는 목표를 천명했지만, 2020년 현재 겨우 15%에 불과한 실정이다.

SMIC는 2020년 9월 미국의 제재조치에 순응하겠다는 입장을 밝혔지만 미래 전망은 불투명하다. 중국 정부는 막대한 돈으로 설비를 확충하는 한편으로, 한국·대만의 반도체 기업 퇴직자들을 대상으로 엔지니어 스카우트를 노골화하고 있다. 화웨이와 SMIC는 2021년 하반기까지 10nm 수준의 패터닝을 할 수 있을지 모른다. 그러나, 이는 꾸준히 고품질의 기술 인력과 생산 능력이 공급될 경우에만 가능하다.

파운드리 1위 SMIC의 앞길

미국의 제재 속에 중국의 최대 파운드리 기업 SMIC는 장차 어떤 행동을 취할까. 앞에서 설명했지만 TSMC와 SMIC 두 회사 창업자는 미국 텍사스 인스트루먼트Texas Instruments, TI에서 오랫동안 함께 일했다. SMIC의 창업자 리처드창(張汝京, 73)은 TI 퇴직 후, 대만으로 건너와 2000년 창업했다. 이어 곧바로 거점을 중국으로 옮겨 자리를 잡았다. 중고 파운드리 장비를 값싸게 인수해 본격적인 웨이퍼 생산에 돌입했으며, 공격적인 투자와 경영 전략으로 마침내 중국 1위의 파운드리 업체로 부상했다. SMIC는 사세 확장 과정에서 경쟁 관계였던 TSMC와는 다른 길을 개척했다. 차별화 전략이다.

TSMC와의 경쟁은 승산이 없었지만, 여차하면 TSMC로부터 필요한 반도체를 공급받을 수 있다는 자신감도 작용했다. 물론, SMIC의 급속한 기술력 상승은 중국 정부의 밀어주기, 그리고 관치 금융이 뒷받침되었기 때문이다. 실제 두 회사는 전략적 공생관계다.

2019년 미국의 제재조치가 본격화되었지만, 화웨이는 미래를 낙관적으로 보고 있다. 그 이유 중 하나는 TSMC가 SMIC에 일감을 몰아주고 있기 때문이다. 현재 TSMC도 미국 정부의 눈치를 살피는 중이며, SMIC와 거리를 벌리고 있는 모양새다. 미국의 제재가 느슨해지면 TSMC는 언제든지 다시 중국과 전략적 동반자 관계로 돌아갈 공산이 높다. 앞으로 TSMC와 SMIC의 움직임을 눈여겨보면, 중국의 반도체 산업의 미래를 가늠할 수 있을 것이다. 중국이 꿈꾸는 반도체 기술 굴기는 향후 10년이 결정할 것이다. 이는 곧 SMIC의 행보와 같다.

첫째, 1차적 관건은 일단 10nm의 장벽을 자국 기술로 2025년 이내에 돌파할 수 있느냐에 있다. 10nm부터는 전혀 다른 반도체 공정 기술이 채용되며, 고난도의 기술이 요구된다. 당분간 중국은 미국의 제재조치의 위기를 어떻게든 버텨내면서, 내수시장 위주로 기술 생태계를 보존하고 발전시킬 계획이다.

두 번째, 만약 미국의 제재가 10년 이내에 풀리지 않는다면, 독자적인 생존을 모색할 수도 있다. 처음부터 다른 개념의 반도체 로직 아키텍처를 개척한다는 얘기다. 그러나 글로벌 기술경쟁의 분업화라는 과거 공식에서 볼 때 독자적인 경로는 대부분 실패한 사실을 알 수 있다. 중국 지도부가 실패할 위험을 무릅쓰고 독자적인 개발을 선택한다는 것은 엄청난 모험이다.

셋째, 미국의 대중 제재는 이제 시작점에 있다는 것이다. 앞으로 닥칠 상황은 반도체뿐만 아니라 중국산 고부가 가치의 IT제품은 물론이고, 드론, IoT, 자율주행차 등으로 확대 적용될 것이다. 중국으로 선 그야말로 첨단산업을 발전시켜 나갈 출구가 안보인다. 첨단산업을 뒷받침할만한 고성능 반도체가 없다면 중국은 첨단 산업경쟁에서 밀려날 것이다. 이는 곧 가격경쟁력과 연결된다. 만일 중국이 10nm 벽을 뚫고 첨단 제품에 접근한다 하더라도 7nm, 5nm, 3nm 같은 난이도 높은 반도체칩 제조공정은 또다른 차원이다. 기술업계에 따르면 보통 10nm까지의 반도체 패터닝작업에는 포토리소그래피photolithography, 전자빔 리소그래피 E-beam lithography, 심층 자외선 리소그래피Deep UV lithography, DUV 등으로 돌파할 수 있다. 그러나 10nm 이하 고난도에서는 극자외선 노광기술 즉, EUV 리소그래피가 적용되어야 한다. 이는 완전히 새로운 방식의 극자외선 노광 기술이다. 현재까지 EUV 노광기술의 반도체 제조장비를 공급할 수 있는 회사는 네덜란드 ASML이 거의 유일하다.

만일 미국의 제재 조치가 없었더라면 중국은 최첨단 ASML 장비를 안정적으로 공급받을 수 있었을 것이다. 그러나 미국의 제재 조치 이후 ASML 장비는 중국으로 들어갈 수 없다. 화웨이와 SMIC는 이전에 들여

온 노광 장비로는 삼성이나 TSMC의 초격차 기술을 따라잡을 수가 없다.

지금 상태로선 중국이 미국에 백기 투항하더라도, 적어도 향후 50년 동안 첨단 반도체에 접근할 수 없다는 관측이 나온다. 엄청난 자금과 중국의 애국심에 기댄다고 해도 기술력의 격차는 따라잡을 성질의 것이 아니라는 점이다. 초격차를 해소하려면 기초 연구개발, 선행연구 성과의 축적, 기술에 대한 상호 신뢰 등 뿌리깊은 기반이 내재되어 있어야 한다. 앞으로 전 세계 반도체 업계에서는 미국 중심의 질서가 형성될 것이다. 반도체 기술은 2nm 또는 원자 단위로 내려가는 수준으로 초정밀 초고도화될 것이다. 그때도 중국은 10nm 벽에 머물러 있을 수 밖에 없을 것이다.

유니버설 반도체의 출현

인공지능AI에 쓰이는 반도체, 즉 기억소자로 유니버설메모리(저항변화식 메모리, 범용반도체)가 주목받고 있다. 지금의 DRAM 반도체처럼 고속의 비휘발성을 갖추고 있으면서도, 기억용량은 거의 무한대(DRAM은 유한)로 알려져 있다. 비용은 낸드플래시 메모리보다 낮고, AI용 반도체의 가능성을 가속화하는 기술이다. 최근 중국 반도체기업 자광집단紫光集團 관계자가 일본의 AI 핵심기술의 도입을 요청했다. 이 회사는 시안에서 유니버설메모리를 개발하고 있는데, 만일 성공한다면, 그 처리 속도는 지금

보다 500배에서 1000배에 이른다는 것이다. 현재 중국은 고순도 불화수소를 조달할 수 없어 유니버설 메모리를 제조할 수 없다.

따라서 일본계 회사로 눈을 돌리는 우회전술을 쓰고 있다. 그 과정은 이렇다. 이 회사는 그동안 한국을 통해 반도체 첨단 소재를 수입했지만, 미국의 제재조치로 조달할 수 없게 되었다. 이에따라 독일기업과 일본 화학기업을 인수 합병해서 독일에 합작회사를 설립한 뒤, 그 자회사가 중국에 화학공장을 투자해 기술이전을 시도했다고 한다. 그러나 이 또한 미국과 마찬가지로 일본 정부의 제재조치에 걸려들 소지가 많다고 한다.

반도체 전쟁의 결말
중국의 미래

밑빠진 독에 물붓기

반도체만큼 기초 자금이나 기반 시설이 소요되는 산업은 거의 없다해도 과언이 아니다. 과거 2차산업을 대표하는 철강, 석유화학, 시멘트, 석탄 조선 등 장치산업은 공장을 세우면 적어도 20~30년은 지탱할 수 있었다. 하지만, 4차 산업혁명을 이끌어가는 첨단 반도체 산업의 경우 기술 개발 속도가 빠른데다 대규모 설비에 엄청난 비용이 들어간다. 천문학적인 비용을 감당하지 못하면 나가떨어지게 되어 있다. 초정밀 반도체 제조 설비는 다른 제조업종과 달리 한 번 쓰면 버려진다. 반도체 칩 생산 수준을 엎그레이드하려면 보다 고난도의 반도체 생산라인으로 재구축해야 한다. 이전 세대에 투자했던 수조원의 돈은 대부분 매몰비용이다. 한국의 현대, LG, 동부반도체 등이 버티지 못하고 포기한 것도 이 때문이다.

반도체 기술에서 일컫는 한 세대의 수명은 통상 3~5년 정도가 한계이다. 현금 회전율도 낮다. 현금 회전율은 전통적 제조업에 비하면 거의 10분1 수준으로 알려져 있다. 그런데도 AI와 곧 도래할 양자컴퓨터 시대에는 난이도 높은 최첨단 반도체가 절대 필요하다. 이를 조달하지 못하는 기업이나 국가는 4차 산업혁명에서 낙오될 것이다. 18세기 영국에서 일어난 증기기관이 전 세계를 산업혁명 열풍으로 몰아넣었지만, 당시 동양에서는 이런 혜택을 받지 못했다. 지금 미국 영국을 비롯한 서구 문명이 전 세계를 이끌어가는 토대가 산업혁명이었다.

지금 벌어지는 반도체 열풍도 이런 맥락에서 이해할 필요가 있다.

4차 산업혁명은 인공지능과 양자컴퓨터가 이끌어갈 것이다. 이런 최첨단 기계들은 고성능 반도체로 제작될 것이다. 다시말해 고난도의 반도체를 확보하지 못하면, 첨단 기술 국가로 발돋움할 수 없다는 말이다.

미국이 작심하고 중국의 반도체 열망을 꺾으려는 이유가 이것이다. 최근 '백악관 반도체회의'에서 보듯 미국은 첨단 반도체를 생산하는 삼성전자와 TSMC의 팔을 비틀어서라도 자국에 고난도 반도체 생산공장을 지으려는 것이다.

소련의 전철을 답습할까

소련의 몰락은 미국과의 군비 경쟁에서부터 초래된 사실은 잘 알려져 있다. 물론 군비경쟁은 아니었더라도, 당시 소련의 능력으로는 미국의 공업력과 군사력을 따라잡기가 쉽지 않았다. 그럼에도 소련은 미국과 경쟁하기에 바빴다. 그러나 소련의 경직된 계획경제와 미국의 유연하고 창의적인 자유자본주의 경제는 속칭 게임이 되지않았다. 중국 경제도 소련과 유사한 전철을 답습할 것이란 예측은 과언일까. 현재 중국경제는 공산당 지도부의 지령에 의해 좌지우지 되고 있다. 시장의 작동원리가 아니라 인위적인 경제로 작동되고 있다.

중국은 인공지능 시대의 개막을 내다보고 반도체에 올인했으며, 관련 기업들을 천문학적 자금으로 밀어주었다. 아직 세계 제1의 달러 보유국 중국은 자신감에 차 있다. 자신감을 바탕으로 밑빠진 독에 물붓기가 될 수 있는 반도체 산업에 중국은 올인하고 있는 것이다. 반도체 자급률(2020년 15.6%)을 2025년 70%까지 끌어올리겠다는 목표는 그런 자신감에서 나왔다.

2020년부터 본격적인 미국의 제재가 시작되기 전까지는 그래도 목표에 도달할 것으로 보여졌다. 규모 면에서 세계 1,2위를 다투는 중국의 거대 은행들이 반도체 기업을 집중 지원하고, 반도체 관련 기업들은 천문학적인 돈을 마구 끌어다 쓸 수 있었다.

그러나 미국의 제재가 시작되고, 코로나-19 사태로 경제가 수축되면서 중국의 반도체 투자에 이상 신호가 울리고 있었다. 현재 중국정부는 기술굴기에 집착하다 미국의 신경을 거슬린 대목이 적지않다. 정직하게 기술을 개발하고 내부 인재를 키우고 기초 원천 연구개발에 투자하고 국제적 규범에 따르는 원칙을 지켰다면, 미국의 심기를 건드리지 않았을 것이다. 적어도 중국의 반도체 굴기를 나쁘게만 보지않았을 것이다.

설계와 생산 즉, 팹리스(설계), 파운드리(생산) 및 연관 소-부-장 산업의 고급 기술인력은 절대 그냥 얻어지는 것이 아니다. 우수한 인력이 다년간의 훈련과 경험이 농축되어야 고난도 반도체를 생산할 여건이 마련되는 것이다. 그간 중국공산당은 너무 기술굴기에 집착했다. 외국계 기업들의 지적재산을 마구 침탈하고, 해외 기업들을 무리하게 인수합병했으며, 인민해방군 주도로 해킹 행위를 저질렀다. 인민해방군 엘리트들이 미국 일본 등에 유학생 신분으로 가장해 기업 연구소, 대학 등에 들어가 첨단 기술을 빼낸 사실은 앞에서 나온 백악관 AI리포트에서 충분히 설명되었다. 흔히 말해 기술을 빼내려면 알게 모르게 했어야 한다. 눈치껏 도광양회 했어야 했는데, 너무 이른 시기에 자신감을 보인 것은 패착이었다. 구체적으로는 시진핑 주석을 중심으로 한 공산당 지도부의 근시안적 태도에 있다.

초강대국 미국을 따라잡겠다는 중국몽을 공공연하게 드러낸 것은 미국을 자극하기에 충분했다. 과거 40년간 연 평균 9%대의 고도성장을 거듭해온 중국이다. 그런데 2017년을 넘기면서 5~6%대로 하락했고 그에 따른 부작용이 나타나기 시작했다. 청나라 집권 세력을 뒤집고 공산당 왕조를 세운 자신감이 충만한 중국공산당 정권이 자유민주세계를 너무 만만하게 본 것인가.

지금까지의 비정상적인 편법과 국제적 규범에 위반한 행동은 곧 부메랑이 되어 중국으로 되돌아올 것이다. 첫 부메랑이 반도체 굴기에 대한 미국의 제재 조치다. 한국이 사드를 배치했다는 이유를 들어 중국에서 한국기업들을 억압한 것은 작은 사건이다. 하지만, 이런 사태는 다른 외국 기업들에게는 큰 충격으로 다가온다. 외국자본이 투자하기를 꺼려한다는 사실이다. 외국자본이 철수한다면 중국도 버티지 못할 공산이 적지 않다. 소련붕괴 당시 고르바초프는 무너지는 경고음에 국가를 되살려보려 했으나 이미 때는 늦었다.

중국의 반도체 굴기는 앞으로 더욱더 거센 견제와 압박에 직면할 것이다. 중국공산당 정부에게 반도체는 절대 놓칠 수 없는 숙명으로 여기고 있다. 앞에서도 설명했지만, 거듭 초격차 공정과 제조기술은 중국 자체 기술력만으로는 돌파할 수 없다. 마치 17세기 증기기관을 발명한 영국이 세계를 재패한 이후 서유럽 문물이 동양을 압도해, 서세동점 시대를 열었던 역사와 비교할 수 있다. 이후 동양도 뒤늦게 일본을 필두로 서유럽 기계 문명을 도입해 오늘날 21세기 문명에 이르렀다. 중국이 개혁개방 이후, 미국의 도움으로 전 세계 공급망에 편승, 지금의 경제적 기적을 이뤘다는 사실에 대해 중국 지도부는 잠시 망각한 듯 하다.

앞으로 중국 정부는 더욱 공격적인 R&D 투자와 함께 외국기업들을 겨냥해 노골적인 인재유치, 기술탈취를 시도할 것이다. 중국이 반도체를 포기하는 국면에 이르면 다른 상황이 펼쳐질 수 있겠지만, 지금은 절대 포기할 수 없는 지경이다. 앞에서도 설명했지만, 4차 산업혁명 시대 반도체는 인공지능AI과 빅데이터, 자율주행차 등 첨단산업 분야에서 경쟁력을 좌우할 핵심요소다.

백악관 AI 리포트

초판 1쇄 인쇄   2021년 9월 20일
초판 1쇄 발행   2021년 9월 30일
지은이   미국 인공지능국가안보위원회 NSCAI
옮긴이   정승욱
펴낸곳   쇼팽의 서재
펴낸이   정승욱
편집기획   남광희
본문디자인   윤재연
표지디자인   정예슬, 이창욱
출판등록   2011년 10월 12일 제2021-000253호
주소   서울 강남구 역삼동 613-14
연락처   010 4477 6002

도서문의 및 원고모집   jswook843100@naver.com, j44776002@gmail.com
인쇄 제본   천광인쇄
배본 발송   출판물류 비상

값 21,000원
ISBN   979-11-975460-0-6